为学而评

本科教育中的课程学习评价

郭芳芳 著

商务印书馆
The Commercial Press

图书在版编目(CIP)数据

为学而评：本科教育中的课程学习评价 / 郭芳芳著. —北京：商务印书馆，2022
ISBN 978-7-100-20999-1

Ⅰ.①为… Ⅱ.①郭… Ⅲ.①高等学校—教学评估—研究—中国 ②大学生—学习—研究—中国 Ⅳ.① G649.21 ② G645.5

中国版本图书馆 CIP 数据核字（2022）第 056226 号

权利保留，侵权必究。

为学而评
本科教育中的课程学习评价
郭芳芳 著

商务印书馆出版
（北京王府井大街36号 邮政编码100710）
商务印书馆发行
北京顶佳世纪印刷有限公司印刷
ISBN 978-7-100-20999-1

2022年10月第1版　　开本 710×1000　1/16
2022年10月北京第1次印刷　印张 18¼
定价：98.00元

《山西大学建校 120 周年学术文库》总序

喜迎双甲子，奋进新征程。在山西大学百廿校庆之时，出版这套《山西大学建校 120 周年学术文库》，以此记录并见证学校充满挑战与奋斗、饱含智慧与激情的光辉岁月，展现山大人的精学苦研与广博思想。

大学，是萌发新思想、创造新知识的学术殿堂。求真问理、传道授业是大学的责任。一百二十年来，一代又一代山大人始终以探究真理为宗旨，以创造新知为使命。无论创校初期名家云集、鼓荡相习，还是抗战烽火中辗转迁徙、筚路蓝缕；无论是新中国成立后"为完成祖国交给我们的任务而奋斗"，还是改革开放以后融入科教强国建设的时代洪流，山大人都坚守初心、笃志求学、立足大地、体察众生，荟萃思想、传承文脉，成就了百年学府的勤奋严谨与信实创新。

大学之大，在于大学者、在于栋梁才。十年树木、百年树人。一百二十年的山大，赓续着教学相长、师生互信、知智共生的优良传统。在知识的传授中，师生的思想得以融通激发；在深入社会的广泛研习中，来自现实的经验得以归纳总结；在无数次的探索与思考中，那些模糊的概念被澄明、假设的命题被证实、现实的困惑被破解……，新知识、新思想、新理论，一一呈现于《山西大学建校 120 周年学术文库》。

"问题之研究，须以学理为根据。"文库的研究成果有着翔实的史料支撑、清晰的问题意识、科学的研究方法、严谨的逻辑结构，既有基于社会实践的田野资料佐证，也有源自哲学思辨的深刻与超越，展示了山大学者"沉潜刚克、高明柔克"的学术风格，体现了山大人的厚积薄发和卓越追求。

习近平总书记在 2016 年哲学社会科学工作座谈会上指出，"一个国家的发展水平，既取决于自然科学发展水平，也取决于哲学社会科学发展水平。

一个没有发达的自然科学的国家不可能走在世界前列，一个没有繁荣的哲学社会科学的国家也不可能走在世界前列"。立足国际视野，秉持家国情怀。在加快"双一流"建设、实现高质量内涵式发展的征程中，山大人深知自己肩负着探究自然奥秘、引领技术前沿的神圣责任，承担着繁荣发展哲学社会科学的光荣使命。

百廿再出发，明朝更璀璨。令德湖畔、丁香花开，欣逢盛世、高歌前行。山大学子、山大学人将以建校120周年为契机，沿着历史的足迹，继续秉持"中西会通、求真至善、登崇俊良、自强报国"的办学传统，知行合一、厚德载物、守正创新、引领未来。向着建设高水平综合性研究型大学、跻身中国优秀知名大学行列的目标迈进，为实现中华民族伟大复兴的中国梦贡献智慧与力量。

序　为学而评：改革本科课程
　　学习评价的基础与归宿

教育评价是近几年我国政府及社会高度关注的重要议题，也是中外教育理论界讨论很多，学校教育实践层面不断改革的热门领域。因此，当郭芳芳博士邀请我为她的这本书写序时，我欣然应允。因为我知道这不是一本为赶热点而仓促完成的作品，而是她在清华攻读博士学位时就开始聚焦，到山西大学工作后持续进行的研究工作。《为学而评：本科教育中的课程学习评价》作为书名，清晰表明了作者的研究重点，而且"为学而评"的点睛概括更充分展示了本书的价值取向与目标定位。

作者是一位很有问题意识、反思精神和学术责任感的青年学者，善于从社会现实中发现问题，也能抓住由个人经验感受而生成的学术思考。对于教育评价这样事关个体健康发展和社会公平正义，需要统筹考虑和处理学术、政策及利益交织的复杂问题，特别需要研究者具备这样的特质。

作者首先从个人经历和社会经验层面切入，提出问题。本书引言这样开始：反思自己的学生时代，似乎大多数时间都是在各种声音和力量的推动下"全力以赴"地围绕各类考试而度过，学生时代的心情亦随着考试成绩的高低而波动。这何尝不是当今社会的很多人，特别是学生群体的共有感受？"你怎么就不能像你姐那样认真点做作业"，"这次期末考试我们班同学考得不好，有7人不及格，没1人满分"，"这孩子看着就不是个读书的料，以后也考不上大学，别念高中了，去打工挣钱吧"。这些我们经常听到的来自家长、老师或周边人的话，其实就是依据自己设定或社会流行的标准，对孩子（学生）的学习做出的某种评价。广义的教育评价自然而随机地存在于人们的日常生活和思维中，是人们基于经验，对不同主体在学习和成长上的差异、可能的影响因素和价值变化所进行的评判。这些评判可能直接影响孩子（学生）的行为选择，也可能间接影响其正在形成的学习乃至生活价值观。

在个人经验层面，作者所说的"左右其欢乐程度"的"各种声音和力量"无处不在，几乎所有人都会遇到来自家庭、学校及社会的各类人士，以各种方式表达的对本人或相关他人的学习状况，特别是显而易见的考试成绩和排名的表扬赞誉或批评嘲讽。不管个人的初衷意愿和反应结果如何，这种评价已成为伴随人成长"亘古不变的游戏规则"。郭芳芳博士坦诚自己是"这个规则的受益者"，"特定学习阶段的准入门槛考试成绩及其排名也切实影响并改变了自己的人生"。其实我们可以想象与这种受益相伴随的是怎样的个人努力和成长体验。

我与郭芳芳的交集发生在 2008 年前后，当时她报考清华教研院我的博士研究生，实话说她的双非高校（非 985、211 项目院校）毕业、专升本学历、非高等教育研究训练等背景在报考学生中条件真不算好的。但她在考核过程中表现出的对教育研究发自内心的热爱与投入，分析自己过往经历和优缺点时的坦诚与积极，以及在专业阅读、写作和思维等方面为攻读博士学位和追求更长远目标所做的努力和达及程度，都给我留下深刻印象。我当时问自己，也和其他考核老师讨论：一个人从专科起始学历到清华博士候选人，要经历多少次考试，要迈过多少个门槛，要战胜多少竞争者，才能走到最后？在这一过程中，这个人要受到多少和自己相关或不相关的人所进行的或积极激励或消极打击式的评判，要克服多少在其他人看来是不可能解决和平衡的难题，最关键的是，要在内心深处战胜自己多少次，才能不断超越本能，挑战偏见，坚持到底？在名牌高校担任博士生导师多年以后，我深知每年招生时的导师之选非常重要，也很敏感。在外人眼里，我们拥有决定一个年轻人是否能读博士、改变自身地位的大权。其实，在现行体制之中，我们并没有那么大的权力，我们所能做的就是依规守则地扮演好双重角色：学术殿堂的守门人和特定大学（学科）的建设者，作为前者，我们要阻止不达标准的申请者进入；作为后者，我们则要发现和培养合适的后继者。对于报考人而言，导师之选的确可能改变个人命运，这就更要求导师善用选择之权。我的选人原则是，在同等条件下更看重教育对人的赋能提升作用，更倾向于将机会给予那些除教育之外更难有资源改变人生的学生。这也算是我个人在现行体制内坚持的一种教育评价原则吧。回顾个人30余年的培养研究生经历，我很欣慰基于这一原则而选择的学生总体都很出色。

个人学习经历和成长经验是教育研究不可缺少的源泉。中外历史上许多知名教育家的学术探索之旅始自对自己孩子成长过程的观察思考，对自身学习经验的反思提炼。为自己或自己学生的作品写序之时，我眼中所显现的常常不是文字、段落和篇章，而是一幕幕生活场景和一幅幅学习交流画面。

作为学术探索之作，郭芳芳博士在书中为我们梳理了她在教育评价这一宏大领域中如何找到自己关注的研究问题；如何对问题进行定位，不仅出自现实，还基于学术发展脉络和政策变化特点；如何将国内外学界丰富的研究成果进行提炼，形成自己独到的研究设计；如何基于研究呈现我国本科教育中课程学习评价的现状、存在的问题及其与大学生学习的关系，并提出改进建议。

相对于教育评价的宏大研究领域，本书所聚焦的本科课程学习评价和大学生学习是相对微观和实践层面的研究。但是，这一研究问题又必须置于整个高等教育发展大势和教育评价理论与实践改革的基础之上才能看得清楚，说得明白。这里又要提到作者的学术训练和研究基础。郭芳芳在清华读博期间，一直参与清华大学"中国大学生学习与发展追踪研究"（CCSS）课题的研究工作，这使她有机会接触全国更多院校的大学生，并通过分析数据、深入访谈等途径，对我国大学本科生课程学习现状有比较全面的了解，对我国高等教育评价改革在课程教学实践中的问题有相对深入的思考。她在读博期间和工作以后，还分别到美国和加拿大进行各为期一年的学术交流与合作研究，这为她打开了思考问题的国际视野，也使其能深入了解国外相关研究进展、研究热点问题、研究发展趋势等。

作者在书中揭示研究背景和问题的方式可以概括为：全景性描述＋改

革方向定位+研究主题提炼。书中对教育发展大势和研究主题变化的几个概括，如教育从"培养时代走向终身学习时代"，教师从"高高在上的圣贤"转变为"身边的指导者"，大学从"提供教学（provide instruction）的机构"，转变为"生产学习（produce learning）的机构"，课程学习评价不应只是学生的考试成绩排名，而应成为"学生自己的一种非常独特的人生记录（human documents）"等，都不是原创，而是来自国外文献的提炼。这样简洁的概括比较清晰地表现出全球教育发展大势，也使自己的研究问题在教育宏观变革中的定位凸显出来。作者通过文献梳理，对西方学习理念、学习观、质量观、评价文化等方面的发展变化，特别是朝以学生学习为中心的变化逻辑分析得比较扎实。第二章运用多学科视角对本科教育中课程学习评价研究与实践进行的分析也很有意义。这一部分的缺陷是对中国教育环境与研究背景介绍不足，对中国学界在学习观、质量观、教育评价研究方面的研究进展和存在问题也缺乏足够分析，这使得后面主要针对中国高校课程学习评价实证研究的问题基础和学术支撑略显薄弱。

关于核心概念及分析框架，作者用第三章论述课程学习评价与教学、学习的关系，第四章专门构建"我国本科教育中课程学习评价的影响机制模型"。这就很自然地从前几章的宏观背景描述、学术脉络梳理、理论基础分析和研究主题提炼等转向本书更专注的核心研究问题聚焦及分析框架的搭建，也为后几章基于中国大学生学情调查数据进行的实证分析打下了基础。

在论述课程学习评价与教学、学习的关系问题时，作者明确了课程学习评价所具有的从微观到宏观，从个体到群体，从入口到出口，包括学习目标、结果、过程等要素的多元多维内涵，以及相互之间的关系。在此基础上，就可以理解作者多次引用和强调的观点："评价对学习的影响要远远大于教学对学习的影响""影响当今本科生最大的不是具体的教学内容而是评价环节"的深刻含义。由于本书是一个包含多种研究类型的综合性研究，而在学术范畴内，不同类型研究在概念界定、框架设计、技术路线选择等方面存在较大差异，因此，需要作者在同一本书中将处理不同类型研究的具体设计解释清楚。虽然本书已通过章节划分、概念定义和语言转折等方式，使整个研究的内容安排和内在逻辑比较清晰，但如果能对本书中的核心概念"课程学习评价"在不同类型研究中的具体内涵进行更明晰的界定，对其在多元多维的概念丛中与其他相关概念的关联和异同之处进行更深入的辨析，则可以帮助读者更好地理解作者的研究本意，减轻由于概念漂移所引发的困惑和误读，提升研究的清晰度和影响力。

本书后半部分是典型的数据分析和定量研究范式，第五至八章分别对应作者为定量研究设计的四个子问题。作者使用 CCSS 项目调查工具——学生调查问卷中的相关题项，特别是与课程学习评价、学习态度、学习策略、学习行为投入和学业成果等题项作为研究变量，用课题组 2011 年在全国 37 所院校采集的学生问卷作为分析数据，通过结构方程模型、多元回归分析等方法，对"课程学习评价与学生学习关系"这一问题进行总貌和分类研究。

第五章是基于全国数据对课程学习评价与学生学习关系进行总貌性描述，第六、七、八章则分别从院校类型、学科和年级差异三方面进行分类研究。这几章内容较多，我们不逐一展开，只点出一些数据分析的发现。如从全国来看，38.4% 的学生（选择占比最高）认为考试对学习的激励程度很大，50.3% 的学生选择目前最常见的考试方式是"划范围/重点只需背诵记忆的考试内容"（选择占比最高）。除这些基本符合我们经验认知的结果外，书中还有一些发现更应该引起我们的关注。如虽然"所有课程学习评价情境都会通过作用于学习态度、学习策略和学习行为投入对学业成果产生间接影响，但只有师生参与交流的评价情境——'论文报告写作和教师反馈'对学业成果有直接影响"。"教师反馈"在"课程学习评价影响机制模型"中对学习行为投入的影响最大。不但显著正向地影响学生的学习过程和学业成果，且对学生学习行为投入的影响最大。而全国数据显示：有 22% 的学生认为自己的学业表现从未得到过教师及时的反馈；52.7% 的学生认为自己的学业表现只是偶尔得到教师及时的反馈。另外，书中还提到一些矛盾现象，如：从数据来看，学生认为考试对学习的激励程度要高于论文和实验报告。但是在结构方程模型和回归分析中发现，论文/报告写作对学生学习的影响最大，考试对学生学习的影响最小。这类问题可以让我们进一步审察已有研究与实践可能存在的纰漏和问题，也引导我们更加周密创新地思考未来的研究与实践的设计。

第九章是全书的总结与提炼。作者再次提出"为学而评"的主题，并且直接提出"本科教育中的课程学习评价能否促进学生学习"这一更聚焦的问题。当然作者接下来所做的并未直接回答"能否"问题，而是重申了研究的一些发现和结论，如虽然"考试"对学生学习的影响最小但仍可以促进他们的学习；相比没有对话的评价，师生对话的评价更能促进本科生的学习；"论文/报告写作"对学生学习的影响最大，最能促进他们的学习；"成绩排名"通过作用于学生的学习态度影响其学习行为等。由于这些观点都已在前面章节作为数据分析的结果被提出过，这里再次出现不仅是为强化，还用来引出下面要说的观点："评价对学生学习的激励程度和学生对评价的看法呈复杂关系。"这一点到为止的说法虽然平淡但含义丰富：就研究而言，无论是对宏观的教育评价，还是对具体的课程学习评价，在学理层面尚有许多难以说清楚的问题；在政策层面也存在不少可见、可感而不能解决的难题；在实践层面更面临众多难以把握和处理的矛盾。如果再考虑评价对学生学习的激励程度和学生对评价的看法这样的双边甚至多边关系问题，研究当然就更难做了。因此，在本书最后，虽然作者列出"本科教育中课程学习评价的改革路径"这一题目，希望探索"如何"解决问题的思路，但真正写出的是却也只是从"认识评价对学生学习的重要影响，将课程学习评价建基于新型教育理念"、"构建以学为中心，强调对话与反馈的'教—学—评'一体化制度"、"改进现有评价方式，有效引导和促进学生的学习与发展"等一般性建议。指出这些并非批评作者做得不够，而是想说明，教育评价研究之难，不仅在学术层面，也在政策和实践层面。其价值展现的重要机理是将复杂学术研究成果转化成实际可行的政策与行动。这种转化不仅需要学者努力，更需要政府、院校和社会力量的广泛参与。近年来，以中共中央、国务院颁布的

《深化新时代教育评价改革总体方案》为代表,我们看到了政府在推进教育评价改革方面的决心与力度,也感受到院校基层单位为改进教育教学评价而做出的努力和实践层面已经发生的一些变化。

以此再来反观本书,我们要充分肯定作者在十多年前选择这一研究问题时的学术勇气和研究敏感度,也希望作者能持续在这一研究领域进行学术探索,开展更有前瞻性和突破性的研究工作。

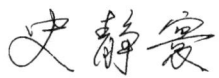

清华大学教育研究院教授、博士生导师、
清华大学学位评定委员会副主席

目 录

引 言 ·· 1

    第一节　学生学习理念的变迁 ·· 7

    第二节　学生学习质量观的诉求 ··· 12

    第三节　课程学习评价的发展趋势 ·· 16

第一章　本科教育中课程学习评价的研究与实践 ························· 22

    第一节　课程学习评价研究与实践的发展情境 ·························· 22

    第二节　课程学习评价研究与实践的历史变迁 ·························· 27

    第三节　课程学习评价研究与实践的范式 ································· 35

    第四节　课程学习评价的概念类型 ·· 38

第二章　多学科视角下的课程学习评价 ······································ 45

    第一节　哲学视角 ·· 45

    第二节　社会学视角 ··· 49

第三节　政治学视角……………………………………………………53

　　第四节　教育学视角……………………………………………………54

第三章　课程学习评价与教学、学习的关系………………………………59

　　第一节　课程学习评价与教育教学……………………………………59

　　第二节　课程学习评价与学生学习……………………………………67

　　第三节　影响学生学习过程和学业成果的模型………………………76

第四章　我国本科教育中课程学习评价的影响机制模型…………………84

　　第一节　模型解释和研究问题…………………………………………84

　　第二节　调查工具和数据收集…………………………………………90

　　第三节　数据准备和分析方法…………………………………………93

第五章　基于全国数据分析课程学习评价与学生学习的关系……………102

　　第一节　学生对课程学习评价认识的描述统计结果…………………102

　　第二节　"课程学习评价影响机制模型"的检验与分析………………105

　　第三节　课程学习评价的具体要素对学生学习的影响………………115

　　第四节　课程学习评价与学生学习的关系……………………………119

第六章　基于院校类型分析课程学习评价与学生学习的关系……………124

　　第一节　三类院校中学生对课程学习评价的认识分析………………124

　　第二节　"课程学习评价影响机制模型"在三类院校中的对比………128

第三节　课程学习评价的具体要素对三类院校学生学习的影响……137

第四节　课程学习评价与三类院校中学生学习的关系……145

第七章　基于学科分析课程学习评价与学生学习的关系……152

第一节　不同学科学生对课程学习评价的认识分析……152

第二节　"课程学习评价影响机制模型"在不同学科中的对比……157

第三节　课程学习评价的具体要素对四类学科学生学习的影响……165

第四节　课程学习评价与不同学科学生学习的关系……175

第八章　基于年级分析课程学习评价与学生学习的关系……179

第一节　不同年级学生对课程学习评价的认识分析……179

第二节　"课程学习评价影响机制模型"在不同年级中的对比……184

第三节　课程学习评价的具体要素对不同年级学生学习的影响……193

第四节　课程学习评价与不同年级学生学习的关系……202

第九章　课程学习评价：为学而评……207

第一节　本科教育中的课程学习评价能否促进学生的学习……208

第二节　本科教育中课程学习评价的改革路径……216

第三节　本书的不足与展望……222

参考文献……224

附录一 变量的测量指标和具体题项 …………………………………247
附录二 相关矩阵数据文件 ……………………………………………250
附录三 学生感知和理解的不同课程学习评价情境的描述统计结果 …253
附录四 多群组结构方程模型中的配对参数比较结果 ………………257
附录五 不同群组多元回归模型中同一评价情境系数比较结果 ………262
后　记 ……………………………………………………………………273

引 言

> 课程学习评价是保证高等教育中"高等、高质量"学习的重要方式。但是评价不应只是一种事后或者附加的以满足某些要求的方式,而应是能够说明各类学习体验是否达到其目的的方式。
>
> (Keeling & Hersh,2012)

反思自己的学生时代,似乎大多数时间都是在各种声音和力量的推动下"全力以赴"地围绕各类考试而度过,学生时代的心情亦随着考试成绩的高低而波动。偶尔也会思考学习只是为了考试、成绩和排名吗?但最终还是遵循并极力"讨好"了这个亘古不变的游戏规则,而特定学习阶段的准入门槛考试成绩及其排名也切实影响并改变了自己的人生,让自己成为这个规则的受益者。就在一切都习以为常、被认为合情合理时,2008年12月我进入了"中国大学生学习与发展追踪研究(Chinese College Student Survey)"课题组,并在清华大学开展了系列相关研究访谈。访谈中那些被誉为全国最优秀的青年学子激愤地表达着他们对目前评判学习过程和学业成果手段[如考试、论文写作、平均学分绩点(GPA[①])和排名等]的不满:

> 大一:尽管 GPA 只是一个数字,但是 GPA 对校内推研、拿国外的 offer、出去交换等都很重要,所以,很多人就会只关注 GPA,不重视其中的过程;我很愤怒地表示我宁愿不去交换,也不愿意为了学分绩点

---

① GPA(平均学分绩点):换算的方法为把各科成绩按绩点数乘以学分,加总后再除以总学分。

把自己搞得扭曲。大二：以 GPA 为主导的考试就是一个游戏规则，尽管大家都觉得它不合理，但是绝大多数同学还是没有勇气去冒险不遵循这个规则；选课、学习都要围绕 GPA 进行。大三：考试不合理，比如一次考试考五六道题，那要是一道做不出来就差好多；成绩只能说明一部分问题，不能说明所有问题；排名就是为了推研、国外申请学位。大四：考试就是突击，连续两三天只看一门，并将习题做得滚瓜烂熟就可以拿高分；GPA 高的学生在工作中并不一定就表现优秀。

（访谈文本，2008.12—2009.4）

这种不满情绪瞬间点燃了我思考这一现象的热情：难道不是考试才让他们来到这所名校？作为考试的既得利益者，他们为什么还有这么多的不满呢？为什么绩点高、排名靠前的学生也不满呢？大学期间经历了什么，让他们对考试、绩点、排名有了不同以往的看法？如果没有考试、没有成绩、没有排名，那么又该如何评判一个学生呢？但是考试成绩好、绩点高、排名靠前的学生就是优秀的人才吗？当前大学情境下，以 GPA 和排名为目的的考试主导的评价到底合不合理，它们和学生学习、教师教学之间的关系到底是什么？作为揭示学生在大学期间学了什么，以及如何学习的课程学习评价在多大程度上对学生的学习观念、学习过程和学业成果产生了影响？这种影响是大学教育的目的吗？课程学习评价于院校、教师和学生又分别意味着什么：是为了管理——强调学生的分数，还是为了终身学习——强调师生的学习与发展？学习是旨在争取一个靠前的名次还是旨在理解思考并充分发展自我？

基于这些思考，我在博士期间就将自己的研究兴趣聚焦于课程学习评价领域。刚开始着手这一选题的研究时，国内关于这一选题的研究与实践都还比较贫乏、单调。幸运的是，我获得了国家留学基金委的资助，于 2010 年 10 月—2011 年 9 月在美国著名的公立常春藤名校之一的密歇根大学安娜堡分校（以下简称密大）联合培养。在那里，我作为学生切身感受了美国高等教育中丰富的学生评价体系。首先，课程层面：课前、课中、课尾和课后，任课教师都会使用不同评价方式对学生学习进行不同程度的评价和反馈，有的课程甚至还进行每周/月一次有针对性的测验，以了解这一周/月学生对所学内容的掌握情况；其次，专业层面：定期使用学生学习的过程性和结果性数据以及其他相关数据对院系的专业设置和实施效果进行评估；再次，院校层面：使用各种全国通用的标准化测验工具、大规模调查问卷以及密大自己设计的调查工具实施学生评价。在和学生的交谈中我还发现，尽管他们认为评价比较频繁，但是他们的学习与发展又受益于这一系列评价，能明确感知到自己的发展和成长。当然，密歇根大学在不同层次上实施的学习评价，有一部分原因是迫于政府、第三方机构和家长、学生－客户、雇主等施予的压力，但是层层递进、科学严谨的评价操作，确实保证了该校名实相符的"公立常春藤"称号。此外，我还了解到：美国大多数高校，不管何种类型，都在其内部的不同层次上强调和实施了不同程度的针对学生学习与发展的学习评价，并从简单地报告"学生学了什么"（what to learn）转向了"学生如何学"（how to learn）（Lazerson, et al., 2000）。

美国高等教育领域中学生评价研究与实践的范围之广泛、主题之细化、影响之深远、方式之多元也是美国高等教育质量享誉全球的重要原因之一。相比美国，我国高等教育在这方面的研究和实践都还有极大的改进和提升空间。基于此，结合已有的资料和数据收集情况，我的博士论文在借鉴并拓展国外关于本科教育中课程学习评价的分析框架时，构建了课程学习评价的影响机制模型，并使用 2011 年《中国大学生学习与发展追踪》的调查数据，利用数理统计分析方法和结构方程模型检验了模型的概念框架与调查数据的拟合情况，分析了中国本科教育中课程学习评价与不同学生群体学习的关系，明确了不同学生群体适合的课程学习评价方式。在博士期间的研究和博士论文撰写过程中，我就意识到，无论是概念上的还是实践中的"课程学习评价"，其内涵与外延都远比博士论文中使用到的要深、要广。在阅读和分析那些让我触动很深的外文文献时，我就下定决心：如果自己是一名老师，我一定要在自己的能动范围内，主动去改变既有的评价理念和方式，将自己所学、所知的那些能够促进学生学习与发展的评价运用到自己的教学当中。

博士毕业后，我回到母校山西大学，成为一名高等教育学方向的教师。在第一次为本科生授课时，我结合不同专业学生的特点、课程内容以及班容量等情况，采取了多种评价方式，多角度、过程性地去了解考查学生学习的情况并及时给予个性化和集体性的反馈。这一做法获得了大多数同学的好评。在收集到的课后反馈中，他们中有人感慨："这是上大学以来，第一次感觉到自己是一名真正意义上的大学生，第一次感觉自己可以和老师平等交流，提交给老师的作业终于有了回应。""虽然一直认为大学生应该是在'大'的平台上，开阔'大'的视野，培养'大'的理想、'学'知识、'学'技能、'学'思维，充实生活、体验生活，但是两年的大学生活已过，我却很混沌、很迷茫。这门课从形式到内容，特别是'频繁但又很有针对性的课前小测验、课后反馈'都让我醍醐灌顶。""我特别喜欢老师每节课不同时段精妙设置的课程互动反馈环节，这是一个让我真正沉下来思考自己到底在哪，即将去哪的一个重要环节。"与此同时，也有学生不认同我的教学与评价方式，认为："这就是一门选修课，老师的要求太多，让我感觉很麻烦。""我们理工科的学生更习惯于传统的讲授模式，在课堂上一言不发、听听课、做做其他作业、打个瞌睡等；我可以保持安静不打扰老师和其他同学上课，但是不喜欢也不愿意在课堂上与老师、同学互动，只要考试能拿到60分，对老师的教学、评价、反馈等都无所谓。"

学生们的两类反馈让我意识到：教学与评价并不是教师单方面就可以做好的事情，是需要获得学生的理解和认同的；高质量的"有效教与学"需要通过"评价反馈"这个桥梁来完成；但是在目前的大学情境下，不光是学生，就连老师和管理人员对"评价"的认知和了解也比较单一，更不用说在实践中灵活运用了。如果我没有研究这一主题，在教学中，我可能也只是遵循学校的规章制度，综合学生的考勤、两次或者三次平时作业、期末考试成绩等，在正态分布的基础上分配给学生一个数字。在对管理者、老师和学生的访谈中，我发现三类群体对"课程学习评价"的理解都比较单一、传统。

2018年我获得了山西省留学基金委和山西大学共同资助的机会，在加拿大纽芬兰纪念大学访学一年。在那里，我作为研究者、教师参与到了合作导师霍本（Hoben）的课程教学与评价中，并详细了解了教育学院的教学与评价管理制度。教育学院还承担着纽芬兰纪念大学所有院系教师发展与培训的任务。在课程层面：教师须采用多种评价方式考查学生的学业准备、学习过程与学习成果的详细情况，并要针对学生每次提交的作业、项目、论文等给予每个/组学生详细的反馈信息。如果反馈信息不详尽，就可能遭到学生的投诉；学生则需要认真对待每一次的教师评价任务。学院层面也制定了非常严格的教学与评价管理制度。学校在每个学期初都会在教育学院组织多场关于"如何教学、如何评价学生"的跨院系研讨会。所有院系在学期末都会组织学生评教，调查了解学生的在学体验，并基于调查和评教结果在下一学期中做出调整。

我和多位老师交流：如果学校或者学院没有相关的"教学与评价管理制度"，在实际教学中还会精心设计课程学习评价方式吗？他们中的大多数表示"会"。他们认为：有效教学的前提是了解学生，并给予学生及时的、个性化的反馈；他们自己曾经接受的教育和评价也是这样的；关于学生评教，他们认为大多数同学都是比较客观公正的。如果对学生评教结果有异议，可以向相关部门申诉。其中，两名已经获得了终身教职的华人教授表示：如果没有那些规章制度，可能也会模仿自己的老师和同事开展教学评价，在具体的操作中会更轻松一点。虽然他们从自己求学的经历中已经意识到了东西方教育的差异，但是在从教职业的早期，依然如履薄冰，尤其是在给学生文字性反馈和评分时，需要斟酌良久。

我和管理者交流：为什么要制定如此严格详细的教学与评价制度？他们指出：首先，他们相信即使没有这样的制度，大多数教师也会认真教学。制定制度的根本目的是保护师生的权益。管理者要围绕制度安排，全力服务以满足教师和学生的需求。在处理师生矛盾时，如果调查结果是教师的教育教学理念、能力、态度或者行为有问题，那么就会组织相关专业委员会和该教师交流沟通，并要求其到教师教学发展中心进行学习，考核合格后才可以再次承担教学任务；如果调查结果是学生的问题，那么相关专业委员会成员会和学生进行沟通交流，直至其理解认可。

我和学生，包括多位来自中国的留学生交流：如何看待教师的教学和课程学习评价方式？其中，本地学生大都认为大学老师的教学和评价方式与初高中阶段没有本质差别，只是评价的频次比初高中阶段略高一点；他们可以以一种更为平等自由的方式与教师交流对话；他们认为学生评教赋予了他们一种与教师对其进行课程学习评价的对等的权利。中国留学生大都认为他们首先要熟悉和适应老师们的教学与课程学习评价方式，而且高频次的评价让他们更有压力，但是这些压力确实也是动力，让自己变得更勇敢、更善于表达和反思，进而明确自己的优点与不足。

反思自己亲身体验和践行的不同的教育教学与评价模式，综合已有中英文文献的阅读与研究可以发现：虽然考试源自中国，但是现代意义上的课程学习评价体系则是西方发达国家为应对高等教育大众化和新自由主义市场机制的冲击，将学生作为消费者的理念渗透到校园的方方面面，通过系统研究学生学习体验与教育质量的关系才逐渐形成的。目前西方发达国家为"促进学生的学习与发展，提高院校的教育效能"，在教育系统内部已经构建起一套包括院校、专业、课程、教师和学生等多个层面参与其中的学习评价体系。中国高等教育用不到20年的时间迈入了普及化阶段。这样的飞速发展引发了社会各界对教育质量的担忧。21世纪以来，针对本科教育质量评价的研究数量急剧增加，并对实践产生了重要影响。但是直接将课程学习评价作为研究对象的报道仍寥寥无几；实践中，院校也只有在近些年需要完成国际认证等相关活动时才开展丰富多样的课程学习评价，系统性的制度设计和连续性的实践活动仍然比较匮乏。

2015年10月，国务院印发的《统筹推进世界一流大学和一流学科建设总体方案》指出，要"坚持以中国特色、世界一流为核心，以促进高等教育内涵式发展为主线","完善质量保障体系,将学生成长成才作为出发点和落脚点,建立导向正确、科学有效、简明清晰的评价体系,激励学生刻苦学习、健康成长"。2018年6月,150所高校汇聚成都,发出"一流本科教育宣言",提出要坚持以本为本、推进"四个回归",建立学生中心、产出导向、持续改进的自省、自律、自查、自纠的质量文化,将质量要求内化为师生的共同价值和自觉行为。同年8月,教育部、财政部和国家发展改革委员会联合印发《关于高等学校加快"双一流"建设的指导意见》,明确提出,要鼓励学生参与教学改革和创新实践,改革学习评价制度,激励学生自主学习、奋发学习、全面发展。2019年10月,教育部发布的《关于深化本科教育教学改革全面提高人才培养质量的意见》,强调要完善高校内部教学质量评价体系,建立以本科教学质量报告、学院本科教学评价、专业评价、课程评价、教师评价、课程学习评价为主体的全链条多维度高校教学质量评价与保障体系。2020年10月,中共中央、国务院印发《深化新时代教育评价改革总体方案》,要求高等学校改革学生评价,减少死记硬背和"机械刷题"现象。因此,根据中国高等教育普及化阶段的发展现状、双一流以及一流本科教育建设的发展需要和新时代教育评价改革的相关要求,重新审视课程学习评价的合理性与应用性,构建适合并能够促进学习者终身学习与发展的评价体系,以切实诊断本科教育中学生学习、教师教学和管理者管理与决策的质量问题,进而全面提高本科教育质量,应作为我国现阶段高等教育改革与发展的重要任务。

第一节 学生学习理念的变迁

　　高等教育从属于社会流行的意识形态、世界观和各种现实变迁,不再能通过知识生产来形塑社会,反之却被社会所要求的知识规范形塑。这种规范主要体现在全球化、知识经济以及终身学习等话语方面（Hodgson，2000）。

　　首先，终身学习理念对高等教育中的学生学习理念产生了重要影响。终身学习是伴随终身教育提出的，与"活到老，学到老"有异曲同工之妙。但是前者被制度化为一种可以操作的概念体系，即"所谓的'终身'，就是夸美纽斯所言的从'摇篮到坟墓'意义悠远的过程；'学习'意味着关注学习者的需求，提供给学习者工具和技术，以使他们能够根据自身的学习方式和需求进行学习；学习不是教学，也不是培训，更不是狭隘的说教；学习属于学习者本人，而不是教师。这彻底改变了教育者和学习者之间的关系，把教师从'高高在上的圣贤'转变为'身边的指导者'，强调学习者的自主性和动机，强调能够利用使人们回归到学习习惯中去的工具和技术，学会学习、学会生活。这种学习评价理念中没有'失败'的字眼"（〔英〕朗沃斯著，沈若慧等译，2006）。在终身学习的理念下，学生学习的目的可以从纵向的时间维度概括为"获得终身学习者的自我意识和能力，并持续不断地学习"；从横向的空间维度概括为"认识到日常学习与学校学习的相关性并能够在各种场所中学习，能够综合不同领域和不同群体的价值观去解决问题，运用比较广博的社会标准评价自己的进步"。基于上述终身学习的理念，朗沃斯还比较了20世纪教育培养和21世纪终身学习的特征，提出了变革可资借鉴的行动，详见下表。基于教育目的、课程设置、教师的教和学生的学，朗沃斯指出终身学习时代中的课程学习评价将承担更多改进的责任而非总结的责任。

　　作为为终身学习提供必要组织框架的高等教育及其机构，在促进个人终身学习方面具有重要的作用和意义。因此，高等教育可以在纵向的时间维度上基于一种发展性评价去培养学生学会计划和评价自己学习的能力；在横向的空间维度上通过重视学生的学习内容和学习过程，让学生学会主动而非被动的学习，鼓励学生按照现实生活标准进行自我评价。

从教育培养时代走向终身学习时代[①]

变化维度	20世纪的教育培养	21世纪的终身学习	变革行动
教育决策	植根于普通教育培养体制	根据个人的学习需求以及年龄、智力、能力等制定	基于"为所有人的一生"这个理念制定和执行
教育目的	满足终极职业需求	长远、灵活多变的就业能力和完满生活的教育	学会学习,学会生活,学会做人,学会共处
课程设置	以知识与信息为本	以培养理解力、技能和价值观为本	开发培养个人特质、批判思维和价值观的课程体系
教学内容	教师决定教学内容	由学习者自主决定	制定政策,使教师为学习者服务
教师作用	作为信息和知识的唯一来源	作为社会所有可获得的资源和技术的管理者	挖掘社会中的不同资源:智慧、技术、能力、财富和知识
学习机会	教育机构决定	根据学习者的需求设置和提供	多元、民主设置和提供
支持体系	缺乏	根据学习者的需求提供持续的支持体系	提供广泛的学习支持体系,如学习指导等
学生学习	学习是被动接受的痛苦负担	学习是有趣的、参与性的、主动理解知识的活动	鼓励积极主动的学习习惯
学习目的	满足当前学习者的需求和境况	为个人未来的学习需要和境况做准备	改变思维模式,创造一种学习文化——在各个阶段都强调学习及其价值
评价	考试是区分优劣的手段	考试是作为个人选择学习进程的手段以及鼓励深造的动力	提供深入个体学习计划的创造性评价工具,以准备充分为基准

注:本表改编自〔英〕诺曼·朗沃斯,2006。

其次,高等教育内部教学理念的转变:从教转向学,强调了学习与发展的整合。"今天的高等教育面临着比以往任何时代都更为复杂的情形:其中

[①] 结合研究的目的,对原表格进行了相应删减调整,并添加了"变化维度"这一列。

在新保守主义思潮的影响下，高等教育成为一种可以使个体受益的商品进行出售。因此，越来越多的抱着追求一种未来职业，而非传统学术训练目的的多样化群体走进了大学校园。教室里坐着的是学术准备参差不齐、来源多样的学生群体。"（Biggs，et al.，1999）爱因斯坦曾经说过："我们不能在制造问题的同一思维水平上来解决问题。"（Calaprice，2005）因此，美国大学与学院协会（AAC&U）在 2002 年发行的《更高的期待：学习的新愿景》（Ramaley，et al.，2002）中详细列举了美国高等教育面临的问题和挑战[①]：高等教育中入学对象人口学因素的变化——入学人数增加，学生的学习能力和知识都比较欠缺等；新的注册模式——兼职、网上学习等；信息爆炸——便捷获取、从记忆事实转向发现和评价信息质量；严苛的外部环境——问责、认证、大中小学之间的衔接要求；新的教育场所和形式——赢利高等教育机构、公司大学；工作情境的变化——强调创新解决问题、团队合作和适应性；国际合作——跨国公司、全球依赖；公民责任意识的强化——志愿意识；经费短缺等。报告还指出现代美国正处于一个全民上大学的时代，高等教育中的教学正在经历而且必须经历一个范式上的转变：从重视教到重视学；从强调一个受过教育的人应该知道什么到强调如何发现并评价所需信息的准确性以及如何使用知识；从将课程作为已有知识的传授媒介到将教育作为探索理念和价值的媒介；从专注于特定学科的学习到寻求不同学科内外之间的联系；从培养批判性思维到注重使用批判性思维去思考现实中带有争议性的问题；从强调个体独立工作到强调团队合作；从强调客观分析能力到整合个体经验培养创新能力；从注重西方文化价值到关注文化的复杂性和全球问题；从强调为了学习而学习到关注学习的内在价值；从认为高等教育是独立于基础和高中教育到强调高等教育作为整个教育环节中不可分割的一部分。

这一切都和 20 世纪 90 年代中期巴尔等研究者提出的"本科教育的新范

---

① 虽然该报告中列举的是美国高等教育面临的问题和挑战，但是笔者详细分析其文本内容之后，认为这些问题和挑战在当今全球化情境下，具有相当大程度的普适性。

式：从教转向学"的发展方向是一致的，也是对这一理念的有力支持。他们指出，以前支配大学教育的范式是"大学是提供教学（provide instruction）的机构"，但是现在一种强调"大学是生产学习①（produce learning）的机构"的新范式需要建立起来（Barr, et al., 1995）。

另外，建构主义的基本理念是：知识是建构的、学习是合作和自控的、学习环境和问题是要尽可能和现实相关联的。在这种建构主义思潮影响之下，人们也越来越意识到学习本质上是一个主动的过程，学习者是知识和意义的构建者（Loyens, et al., 2008）。这使得学生在高等教育中逐渐获得了一种核心的角色和地位，学生不仅要学会对自己的学习、成长和发展负责，还要有能够参与决定学习内容与方法的能力。

因此，"我们应当重新考虑本科教育中学生的学习，充分利用大学中的所有资源为所有学生提供教育，并使得每一个学生都得到全面发展。这种学习观要求一种可以整合学生体验去理解和支持学生学习与发展的新方法；这种学习观呼吁教育的转型，将学生置于学习体验的中心；这种学习观可以将原本被分开思考的，并认为是彼此独立的学生学习和教师教学整合到一起"（Keeling, 2004）。总之，对于"学习这一概念和什么是值得学习的，以及如何学习"的理解是随着文化的高速演变而不断演变的（evolve at the high speed of culture），而不是以一种渐进的生物演进方式进行。今天的大学如果既想满足学生未来的就业需求，又想激发学生探究高深知识的兴趣，那么大学自身就需要将自己作为一个学习者来研究和设计除标准化测验之外的其他评价方式，使得课程学习评价成为学生自己的一种非常独特的人生记录（human documents）（Wolf, et al., 1991）。

---

① 作者在文中特别指出生产学习（produce learning）而不是提供（provide），不是支持（support），不是鼓励（encourage），意味着大学要为学生的学习负责（takes responsibility）。

第二节　学生学习质量观的诉求

  质量管理是针对全球高等教育扩招引发的混乱现象提出的确保高等教育系统和结构能满足不断增长的学生规模的一种方法（Morley，2003）。就其思想来源而言，高等教育质量保障运动起源于美国工商界的全面质量管理（Total Quality Management）思想。因为美国作为世界上最早进入高等教育大众化阶段的国家，很快见证了大众化所引发的种种问题，使得包括高等教育内部人士在内的社会各界开始关注和呼吁高等教育质量保障。全面质量管理虽然未能在高等教育机构内部大行其道，只被称为神话和幻想（myth and illusion）（Brigham，1993），但是却在高等教育系统外部获得了青睐。1983年诞生了世界上第一个根据可测的"资源和声誉"对大学进行排名的美新大学排行榜之后，"资源和声誉"就成为高等教育质量的代名词。但是高等教育系统的独特性和精英教育阶段质量内隐的传统理念，使得高等教育系统内部在未能很好地消化和理解其他领域中质量保障和管理的理念与实践的情形之下，迫于系统外部的压力，逐渐接纳并认可了"资源和声誉"质量观（Birnbaum，2000）。"资源和声誉"质量观强调的只是系列直接可测的指标，而非体现高等教育质量以及质量管理的最佳实践。因此，尽管"资源观和声誉观"伴随着高等教育大众化和质量的全球话语，迅速波及世界各地，但是其在流行的同时也遭遇了激烈的批评。这在引领了"资源和声誉"质量观的美国高等教育内部尤为突出。

  实际上，在20世纪80年代至90年代"资源和声誉"质量观声名鹊起的同时，也就是在美新大学排行榜问世之后的三年内，美国高等教育内部的有识之士就和第三方教育机构合作，通过实证调查分析，出版发行了系列有影响力的关于高等教育中教和学的报告：《参与学习：实现美国高等教育的潜力》(NIE[①], 1984)、《回归传统：高等教育中的人文学科报告》(Bennett, 1984)、《大学课程的完整性》(AAC[②], 1985)、《州长报告——大学质量篇》(NGA[③], 1986)等。这些报告有力地回应和支持了高等教育评价专家阿斯汀在其多部著作中的声明："高等教育质量本质上应该是教学和科研的质量，即优质的教学和卓越的研究[④]。'资源和声誉'质量观分别表征的是资源、声望和质量的关系。前者依赖于金钱、高水平的教师和高素质的学生；后者则依赖于一种惯有的信念体系，而不是系统的研究和分析结果。这两种质量观不仅没有本质的差异，而且互相依赖，共同影响着大学在排行榜单上的位置。"(Astin, 1991)这样的质量观和质量保障不可能说明学生接受的大学教育质量如何，学生在大学期间的体验和成果的质量如何等，更不可能体现大学真正的、最初的使命——人之修养（Bildung）(德兰迪, 2010)。高等教育质量的核心与本质应该是学生学习与发展。因为只要高等教育的主要目标还是人才培养，那么高等教育质量就应体现在学生学习与发展的教育效能中，而不是资源和声誉中（Jacobi, 1987）。

上述报告和批评在减轻"资源和声誉"质量观对美国高等教育控制的同时也提出了本科教育"学生学习"质量观，即学生在大学期间学了什么？他们是怎样学习的？他们能否将所学应用到工作或者未来的学习中去？"学生学习"质量观将21世纪美国高等教育质量的关注重心逐渐转移到"院校有没有给学生设置一个比较严格和理想的学习标准；教师是否为学生的学习提供了合理有效的评价和反馈；学生是否积极参与到学习中去"等真正关注学生成长与发展的实践中。哈佛大学前校长博克在其著作中也指出，如果我们

---

① NIE 是 National Institute of Education 的简写。
② AAC 是 Association of American Colleges 的简写。
③ NGA 是 National Governor's Association 的简写。
④ 阿斯汀指出高等教育的第三大职能——服务社会，不应该是高等院校教育质量（特别是四年制院校教育质量）的核心内容。因为有了优质的教学和卓越的研究成果，服务社会的质量就不会差。

（院校）做得更好，那么按照学生入校时的高中成绩来看，学生可以学得更好、发展得更好……大学排行等所依据的评价指标与教育质量之间基本上没有太大关系（Bok，2008）。实证研究也表明，学生接受的大学教育质量不等同于和类似于一个院校的资源和声誉（Pike，2004）；经费的投入和学生的学习之间有一定的关系，但是这种关系只对大一学生的认知成果有微弱影响，对大一的非认知成果和大四的认知和非认知成果就没有统计意义上的显著影响（Pike，et al.，2011）；另外，尽管公立院校中经费的多少会显著影响大一学生的学习投入，但是对大四和私立院校中的大一和大四学生的学习投入基本上没有显著影响（Pike，et al.，2006）。

  美国高等教育外部质量保障体系的六大区域认证机构和美新大学排行榜分别自 2003 年和 2006 年之后也将学生学习的过程和结果，而非学生入学时的 SAT 或 ACT[①] 成绩等输入性指标，作为重要的指标体系来评估院校教育质量。这也促使院校形成了基于学生学习的教育质量观。另外，美国在 21 世纪的前十年发布的几个关键性报告《高等教育中学生学习的公共问责》（ACE[②]，2004）、自 2000 年起发布的针对高等教育中学生学习情况的每年一度的测量报告（NCPPHE[③]）、《基于证据的文化：评价学生的学习过程和结果》（ETS[④]，2006、2007、2008）等证明实施这种基于学生学习的质量观后，美国高等教育发生了更为积极的变化。同时这些报告也更进一步指出，高等教育学生学习质量观的核心就是明确"学生在校期间到底学了什么以及怎样学的"，呼吁和鼓励院校继续创造性地实施学生评价，通过学生评价促进学生学习与发展的同时，提高院校教育质量。至此，学生学习质量观逐渐成为

[①] SAT，全称 Scholastic Assessment Test，中文名称为学术能力评估测试。ACT 全称 American College Testing，中文名称为美国大学入学考试。ACT 考试与 SAT 考试均被称为"美国高考"，它们既是美国大学的入学条件之一，又是大学发放奖学金的主要依据之一及对学生综合能力的测试标准。

[②] ACE 是 American Council on Education 的简写。

[③] NCPPHE 是 National Center for Public Policy and Higher Education 的简写。

[④] ETS 是 Educational Testing Service 的简写。

美国高等教育质量的核心议题，学生评价也从原来的仅限于课程教学实践渗透到大学教育的方方面面。

在欧洲，英国、德国等国家也相继围绕学生学习制定了较为合理的高等教育内外部质量保障体系，将课程、教学、评价和学生就学体验等纳入到质量保障体系中。与此同时，国际性教育机构，比如联合国教科文组织（UNESCO）、世界银行（WB）、经济合作与发展组织（OECD）等也逐渐将高等教育质量的视域转向学生学习质量。其中经济合作与发展组织还发表了若干关于学生学习和学业成果评价的报告，并于2008年倡议成立了"高等教育学业成果评价（AHELO）"项目。自2009年实施以来，将学生学习质量观和课程学习评价的实践与影响在世界各国高等教育领域内进一步推广和扩散。

这就意味着全球化时代高等教育质量保障的新特点和发展趋势，应从强调"院校的资源、声誉和产出质量观"转换为强调"大学教育给学生带来哪些变化、提高和收获的学生增值质量观"。院校的资源、声誉和产出只是高等教育质量保障的基本条件，而真正能够体现高等教育质量以及大学教育本质特征和基本逻辑的是"基于高深知识的教与学促进学生的学习与发展，深刻了解大学教育如何影响学生的学习与发展、学生在大学中究竟学到和收获了什么及其行为方式和价值体系到底发生了怎样的变化"。这样高等教育质量治理的宏大理论问题就可以被转换为"院校如何监测学生的学习与发展？院校提供哪些政策支持和促进学生的学习与发展？院校教育质量如何在解决上述两个问题的过程中得以提高和改进？"等具体实践问题并制定切实可行的解决方案。

在中国，自1999年高等教育扩招以来，高等教育的入学对象、学校规模、学生数量等都发生了巨大的变化。在精英阶段未曾出现的质量问题也相继出现，并成为制约高等教育发展的重要瓶颈之一。通过借鉴和模仿英美等发达国家高等教育质量保障的做法，国内出现了四类高等教育质量保障体系：教学评估、学科评估、专业认证和重点政策（刘晖、李嘉慧，2019），但是反观这四类质量保障体系，前两者主要侧重的是和"教学、学科"相关的经费、师资以及其他各种制度资源的投入和保障（罗燕等，2009）；后两者则是在调节高等教育市场需求的同时，极大地刺激大学对资源的获取，使得大学变得越来越像"学术企业"，而遗落了大学真正的、最初的教育使命——人才之养成（罗斯等，2008）。如果说质量的发展也有阶段的话，那么在进入21世纪的第二个十年，在全球化背景下，我们也应审视"资源和声誉"质量观在中国高等教育普及化情境下的合理性以及如何转向高等教育质量的内核——学生学习。另外，在中国高等教育领域中，尽管学生评价还仅仅局限在课程教学层面，但却是指引学生学习的重要指针。学生评价影响学生学习的质量，学生学习的质量正逐步成为表征高等教育质量的重要指标（郭芳芳等，2012）。所以，学生评价于学生学习的质量和高等教育的质量的意义是不言自明的。

第三节　课程学习评价的发展趋势

21世纪初，哈佛学院前院长李维斯就指出，"在目前这种竞争和消费主义盛行的大学文化指引下，评价学生学习与发展的考试制度和与考分直接挂钩的奖励制度不仅脱离了真正的学识，而且抹杀了学生努力的意义以及追求公正的信心，进而演变成为一场勾心斗角的厮杀，从而培养出'暴民'。大学已经失去了灵魂，忘记了本科教育的基本任务是帮助十几岁的孩子了解自我、探索生活的远大目标，帮助他们到毕业时成长为一个二十几岁的更加成熟的人。"（Lewis，2006）事实上，考试作为课程学习评价的一种主要策略（strategy），是以牺牲效度来达到信度的目的，以牺牲学生的学习兴趣来达到出题者的目的。所有的考试都意味着一种妥协：为了评分的精确性，考试内容就必须简单化和去情境化，学生利用资源的路径就要受到限制。学生既不能让考题适合于自己的风格，也不能就考题去质问老师。在这样一种考试文化（test culture）中培养出来的学生就只是一群拥有证书的庸人（mediocrity）。所以，我们不应该将"评价"只看作是"考试"，评价是用系列更为全面的、多维度的方式，去观察和判断在行动（action）中的个体学习者是如何思考的（Wiggins，1993）。而且"设计合理和实施得当的学习评价不仅能够激发学生的学习动机、提高学习效率，在评价的过程和反馈中学习，同时评价还可以为教师帮助改善学生的学习提供充分的信息"（Vu，et al.，2007）。的确，无论中外，当今的本科生都前所未有地将自己的学习努力置于学习评价的基础之上。他们分配学习时间和学习重点都是基于对评价的理解，即评价的内容可能是什么，学习什么内容可以拿到高分。评价影响学生的学习方法、学习活动并引导学生学习行为的方方面面；在许多课程中，评价环节之于学习的影响要远远大于教学内容之于学习的影响（Gibbs，2006）。

尽管以 GPA 主导的考试越来越科学，但也越来越机械（mechanical）（Wiggins，1993）。考试的认识论基础是智力（intelligence）（Wolf，et al.，1991），即智力是特定的、一元的、固定不变的，没有类型（kinds）只有等级（ranks）。特曼曾明确指出可以根据智力水平以固定的方式对个体进行分等（Terman，et al.，1922）。而在此基础上形成的"正态分布"的考试文化就强调通过分等的形式组织教育活动，为学生未来"命中注定"的生活做准备。其"课程设计"呈阶梯状，即知识的获得从入门的了解到最后的掌握呈线性顺序，而且纯粹的思维要比实际的动手更有价值，解决实际问题位于知识获得的最底层，理论性的思考是知识获得的最高层。"学习观"的突出表征就是认知的单元性和渐进性以及为了表明个体差异对学生的分类和分等，"评价"也就不可能包括合作、资源和工具使用等方式，而必须使用一种最能体现个人主义的（individualistic）方式——考试。因为表现个体差异的智力，就像身高等特质一样，是已经确定了的，没有其他任何辅助的东西可以改变（Wolf，et al.，1991）。

因此，基于这样一种"智力正态分布"的认识论基础，大学考试文化的本质就是以一种易于量化的方式来展示个体学生掌握知识信息数量上的差异程度，而非其思维表现的多样程度（郭芳芳，2012）。这种考试文化有如下三个突出的特点：第一，客体性——以 GPA 为主导的"分数与排名"就是基于固定的和外在的标准对学生的行为表现进行分等和比较，而不是描述学生的学习水平和思维方式。考试的主要工具就是正态分布曲线，曲线两端是少数的不合格者和优秀者，中间部分是大多数学生群体。所以，考试要么是迫使学生想尽各种方法将排名靠前，要么就是让学生安于现状，做一个平庸者（mediocrity），而不是刺激学生去追求更高的成就（accomplishment）。将学生看作一个个客体，认为在这样的体系中有些人注定要"失败（failure）或者表现不好"是自然的（natural）考试文化，使得"让所有的学生都学会学习"和"针对学生当前的成就水平提供指导"的责任变得不是那么重要和必需了（Wolf, et al., 1991）。第二，去情境性——考试是一种在有限时间内的即时反应（first-draft responses），强调速度和效率而非思考和准确。在考试中表现较好的学生，即 GPA 较高的学生在实际中未必一定表现很好（Schoenfeld, 1988）。另外，考试将学习看作是个体单独的事，GPA 排名则是一种零和游戏，但是在实际的工作中，大多数的工作是需要合作和借助于其他资源和工具的。第三，终结性——考试作为一种科学测量方式，就像温度计、测深仪一样，学生只是被测试的客体，学生和教师关注的只是结果，而不去思考为什么会产生这样的结果——失败或者成功，这样也就不会有更进一步的针对考试结果的讨论和学习。GPA 说明的只是数量的多少而不是质量的好坏，通过 GPA 并不能了解学生在"追求、研究、想象和观点"等方面的思维特性（郭芳芳，2012）。

　　如果说以"GPA 和排名"为主导的考试文化将学生看作是被动的客体、采用单一的终结性方式测评一种个体孤立的学习观，适用于高等教育精英阶段，那么在高等教育大众化和普及化阶段，这种考试文化的局限和不足就越来越明显。用更为全面的评价方式代替考试的讨论、研究和实践始于 20 世纪 70 年代末欧美高等教育大众化领域。因为 GPA 膨胀（inflation）问题以及由此引发的对大学本科教育的全方位思考，特别是对高等教育质量保障的深刻反思，使得包括研究者和实践者在内的各界人士都逐渐将注意力从考试投向评价，并引发了一场风靡全球的"评价运动（assessment movement）"（Ewell，2002）。这种词语上的改变不只是形式上的，更是对高等教育的理念和实践认识更为深入和科学的体现。从考试文化转向评价文化就是基于教育的本质是促进人的发展，而不是给人分等；学生的发展是多元的；学生学习受益于评价等多方面的认识（郭芳芳，2012）。

评价文化的认识论基础是心智（mind），即思考的能力是不断发展变化的，学生学习本质上就是一种思维活动，需要多种心智和工具的合作（Wolf, et al., 1991）。而"心智"这一人的基本素质存在于不同人的不同发展阶段，所有的人都可以构建而不仅是吸收知识。发展和认知心理学，比如加德纳的多元智能理论（Gardner，1985），罗格夫的日常认知（Rogoff，1990）和学徒思维（Rogoff, et al., 1984）已经充分证明了这一点；学习并非一点一滴的线性累积，而是一种不均衡的飞跃式转变；新手与专家的区别不是知识掌握的多少和智力的高低，而是其在组织和识别信息方面的能力差异。这种能力差异主要源自经验的多寡（Messick，1984）。因为只拥有心智的结构（furniture of the mind）——智力是不够的，还需要有心智的规训（discipline of the mind）——用一种有成效的方式去重组和使用智力的能力（Krug，1992）。思考像其他行为一样具有社会属性，只有在见证其他不同心智如何工作，以及其他心智介入挑战自己心智的情况下，理解才可能变得更深刻和复杂。同时，只有在与其他资源和工具等结合的时候思考才能发生。所以，学习不仅是个体的事，更是一种群体的、合作的事（郭芳芳，2012）。

在"心智"的认识论基础上，评价文化强调的是一种探究和合作，侧重于衡量个体学生如何探究复杂的知识技能以及如何与别人合作，并强调学生为主体的成就与发展。其实，早在1899年，美国实用主义的倡导者，有着美国第一位本土哲学家、心理学家和教育学家美誉的詹姆斯就明确指出，没有任何一种在实验室使用的方法可以用来测量某门学科对学生的影响，在我们的一生中会有各种各样的考试，但只有心智的成长才能让生活更加美好（James，1983）。詹姆斯担心评价会变成一次性的测量，他指出，如果我们想证明学生的进步与否，就必须首先描述进步指的是什么，然后在此基础上思考如何使用一种发展的、历时的数据从长远的角度来衡量学生的进步与成长。相比单一的考试测量，评价是价值关涉的，是基于现实的一种心理构建（Guba，et al.，1989）。这种评价文化亦有如下三个特点。

第一，从排名到证明，强调的是学生的主体性。评价是去"证明成就（document accomplishment）"而不是基于智力的概念使用特曼的"正态分布曲线"去排名。评价要全面了解学生的学习情况，了解学生真实的知识技能的掌握情况，以及学生的发展情况而非和他者的比较情况。这不仅需要将学生作为主体而非客体，同时学生自己也要彰显自己的主体性。考试排名关注的是学习成绩的合格与否，评价则是提供证据来描述学生学习成就的现状并指明改进的方向。评价结果可以说明学生在其受教育历程中的位置，而不是在其不断变动的同学数量中的相对位置（Cannell，1989）。在"证明的主体性"框架下，成功于学生就不再是虚无缥缈，于院校也不再是各种排行榜的位置，而是学生在不同阶段心智的成熟和理解的深入。第二，从智商到心智发展的评价，强调情境性。即结合学生个体特征及其所处环境对其进行真实情境下的评价（Wolf，et al.，1991）。第三，从他评到自评，强调反思性。所有的学习者都可以通过自己的体验和教育对自我的学习与发展进行自评，但是这种自我评价的能力是在别人不断评价而不是测量的基础上形成的（Wiggins，1993）。因此，如果说考试表明了个体智力的差异，评价则能描绘个体整体心智的品质并渗透到个体日常中去改进这种品质。因此，后者才能真正地诠释教育的要义（郭芳芳，2012）。

另外，考试文化只适合那种"学生适应课程"的精英教育阶段。在这种情形下，师生在基于对"效率（efficiency）——正确地做事"的标准和证据讨论的前提下，得出一种以"分数与排名"为本质的高风险决策（high-stakes decisions）（Wolf，et al.，1991）。而评价文化则适合"课程适应学生"的大众教育阶段。在这种情形下，优先被考虑的是"效能（effectiveness）——做正确的事"，所以重点就不是"分数与排名"，而是"成就与素质"。在效率与效能无法兼得的情况下，我们首先应着眼于效能，然后再设法提高效率。

考试作为一种测量学生学习的方式沿用至今虽然也证明了其合理性，但是如果在大众化高等教育情境中，在建构主义思潮逐渐渗透到高等教育系统内外的各个领域之际，还将考试作为大学中唯一的或者说是主要方式来衡量学生的学习与发展的话，那就不妥当了。前述论及的以"主体性、情境性和反思性为主要特征的评价文化"给"强调客体、去情境性和终结性为主导的考试文化"提供了新的选择，并已经有坚实的认识论基础和大量的实证研究验证其合理性和必要性。这种新的评价文化所体现出来的理念和价值观就是，评价可以激发学生学习兴趣，培养学生更为广泛的能力来适应未来的学习和工作，同时也为教和学提供有用的信息。因此，大学有必要在认识到考试不足的基础上，充分构建和使用新的能够展现学生学习与发展的评价，从考试文化转向评价文化。但是这种评价文化的营造和落实需要一种整合的力量去计划（to plan）、实施（to implement）和改进（to improve），即营造新的院校文化——共享的价值和使命——强调和重视学生的学习，审视影响学生学习的因素，通过评价促进和提高学生的学习与发展；教师、行政人员和学生共同承担学生学习的责任；整合资源优化结构支持学生学习；采用合适有效的方法评价学生的学习（North Central Association of Colleges and Schools，2005）。

总之，通过分析高等教育中学生学习理念的变迁、学生学习质量观的诉求以及课程学习评价的发展趋势，可以认识到课程学习评价在当今高等教育中的作用和地位。课程学习评价可以通过证明的方式来影响和指引学生的学习，让每个学生都能学有所成；课程学习评价不仅局限在课程教学实践中对学生学习的指引和影响，还可以作为衡量院校教育质量的重要手段。

第一章 本科教育中课程学习评价的研究与实践

> 为什么没有人撰写更普遍、更富于变化、但也更有决定意义的考试的历史。要知道,在这种微不足道的技术中可以发现一个完整的知识领域、一种完整的权力类型。
>
> (福柯,1999)

在学习和评价中赋能给学生,强调以学生为中心和主体的课程学习评价是伴随着西方发达国家高等教育大众化、高等教育质量全球化、学生主体性的凸显而诞生并被广泛研究和应用的。尽管口试是中世纪大学衡量学生是否掌握所学内容的唯一方式,并和随后发展起来的笔试整合,成为大学中评价学生学习的主要方式,但是这种方式强调的是以教师为中心和主体,学生只是被测量和考查的客体。评价结果的使用范围也仅局限于学生层面的排名、分等等。当今课程学习评价的概念内涵和实际使用,不仅在学生层面发生了变化——不再是为了监督和控制学生的学习,而是为了改进和促进学生的学习,更为重要的是还可以被用来衡量教师教学、专业设置和院校的教育质量。是什么导致了这样的一种转变呢?

第一节 课程学习评价研究与实践的发展情境

为满足社会对人才选拔和培养活动的需求,考试首先产生了。20世纪之后考试又和教育测量运动结合，产生了评估（evaluation）这一概念。评价（assessment）一词及其基本内涵则是基于考试、测量和评估的理念，首先用在"二战"期间英国部队选拔官员的程序上：随着英国参军人数的大量扩张，为了从中选拔合适的官员，军方成立了专门的选拔委员会对候选人实施系列综合全面的考核。评价方式包括标准化的智力测验、五种书面心理测验、小组访谈和一系列真实情境的行为测验。最后，集中所有和该候选人接触过的人来讨论候选人是否适合当选（Edgerton，1986）。随后美国军方借用了这种选拔方式，并委托哈佛大学心理学家默里开发了系列评价项目，用以挑选能够深入敌人后方的间谍人员。默里等人通过仔细观察在不同情境下候选人的表现，推断出该人的人格类型；再通过系统地观察个体在变化情境中的行为表现，对候选人进行全面综合的了解（construct a picture of the whole person）。"二战"结束之后，结合默里提出的理论及其在战争期间开展的所有实践经验总结，一个新的词语"评价"就出现了（Edgerton，1986；Hartle，1985）。其中的一些技巧方法很快就被工业界和政府部门采纳，但是由于教育心理学家和教育测验专家的排斥，这些技巧方法均未能及时在教育领域广泛使用。

20世纪60年代，受美国电话电报公司（AT&T）的委托，工业组织心理学家布雷不仅成功地为AT&T筛选出了合格的经理，而且为AT&T建立了评价中心来评价那些管理人员在管理上是否具有可以获得成功的特质。这种做法很快就被其他公司效仿，并渗透到包括教育在内的其他各个领域。此时"评价"在名称上没有发生任何改变，但人们对其概念内涵的认识却发生了变化。首先，评价由只关注个体知道什么，转变为强调个体能够做什么。其次，评价由一种简单的判断方法论转变为一种综合判断的方法论。埃杰顿认为，任何单一的测验、访谈或行为表现都不能算作评价（Edgerton，1986）。在各种因素的影响下，这种意义上的评价也逐渐在高等教育领域生根发芽。20世纪70年代，教师、学生和学习咨询者群体等在大学内发起的评价运动的关注点不再是评价学生知道什么，而是评价学生能够做什么——

高效行动的能力。在职业和专业教育领域，教师们试图使用评价将他们教授的内容和目标相匹配。

20世纪80年代后，社会各界对高等教育问责的呼声越来越高，评价运动的主体亦发生了从内到外的变化。联邦、州政府、各种认证机构要求院校对学生实施各种形式的评价，以说明学生到底学了什么。虽然最初院校管理者有很强的抵触情绪，但是进入21世纪之后，学生评价不仅成为美国高校应对问责和院校改进的重要措施，而且还通过全球化的质量话语传递到国际其他各高等教育机构。

"决定学生在大学期间学了什么的评价"和"连接院校、专业、学科和课程教育目标以及学生学业成果的评价"（Madriaga, et al., 2010），既不会昙花一现，也不会像高等教育中的其他现象（六七十年代学生的入学公平问题和八九十年代的质量问题）一样慢慢减弱（Erwin, 1991）。因为不管什么形式的评价都已经成为高等教育系统的一部分，而且只要我们还想了解我们工作的成效及其对学生的影响，那么评价就永远不会消失（Jacobi, 1987）；这不是因为学校中的评价越来越多，而是因为评价对学生、对整个教育系统都有着重大的意义（Novak, et al., 1988）。

雷斯尼克比较分析了美国高等教育历史上的两次大扩招后人们对评价呼吁的异同。两次扩招都因学生人数的增多和群体的多样化引发了学生学习与发展对专业、课程以及教育目标等的不适应，进而引起了相关调整（Resnick, et al., 1987）。第一次扩招后，针对课程是否连贯、学生能力是否得到提高等问题，政府提出并实施了一种可以整合本科生人才培养目标、了解学生是否有能力教育自我和院校是否给学生提供了充分指导的综合性检测（comprehensive examination）。如果说第一次扩招带来的问题引发了高等教育系统内部对考核学生学习与发展的重视和改革，那么第二次扩招带来的问题和当时工商业界对质量管理主题的强调高度相关，共同引发了高等教育系统外部的利益相关群体对学生评价的呼吁。高等教育系统内部或主动或被动地做出了积极回应。

首先是政府的呼吁。政治利益相关者开始质疑投入到高等教育中的经费是否被合理使用，并代表公众问责大学。虽然教育收益和受益（benefits）是一个比较复杂的现象，但是教育者必须描述和证明这种收益和受益——学生从四年的就学体验中到底收获了什么？学生学习与发展的证据是什么？从这个视角来看，评价试图要明确教育是什么，而不仅仅是测量学生接受过大学教育后知识掌握的程度如何（Erwin，1991）。自1994年以来，美国联邦政府委托不同的地方机构不定期调查并发布55个州的大学教育质量测量报告（Measuring Up）。2008年报告内容逐渐从宏观层面上与其他国家比较高等教育的绩效指标（performance indicators）转变为对学生学习情况的报告（Hunt, et al., 2008；Miller, 2006）。其次，企业的用人需要。学生评价是确保社会拥有一个可以支持和促进经济发展的良好劳动力结构的重要途径之一。随着全球化、信息化社会的到来，世界范围内的竞争越来越强调高科技人才和知识的重要性。高等教育中的学生评价应该关注经济发展的需求，并因此在内容和形式上做出改革（Madriaga, et al., 2010）。再次，第三方中介机构的直接要求。1988年美国教育部在修订认证机构的认可标准时，明确规定认证机构必须要求高等教育机构明晰教育目标，实施学生评价来说明院校教育是否达到目标（Sims，1992）。近几年美国教育部又对学生评价的概念和内容进行了明确规定：学生评价是衡量在院校区域认证中占据两大核心要素之一的教育效能（educational effectiveness）的主要方式，其实施是在基于院校使命的基础上，通过收集学生的输入性、过程性和结果性信息，通过评价学生在接受大学教育的每一个阶段到底学到了什么以及如何学习来完成的（Brittingham，2009；Wright，2002）。最后，高等教育内部对上述呼吁进行了回应。一方面，受外界压力的推动，高等教育机构内部"被迫"实施学生评价改革；另一方面，高等教育自身的特质使其自身要不断审视自己的教育效果。

美国80年代由高等教育领域的研究者调查发行的三个综合性报告之一的《参与学习：实现美国高等教育的潜力》（NIE，1984）详细阐述了"院校提供的高标准""学生在学习过程中的主动参与"和"对学生表现的直接反馈与评价的制度化过程"以及三者之间的联系。报告还强调，院校应该有专门的课程学习评价中心，使得评价成为学生学习的有机组成部分，而且应该鼓励学生参与评价课程教学和学习环境。大量实证研究指出，个体学生的学习可以通过频繁的反馈交流得到改进（Hattie & Timperley，2007）；院校教育可以基于学生评价的结果不断改进（Peterson, et al., 2002）。报告之二《回归传统：高等教育中的人文学科报告》（Bennett，1984）和报告之三《大学课程的完整性》（AAC，1985）分别从强调课程内容和课程结构的角度，明确了本科教育的核心是整合课程设计与课程学习评价去证明学生知识和能力的发展。总体而言，这些从高等教育内部发出的声音，在质疑美国高等教育质量，要求慎重思考本科教育目标的同时，也极大地削弱了来自院校内部的对课程学习评价改革的抵制。就这样，在系统内外部共同拷问"学生到底学了什么"的情境下，学生评价在高等教育机构内部如火如荼地展开了。和美国相比，英国高等教育领域直接关注微观课程层面的与学生体验、教学等紧密结合的课程学习评价。英国质量保证局（Quality Assurance Agency，QAA）在英格兰和北爱尔兰实施了七年的教学质量、评价实践的调查表明，大多数院校中的课程学习评价实践需要改进（QAA，2003）。另外，随着国际组织比如经济合作与发展组织、联合国教科文组织和世界银行等也介入高等教育的学生评价，加拿大、澳大利亚、德国等发达国家也制定出台了系列相关政策。

评价于学生学习的重要意义，已经由很多学者研究证明。布朗和奈特指出，评价是学生体验中的核心内容。评价告诉学生学习什么内容是重要的，应该如何安排自己的学习时间等问题；评价还阐释了如何看待自己的学生身份以及自己的毕业生身份……如果想改变学生的学习，那么就必须改变评价学生的方法（Brown & Knight，1994）。随着人们对知识、学习的深入认识，高等教育中的教学和学习领域对评价范式转变的呼吁越来越强烈，即从强调分数来判断学生知识学习的收获到提高学生对本学科、本专业的理解以及是否有自己的独特性和创造性见解；另外，在学术管理方面从自上而下的管理决策到形成一种学习型组织文化的转变，都需要一种新的评价理念的出现（Ewell，2002）。与此同时，也有越来越多的研究批评现行评价中存在的问题：奈特认为，我们的总结性评价活动处于混乱状态，这种混乱包括对知识假设的过时、评价缺乏可靠性和稳定性、评价的可迁移性差、评价的标准参照存在不足、评价中的数字被滥用和缺乏透明度、忽视学生的学习过程、没有很好地利用学生的评价结果等。所以，我们应该把评价活动看作是一个复杂的交流系统，是一个获得意义和争取权益的过程（Knight，2002）。里奇等研究者也批判性地分析了评价活动中存在的垄断现象，认为在评价活动中，应该考虑广大学生的看法（Leach，Neutze & Zepke，2001）。

第二节 课程学习评价研究与实践的历史变迁

以教师为主体的测验是课程学习评价最传统的含义和方式。在测验与测量合流之前，以教师为主体的测验经历了口试和笔试两种主要形式。早在美国殖民地时期的学院中，口试便是一种主要的课程学习评价方式。教师根据学生在教室背诵、口头辩论及演讲中的表现来测验学生。19世纪中期以后，随着波士顿学校委员会开始用笔试代替口试来评价学生，以笔试为主要形式的入学测验和期末测验在美国大学中逐渐普及。20世纪伊始，美国心理学家桑代克等人将心理测量的基本原理和方法运用于教育。自此，测验与测量正式合流，这促使测验朝着不断科学化的方向快速迈进。美国大学协会（AAU）在创立之始就公开声明要高度关注高等教育质量，鼓励大学中相关的测验与测量进一步科学化与客观化。这客观上推动了测验与测量在大学中的广泛应用。

在测验与测量合流之初，学者们没有刻意区分测验与测量，只是笼统指出：测验与测量是检查教育是否产生预期效果的方法。20世纪60年代之后，学者们开始区分测验与测量。艾肯在综合分析该时期相关研究和实践的基础上提出，测量是通过对样本数据的收集、分析来描述总体变化的证据和方向；测验寻求的是对数据的理解，以知悉学生的特征或能力；测量与测验二者可以有机整合（Aiken，2002）。

为促进测验与测量在本科教育中的进一步发展，利益相关者积极地从实证主义、行为主义和心理测量学中为其寻找理论支撑。实证主义认为：知识必须建立在观察和经验的基础之上；验证知识正确与否的标准是能否客观地重现。实证主义强调测验标准及测量技术（Orr，2007）。行为主义主张只有可观察的、可测量的、外在的行为才值得科学探究。行为主义关注学生受环境影响的外在学习行为，强调学习行为的可预测和可操控性；认为学生是教学过程的接受者，是一个可以被注入知识的空容器，而教师是教学过程的设计者和组织者（Dusenbury，1993）。心理测量学基于行为主义心理学，认为人类与一般动物的心理活动的本质一样，是可以操控与测量的。尽管测量会产生误差，但误差是可以分析或控制的。对于学生而言，其学习成绩、学习毅力、成就动机及其可选择的职业数量都是可以测量的（Brown, Lent & Larkin，1989）。

就角色而言，教师是测验与测量的主体。在制定评价学生的标准和程序时，教师是实证主义和行为主义的"代理人"。他们普遍寻求"完美控制"，即在一个理性有序的世界中实现对学生的完全控制；他们认为所有学生的工作都可被赋予一个分值。在实际教学中，教师普遍忽视学生的思想、情感等心理过程，周期性地对学生的学习进行测验。该时期学生是评价过程的被动参与者，是权利被剥夺的测试者，其信念、意志和价值观很少被讨论。因此，于学生而言，课程学习评价是非参与性的教师单边活动。

总体上，以教师为主体的测验与测量具有如下三方面的特征：第一，科学化与客观化。科南特认为高等教育对科学技术的迷恋使得测验与测量更加科学化，并指出学校评价系统中启用评分机器来实施测验与测量是科学化进程中的一个巨大飞跃（Conant，1939）。比格斯将测验与测量客观化的原因归纳为：在标准化条件下进行；遵守数学与统计学规则；在一定数值范围内评价学生的行为表现（Biggs，1999）。第二，与学生学习和现实生活无关，脱离情境。科南特认为测验与测量的目的与学生分等、资源分配等相关，目的是反映院校的总体教学质量，而没有与学生现实的学习和生活相关（Conant，1939）。第三，注重结果，忽略过程。布林德利认为，在社会各界一致要求院校要基于科学的结果报告院校效率和成本效益的压力下，测验与测量这种可以直观呈现学习者学习结果的方式必然会得到广泛使用（Brindley，1994）。

毋庸置疑，测验与测量的确具有独特优势。一方面，于学校、管理者、教师和学生而言，测验与测量的操作非常便捷。通过测验可以快捷地测量学生掌握学科内容的熟练程度并评定分数，据此提醒学生对其所学知识进行查漏补缺。另一方面，测验与测量的考察结果一目了然。测验与测量仅仅意味着确定一个对象、技能或知识的属性及维度，所以教师如果使用得当，可以准确地收集数据，分析并总结学生的学习情况。正如詹克斯与里斯曼所言，测验对穷人并非不公平而是生活对他们不公平，测验只不过是测量出了这种结果（Jencks & Riesman，1968）。

在泰勒明确提出教育评价的概念之后，评价与测验和测量得以区分。学者们开始从多方面审视和反思以教师为主体的测验与测量的不足。第一，抑制学生的学习动机。乔尔指出，测验与测量往往按学生成绩进行分组，这只是有利于为高等教育管理者打造一个教育的"选拔机器"（Joel，1976）。这种"标准化教育评价模式"并没有起到激励学生学习的效果，而是在学生和老师之间形成了一种类似猫和老鼠的局面。第二，有损公平性与可靠性。虽然测验与测量对于描述学生拥有某些能力的数量是有用的，但却并不能描述教与学的全部过程与其他重要成果。布朗直接指出测验与测量缺乏知识的分析与综合，不能测出学生的批判性思维、创造力等不可估量的东西；它只能测出教师教了些什么，而测不出学生学到了些什么（Brown，1983）。第三，导致学术失信。由于学生在完成课业以及考试等方面承担着巨大压力，这将会诱发剽窃、考试作弊等行为。

第二次世界大战后，美国高等教育大众化持续发展，大学内外部利益相关主体质量意识的发酵促使研究者和实践者开始对测验与测量的不足进行反思。他们逐渐发现测验与测量的确将学生学习这一过程简单化了。因为收集到的数据虽然详尽但可能毫无教育价值，甚至有悖于教育原则。这时，越来越多的人意识到以教师为主体的测验与测量仅与低阶认知活动或表层学习相关。在认知主义、建构主义以及社会互动论的兴起与发展的不断推动下，课程学习评价的范式开始转变，一种能更好地激励学生深度学习的以学生为中心的赋能（empowerment）与反馈的评价方式应运而生。同样，该时期认知主义、建构主义以及社会互动论的兴起与发展也不断推动着课程学习评价的范式转变，即从教师主导的"测验文化"转向以学生为中心的"评价文化"。

20世纪70年代末，以学生为中心的课程学习评价新主题——赋能逐步形成。赋能意味着教师要创造一个可以激发学生内在动机的学习环境，在此环境中学生们不仅有充足的内在动力来完成学习任务，而且在一定程度上可以评价完成该学习任务的过程与结果（Frymier，Shulman & Houser，1996）。也就是说，赋能是学习者通过学习、参与、合作等唤起主体意识，获得掌握自己学习及相关事务的力量并构建自身能力的过程。基于此，有学者总结了"评价即赋能"建立的三个核心基础：（1）为学生营造互动对话的氛围，使学生主动参与到评价自己学习的过程与结果中；（2）为学生反馈有关评价结果的信息，使学生主动进行反思；（3）为学生提供高质量、有意义、真实且可以激发学生思维活动的评价任务，使学生积极主动学习并取得进步（Rodríguez-Gómez G. & Ibarra-Sáiz，2015）。

20世纪80年代末期，伴随赋能研究与实践的深入，反馈作为课程学习评价的另一个新主题开始出现。认知主义视角下的反馈是一种单向交流，是老师给学生的"礼物"。建构主义认为反馈强调的是学生的参与和反思，即学习要基于师生间的对话进行。社会互动论更加突出双向互动的重要性，认为反馈的目的是让学生能够做出自己的判断，教师要基于对话帮助学生获得新的理解，而不是直接说出应该怎么理解。认知主义、建构主义与社会互动论的研究成果为赋能与反馈主题的成熟和发展奠定了坚实的理论基础。认知主义认为，教师要关注学生的心理认知活动并以此来决定课程的内容；要积极帮助学生同化和顺应其知识框架、学科结构，并鼓励学生成为学习过程中的积极参与者。认知主义的评价范式强调教—学—评的一体化，认为评价的目的是教师根据学生的表现提供具有指导意义的解释，以此促进学生高阶认知技能的发展（Kane & Bejar, 2014）。建构主义认为，知识的载体是经验或认知的主体，学习和理解的发生最终取决于学习者自身。建构主义的评价范式更为深入地强调教—学—评一体化，指出评价要切实为学生的多元发展、知识建构与身份认同的形成等社会过程提供支撑；评价应在教学嵌入学生的现实生活或实际任务的自然情境中产生（Cunningham, 1991）。以建构主义和人本主义为基础的社会互动论将教学情境中的社会互动定义为教师与学生、学生与学生之间有意义的对话；教师和学生都是积极主动、能够彼此交流的学习者；在教学中，教师需要适度赋能给学生，以培养学生的互动能力，鼓励学生积极参与互动（Hurst, Wallace & Nixon, 2013）。社会互动论的评价范式提倡让每一个学生都有平等的评价权利与机会。

随着赋能与反馈理念的不断深入，以学生为中心的自我评价、同伴评价、可持续性评价、能力本位评价、真实性评价等多种评价方式在本科教育中获得了广泛应用。随着多种评价实践在本科教育中的深入开展，学生在评价中的地位发生了根本性的改变并扮演了一种独特的角色：学生是拥有一定权利、需要对自己学习与发展负责、能够对实践进行理性反思的积极参与者，是教师教学与评价的合作者和对话者。地位和角色的改变对学生提出了更高的要求，这使得学生在此过程中获得了更多的能力，对其将来走向社会、承担更大的责任具有重要价值（Palm, 2008）。

总体上，以赋能与反馈为主题的课程学习评价具有如下三方面的特征：第一，民主平等。评价的权利正在从教师逐步转向学生，学生从被动的受试者转变为参与评价过程的合作伙伴，一种更民主平等的评价体系正在形成。第二，注重真实性与情境性。随着教学理念的转变，课程学习评价中最显著的变化是向更真实的评价情境转变，这意味着可复制的现实世界成为课程学习评价的基础。而评价的真实化与情境化有助于学生在毕业后从课堂向现实世界实现顺利转换。第三，关注过程。塔拉斯认为，在以教师为主体的课程学习评价体系中，学生只是被动地接受教师的评价结果；而在以学生为中心的课程学习评价体系中，学生可以参与评价过程，知晓评价的标准、流程，真正理解评价的结果（Taras，2005）。

对于大部分教师、研究者以及学生而言，以学生为中心的课程学习评价确实带来颇多益处。对于教师和研究者而言，这种评价方式可以帮助教师了解学生和改进教学。古德菲彻和莱赛德认为，自我评价与同伴评价的运用，可以充分彰显学生的个性，教师可以通过课程学习评价的结果详细了解每一个学生，从而进行更有针对性的教学与评价（Goldfinch & Raeside，1990）。斯旺和埃克尔斯通也认为，课程学习评价对教师和学生均有积极影响，学生向教师提供的评价反馈信息可以帮助教师了解学生对于专业知识的掌握程度，并据此调整教学；教师向学生提供更多有意义的反馈也有助于提升教师的教学素养（Swann & Ecclestone，1999）。另外，以学生为中心的课程学习评价一定程度上可以减少教师的工作量。对学生而言，第一，以学生为中心的课程学习评价可以促使学生承担起自己的学习职责，提高学生自主学习的能力与意识。鲍德认为，以学生为中心的可持续性评价需要学生进行大量的实践与反思，通过此过程既能达到具体而直接的课程目标，又能培养学生主动学习的能力和意识，从而为学生的自主终身学习奠定基础（Boud，2000）。第二，可以增强学生的自信心，提高学习的积极性。有研究发现，学生与教师的相互反馈在大班容量中增加学生自信心、营造公平学习氛围的作用更加明显（Searby & Ewers，1997）。通过这种方式还可以提高学生的学习积极性、满意度和成就感（Fineman，1981）。第三，有利于提升学生的综合素养。赋能给学生不仅意味着学生能够在不同的环境中运用各种可迁移能力，还可以为学生提供职业生涯所需的经验，培养学生的责任感和进取心。

目前为止，以学生为中心的课程学习评价在许多国家的本科教育中仍被广泛应用，但同时也受到了来自研究者、教师以及学生的批评与质疑。首先，不同教师对"评价即反馈"的理解大相径庭，导致反馈的质量难以保证。有的教师认为反馈就是一个等级或标记；有的认为反馈是对学生表现进行书面或口头评论。这就可能产生过于简单或过于复杂的，但均无助于学生学习与发展的反馈（Williams & Kane，2009）。其次，赋能学生可能会让教师失职或者感到不安。因为自殖民地时期的学院开始，评价学生就是教师的本职工作，而赋能给学生可能会让教师忽视自己的本职工作。而权力关系的转变意味着学生可以宣泄或者表达观点，甚至质疑所学内容的权威性，这让教师群体非常不安。再次，研究者和教师会质疑学生是否有足够的能力和经验用好自己的权力并做出合理而正确的评价。学生在评价方面是新手，缺乏专业知识，可能会出现不准确或错误的评价。最后，对学生而言，他们认为评价不是自己的职责，况且他们已经支付了学费，更不应承担本该是教师的工作。更有学生认为，同伴评价和自我评价是教师节省时间、逃避工作的一种机制（McDowell，1995）。而且在同伴评价中，学生承受的压力与焦虑相比教师进行评价时更大，特别是当教师让学生把自己的评价反馈给同伴时将会引发学生极大的焦虑感与沮丧感（Reynolds & Trehan，2000）。

面对以赋能与反馈为核心的课程学习评价的这些缺点，再加上20世纪70至80年代的经济低迷导致发达国家在高等教育领域的投资短缺，以及高等教育大众化导致的信任危机、学术道德滑坡、大学生信仰危机等外部因素的推动，大多数高校逐步使用基于管理与改进的学生评价来应对外界施加的认证、问责和财政压力，适应和满足大众化情境下多样化学生群体学习与发展的需求（Kenny，2008）。

"效能与效率"这一话题在新自由主义与公共管理理论的推动下迅速从

商业领域经由公共行政领域进入高等教育领域。效率衡量的是高等教育系统的投入产出比，效能是关于高等教育系统应该做什么的价值问题。20世纪90年代后，各国政府资助高等教育的能力不断下降，高等教育规模的持续扩张和问责制的日益冲击，使得管理超越了学术范畴，成为院校应对激烈市场竞争与资源争夺的动力机制。各国政府制定政策，要求院校基于学生评价数据回应社会各界的问责，并据此分配公共经费及资源。在此背景下，整合课程学习评价的学生评价出现了。学生评价的主体与对象变得更为多元，成为院校管理与改进其本科教育效能的有效手段。

以管理与改进为主题的学生评价包括两大类。一类是以院校整体教育效能为对象，以第三方机构、政府部门、院校自身作为评价主体的学生评价。院校根据各外部评价主体的要求与自身发展的需求，收集体现学生的背景性特征、就学体验和学业成就等各个阶段的信息来说明其在改进所有学生学习与发展、提升教师教学能力、完善课程设置、促进专业发展等方面的努力，并据此形成相应的审查报告与院校自评报告。另一类是深度整合以教师为主体的测验与测量和以学生为中心的赋能与反馈的课程学习评价，以课堂教学中学生个体的学习与发展为对象，教师、同伴与自我即时评价学生理解并掌握课堂、课程、学科专业知识、能力、价值观等的程度。

美国在大学中实施以管理与改进为主题的课程学习评价得益于新自由主义、新公共管理和教育评价理论的兴起与发展。新自由主义认为学生不仅仅是学习者，更是可以推动经济发展的消费者，院校需要通过收集学生体验与认知、学生学业成果等方面的信息来充分了解消费者，进而做出调整与改进，以最大程度吸引更多更优质的消费者（Hursh & Wall，2011）。新公共管理理论认为，学生评价可以反映高校的教学质量、抑制权力的滥用和腐化，提出政府对高校的预算拨款、资源分配等应基于公平且合理的学生评价结果；院校则必须明确其教育目标并进行有效的课程学习评价，并据此管理与改进教育效能。在此情境下，学生评价的主体由大学内部的教师与学生扩展到了院校、认证机构、企业和政治领导人等。20世纪60年代后，教育评价理论迅速发展。评价专家斯塔弗尔比姆和韦伯斯特提出了政治导向的伪评价、问题导向的准评价和价值导向的真评价（Stufflebeam & Webster, 1980）。其中，高等教育领域中旨在收集系统证据以确证高等教育价值的学生评价被视为真评价，其为高等教育如何造福公众创造了对话的桥梁。掺有政治因素的伪评价与就问题谈问题、只见树木不见森林的准评价只会削弱高等教育的价值目标，破坏社会福祉（Wall, Hursh & Rodgers, 2014）。

随着上述理念在高等教育领域的不断深入，以管理与改进为核心的学生评价主题下产生了针对学生群体层面与个体层面的多种评价方式，并在本科教育中广泛应用。群体层面的就学体验与成果评价主要是基于大规模的标准化测验和大规模问卷调查。个体层面的课程学习评价则结合了前两个历史主题下的评价方式。这一阶段的课程学习评价内容更全面，范围更广。教师在教学中采用的多元评价方式能够帮助教师及时了解学生是否理解并掌握了课堂上的内容。

第三节 课程学习评价研究与实践的范式

在分析课程学习评价研究与实践的发展情境和历史变迁时，我们已经了解到，随着对客观世界、知识和社会认识的深入，人们对教育和教育中的评价理念和实践的认识也发生了某种范式上的变化。塞拉菲尼基于已有研究中的课程范式首先提出了三种评价范式（Serafini, 2000）：第一，评价作为测量的范式，即基于实证主义知识论和行为主义学习理念，使用强调客观性和信度的常模，参照标准化测验来检测学生知识习得的情况。这种范式的主要特征有以下五个方面：一是权威性、去情境性，二是强调教学和考试之间的分离，三是学习者处于"失能（disempowered）"状态，四是评价的是陈述性而非程序性的知识，五是评价缺乏反馈、评价的方式过于单一（Falchikov，2005）。第二，评价作为程序的范式，其背后的认识论基础和学习理论与评价作为测量的范式基本一致，师生还是不能直接参与到评价程序的制定和评价结果的使用过程中去。评价作为程序的范式与测量的范式的主要差别在于，评价作为程序的范式强调使用不同的方法搜集数据，甚至有方法至上（methodolatry）的倾向。第三，评价作为探究的范式，基于建构主义知识理论，关注以学生为中心的学习和探究过程，评价的目的是深刻理解在具体学习情境中的个体，评价不再只是为了比较和完成任务的客观测量，而是人与人之间的互动。比伦鲍姆认为"评价作为探究的范式"体现了评价文化的特征，指出在评价文化中基于特定情境的质性研究法挑战了基于心理测量的定量研究法，强调评价和教学的整合，重视评价的过程是否促进了学生的学习（Birenbaum，et al.，1996）。总体而言，评价作为测量和程序的范式反映了"学习是一种目标达成的学习观"；而评价作为探究的范式则反映了"学习是一种知识建构的学习观"（Hargreaves，2005）。

基于塞拉菲尼的范式分析，结合英美两国高等教育中越来越强调以学生学习为中心的高等教育质量观和基础教育领域中被采纳的大规模考试来说明高等教育质量的高低等现象，范奥卡提出了评价作为质量控制的范式——这种质量控制范式的认识论基础介于实证主义和建构主义之间，院校甚至师生对于评什么、在什么时候评价和怎样评价的决定权都受到了外界的"介入"。这是一种要求院校和教师对学生的学习负责的来自高等教育系统外部的评价（Falchikov，2005）。

阿斯汀基于"人才发展（talent development）"框架，提出评价作为刺激的范式和评价作为信息反馈的范式。刺激范式基于胡萝卜和大棒的理论，认为评价是外在于学习但是是一种可以对学习结果进行奖励和惩罚的机制。高等教育中传统的课程学习评价方式和目前高等教育外部要求高等教育机构做的评价活动就是基于刺激范式而产生的。信息反馈范式则基于人类拥有自我改进意识这一理念，认为师生有自愿去学习和发展自己才能的意识，评价是收集能够促进他们有效学习和发展变化的信息，这些信息可以用来表征他们学习和发展变化的优点和不足（Astin，1991）。大学中的课程学习评价有三种主要形式：课程考试（course examinations）、课程项目（作业、论文等）考核（assessment of course projects）、课程评分（course grades）。其中，课程项目考核和考试的目的是对学生进行分级，因此所有形式的考核都以课程分数来呈现。这些分数形成了每一个学生整体的学分绩点，它可以帮助公司雇员和管理者做出相关决定，但它只是一个相对的测量指标，只能在很小程度上反映学生的真实知识和才能。除了这种相对分数，课程评分同样也可以反映一小部分学生在课堂中真实学到的东西。但是这几种课程学习评价的形式及结果实际上并不能真实反映学生真正的学习收获及水平，也不必然会促进学生的学习（Astin，1991）。评价可以通过直接影响学生和间接启发教育者两种方式促进学生才能的发展。具体而言，因为学生知道要考试，教师知道自己会被学生所评价，所以学生和教师都会更加努力；另外，通过考试反馈的结果以及课程学习评价反馈的结果，学生和教师又可以分别改善其知识能力和教学水平。

根据特伦尼兹在20世纪80年代末提出的评价目的——改进教学和回应问责，尤厄尔提出理想类型式的两种评价范式：一是为了持续改进的评价范式，即目的是基于院校内部的改进，方式是通过鼓励院校成员的积极投入，评价方法要根据评价目的选择，评价结果应通过多种渠道进行沟通交流；二是为了问责的评价范式，即基于外部呼吁的质量证明和院校之间比较的目的，院校必须使用一系列客观标准化的测验工具去评价学生的学习，并定期向公众公布评价结果（Ewell，2002）。

总体而言，上述研究者提出的课程学习评价范式，可以概括为传统评价和新型评价，二者的特征详见表1-1。

表 1-1　传统评价和新型评价的特征

维度	传统评价	新型评价
理论基础	行为主义学习理论	建构主义学习理论
评什么	评的是陈述性知识	评的是程序性知识
评价方法	评价方法有限单一	评价方法丰富多样
教—学—评	评价和教、学分离	评价、教、学一体化
评价标准	评价标准不清楚但是评分标准很清楚	评价标准清晰易懂
权利分配	学习者在评价中没有任何权利	学习者和评价者共享评价权利
责任承担	学习者可以不主动承担学习的责任	鼓励学习者主动承担起学习责任
策略问题	信效度是主要考虑的问题	信效度只是一个参照
影响	可能给学生带来持久的负面影响	负面影响通常是短暂的

另外，瑞安从比较抽象的层次对课程学习评价的范式进行了研究。他基于哈贝马斯（Habermas）的三种基本知识类型形成和发展了三种类型的评价范式：传统的基于标准测量的评价范式，对应于实证-分析取向的知识学习，即旨在理解物质世界规律的知识；档案袋或概念图评价范式，对应于历史-解释学取向的知识学习，即致力于理解历史意义的知识；合作评价范式，对应于批判-反思取向的知识学习，即致力于揭示人类遭受压抑和统治条件的知识，需要评价者和被评者共同合作制定评价的规则，他评的同时进行自评（Ryan，1988）。

第四节　课程学习评价的概念类型

尽管"评价"是一个在西方高等教育中被广泛使用的词汇，但是在不同的情境中其意义也很不一样，甚至在同一种情境中，其内涵也不一样。有研究者指出，评价是最广为使用但却最少被解析的一个词，从而削弱了评价的价值（Ewell，2002）。本小节将对不同研究者使用的课程学习评价概念进行分类总结。

第一，以泰勒为首提出的"目的说"。泰勒的评价原理最早出现于1929—1934年，是泰勒为帮助俄亥俄州立大学教师改进本科生学习这一特定目的而构想制定的。泰勒评价模式是以目标为中心，把教育方案的目标用学生行为化的成就来表示，预定的目标决定了教育活动，同时也规定了教育评价就是找出实际活动与教育目标的偏离，通过信息反馈，促进教育活动能够尽可能地逼近教育目标。一直到20世纪50年代末，泰勒评价模式在教育评价领域都占有重要地位。

第二，布莱克和威廉提出的"关系说"（Black & William，1998）。他们综述了1988年到1998年的681篇关于评价的文献，阐释了三种学生学习和评价的关系，将课程学习评价概念划分为强调结果的评价（Assessment of Learning），即传统意义上的评价，为了选拔和发放证书给予学生一个总结性的成绩；强调过程的为了学习的评价（Assessment for Learning），即形成性和诊断性评价，这种评价通过提供学生成就的信息，并根据学习者的需求而调整教和学的活动，而评价中的反馈信息会让学生更加受益；强调学习与评价为一体的作为学习的评价（Assessment as Learning），这种评价可以用两个相互联系的方式来解释：一方面，在现场指导和修正学生学习，另一方面，作为学习的评价是为了学习的评价的下位概念，是让学生参与到评价中，使用反馈以及在同伴评价和自我评价过程中获得的信息发展自我（Black & William，1998）。前两者的内涵基本上分别对应着由斯克里文（Scriven，1967）在课程领域提出后被布卢姆（Bloom，1971）用于课程学习评价的形成性评价和总结性评价。塔拉斯则在比较分析美国学者斯克里文和英国学者萨德勒（Sadler，1998）研究的基础上概括指出：总结性评价是在特定点（given point）上的总结判断（finality at the point of judgment）；形成性评价是基于总结性评价的结论，给学习者提供反馈，以进一步缩小实际行为和目标之间的差距。形成性评价的内核是反馈，只要提供反馈，它既可以指向过程也可以指向成果（Taras，2005）。因此，形成性评价与总结性评价应该是一体两面，而不是截然分开的。

第三，格雷提出的"系统说"（Gray，2002）。他认为课程学习评价是包括以下要素的一种系统性探究：关于学习的理论假设、作为环境的教育实践和体验、作为信息收集的评估、为了改进的决策制定。艾斯纳归纳了课程学习评价的两个特征：能反映利益相关者的共同理念，以助于推广课程学习评价；能通过学生对评价任务的完成过程体现学生解决问题和心理构建的思路，以助于学生学习和发展。课程学习评价的任务则需要具备以下特征：（1）一个问题拥有一个以上可行的解决方法或答案；（2）能反映学生在校外活动的真实世界；（3）具有课程适切性，揭示学生在原理水平上使用所学知识的能力；（4）能让学生展示对结构和整体的敏感性；（5）允许学生选择适合自己的表现方式；（6）可以由学生个人或小组合作的形式来完成（Eisner，1994）。

第四，苏斯基提出的"过程说"（Suskie，2004）。她认为课程学习评价是建立清晰的、可测量的、理想的学生学习与发展成果的持续过程，是确保学生有充足的机会来达成这些成果的持续的过程，是系统地收集、分析和诠释那些说明学生的学习与发展是如何和我们的期望相匹配的信息的持续的过程，是使用这些结果信息去理解和改进学生学习与发展的持续的过程。

关于课程学习评价的类型，目前学术界还没有一个公认的标准划分法。研究者大都是从自己的研究视角和方法论角度，对课程学习评价进行划分。其中，比较有代表性的是朗特里的划分。他首先指出了课程学习评价的五个维度：为什么评价（why assess）、评什么（what to assess）、如何评价（how to assess）、如何诠释（how to interpret）、如何回应（how to respond）。同时基于如何评价（how to assess）这一维度将评价方法划分为八类十六种：正式评价和非正式评价（formal vs. informal assessment）；形成性评价和总结性评价（formative vs. summative assessment）；连续性评价和定期性评价（continuous vs. terminal assessment）；课程作业和考试（course work vs. examinations）；过程评价和成果评价（process vs. product assessment）；内部评价和外部评价（internal vs. external assessment）；趋同性评价和趋异性评价（convergent vs. divergent assessment）；特色性评价和常规性评价（idiographic vs. nomothetic assessment）（Rowntree，1987）。该划分方法以及分类本身后来不断地被质疑和挑战，其中连续性评价和定期性评价、过程评价和成果评价目前已基本上被形成性评价和总结性评价取代；课程作业和考试也只是一些具体的方法；趋同性评价和趋异性评价，以及特色性评价和常规性评价则逐渐消失。但是这种开拓性的尝试，特别是课程学习评价五个维度的明确提出，对课程学习评价理论研究具有很重要的意义。

吉勒特和哈蒙德在朗特里评价划分的基础上，指出对评价的划分应该根据六个要素来决定：评价任务、评价媒介、谁评价、认知技能、时间跨度以及与实际工作的关系（Gillett & Hammond，2009）。谢泼德按照评价的意义将课程学习评价划分为课堂上的评价、给分的评价、问责的评价。指出在目前的学习和评价文化中给分的评价占主导地位，而非其他两种（Shepard，2000）。帕姆则致力于推广强调模拟现实环境或实际问题情境的能力本位评价与真实性评价（Palm，2008）。

针对高等教育中学生身心发展的特性，研究者们还指出课程学习评价还应该重视学生的自我评价和同伴评价，前者是指应该通过培养学生自我判断和评价自己学业、素质等方面的能力，来更好地认识自我，最终成为独立的、有审辨能力的学习者（Boud, et al., 1989）；后者则是对同伴个体或者群体进行判断的过程，可以体现并培养学生诚信、合作、批判性等品质（Topping，1998）。实证研究结果表明，只要设置恰当的条件，自我评价和同伴评价对学生的学习与发展都会产生一种积极的影响（Dochy, et al., 1999；McLaughlin, et al., 2011）。这些条件可以概括总结为：（1）评价前对学生进行适当的培训，让学生准备充分；（2）和学生共同协商评价的目标、标准等，并以一种清晰的方式呈现给学生；（3）将评价、学习目标和课程目标充分结合起来（Dochy, et al., 2006; Gibbs, et al., 2003）。

关于课程学习评价的作用，大都侧重于对学生学习的影响，特别是对学生学习方法和学习策略的研究。克鲁克斯在对大量文献进行综述的基础上，指出评价在三个层次产生共计十七种作用：第一，在具体的课堂教学中，有如下八种作用：1.激活已有知识和技能，学习新的内容；2.注意于课程的重要方面；3.鼓励主动学习策略；4.给予学生锻炼技能巩固学习的机会；5.提供反馈；6.帮助学生监控自己的学习过程并发展自我评价的技能；7.指导未来的教学活动；8.让学生有一种成就感。第二，在特定的学科领域中，有如下五种作用：1.看学生是否有合适的知识和技能以有效地学习；2.影响学生的学习动机以及对于学习新内容的看法；3.交流和强化教学目标以及期望达成的标准；4.影响学生的学习策略和学习范式；5.描述和证明学生在该门学科上的成就如何影响未来的学业活动。第三，在学生发展的层次上，有如下四种作用：1.影响学生在不同情境中不同学科上记忆和应用的能力；2.影响学生学习技能和风格的发展；3.影响学生持续的动机；4.影响学生的自我概念，比如自我效能等（Crooks, 1988）。

马切斯指出，"评价就是创造各种各样的方法去了解学生学习和发展变化的过程。"（Marchese, 1987）泰勒提出课程学习评价主要包括：给学生打分，将学生分组，报告给家长学生的收获，报告给院校董事会学生的收获（Madaus & Stufflebeam, 1989）。奈特指出课程学习评价的作用是估计学生课程学习的水平和能力（Knight, 1995）。卡特勒和普赖斯认为，课程学习评价最基本的作用在于有效鼓励学生为自己的学习负责，帮助学生积极反思自身的收获（Cutler & Price, 1995）。摩根等研究者把课程学习评价的作用归为了六个方面：（1）激发学生学习的动机；（2）判断学生重要技能和知识的掌握情况；（3）促进学生学科技能和规则的学习；（4）诊断学生学习的困难；（5）测量一段时间后学生学习的改进；（6）在班级中评价学生的能力，并开展分类教学（Morgan, et al., 2004）。除此之外，课程学习评价还可以有效提高学生的技能学习、明确学习改进的内容并增加学习自主权。评价就是创造各种各样的方法去了解学生学习和发展变化的过程（Hutchings & Marchese，1990）。

另外，牛顿将评价的具体操作领域和宏观的政策环境中应达成的三种客观结果——判断、决策和影响，按不同教育评价承载的目的将评价划分为如下十八种用途：社会评价使用、形成性使用、监督学生使用、转学使用、定位使用、诊断使用、指导使用、资格保证使用、筛选使用、认证使用、择校使用、院校监督使用、资源分配使用、组织干预使用、项目评估使用、系统监控使用、比较使用和国家问责使用。基于此，他指出评价只有形成性的目的和总结性的判断，而非总结性的目的和形成性的判断（Newton，2007）。

布莱克则认为目前的课程学习评价研究更多地侧重于评价的工具性测量功能，很少能够真正反映出评价的教育性价值功能和社会性文化功能（Black，1998）。尽管布莱克的研究大多是从评价的方式之一——测验入手进行，但是截止到目前，笔者查阅课程学习评价的相关文献后，也没有发现研究者更多地去关注评价的教育性价值功能和社会性文化功能。但其实评价的教育性和社会性作用比其工具性作用本身的影响力更大。福柯在《规训与惩罚》一书中指出，评价是最有影响力的社会规训机制之一。通过一种不断重复的权力仪式，考试被编织在学习过程中。它越来越不是学生之间的较量，而是每个人与全体的比较，这就有可能进行度量和判断，从而将不同的个体定位于不同的社会层次和结构中（福柯，2007）。而世界是根据我们的价值观去诠释的，因此，评价逐渐地发展成一种承载着一定价值的社会活动，并通过各种各样的形式在文化再生产和社会分层中扮演重要的角色（Gipps，1999）。这算是比较少的对于评价社会性价值的研究。

综上，从课程学习评价研究与实践的发展情境，到其理论视角的探讨，再到实践运行中范式和概念的研究，一方面展现了课程学习评价自身的复杂性，就像研究中指出的"大多数院校和教师都已经意识到评价于学生学习与发展的重要意义，但是由于各种原因，仍然未能形成有效的教—学—评一体化的本科教育体系"(Peterson, et al., 2002);另一方面也说明作为衡量学生学习与发展主要方式的课程学习评价,正在并继续对学生、教师、课程、专业和院校产生重要影响。

第二章　多学科视角下的课程学习评价

虽然当今实施评价的人要多于思考评价的人，但是我们不得不思考评价的基本问题：是什么驱动评价的实施？是为了管理的方便还是要体现教育自身的价值等（Mentkowski, et al., 1991）？评价专家阿斯汀也指出，在思考评价的方法论和工具性等问题之前，我们首先应该思考："我们为什么要评价？我们希望从中学习什么？我们如何使用评价信息？我们如何理解这些信息？我们如何能够让院校中更多的人对评价产生兴趣，理解并使用评价的信息去促进学生的学习与发展？"（Astin, 1991）带着上述问题，基于已有文献中关于课程学习评价研究与实践的理论分析，笔者将从以下四个学科视角去思考课程学习评价的基本问题。

第一节　哲学视角

围绕"现实的本质是什么？知识的本质是什么？如何才能获得知识？"这三个基本的哲学问题，美国学者乔纳森在20世纪90年代分析了客观主义和建构主义视角下的学习观（Jonassen, 1991）。客观主义学习观认为世界是外在于学习者的，结构是由实体、性质和关系组成的；心智只是处理信息的加工器，是对现实的反映，只有通过抽象化才能理解现实；思想独立于学习者的体验，由外界掌控并反映客观世界；意义和符号都是外在世界的表征，是外在于学习者的。建构主义学习观认为学习者通过自己的理解和体验来建构世界，世界是心智的产物；心智创造和构建了意义和符号，个体通过心智来诠释和理解现实,并通过观念系统来构建现实;思想与个体经验密不可分,通过建立认知模型并依赖于认知体系的合理与否来理解现实;意义和符号是建构现实的工具,依赖于个体的理解,是内心世界的表征。

所以,在客观主义视角下,课程学习评价是结果主导的,考查孤立的知识和技能的掌握,学生学习是考试驱动的;教育教学忽视了学生与其所处的社会历史情境之间的互动和作为知识、价值观、行为来源的共同体,不能全面地理解学生的成长与发展。在建构主义视角下,学生可以建构自己的理解框架;教育主要是帮助并促进学生构建这种框架;课程学习评价侧重的是学生能否在特定的情境下诠释所学的内容;课程学习评价是持续不断的,强调批判性思维、推理、反思和行动;评价的目的和结果是理解个体的成长与发展(Cronjé,2006)。另外,建构主义和客观主义并非绝对对立的两极,这二者之间是一个连续体。柯龙杰以客观主义为横轴,建构主义为纵轴,构建了整合客观主义和建构主义,反映直接和间接、简单和复杂等学习特征的四个教学设计象限:客观主义为主的注入式——以机械、效率和目标为特征;建构主义为主的建构式——以探究、体验和发现为特征;既不强调客观主义要素也不重视建构主义要素的浸没式——以无计划、非正式和偶然性为特征;结合客观主义和建构主义要素的整合式——以明确的学习目标、学业成果和教学目标为主要特征(Cronjé,2006)。在整合象限中的课程学习评价既有去情境的考试,又有基于目标分析和客观情境的真实性评价和档案袋评价。

尽管建构主义对教育理念更新的影响很大,但其在多大程度上可以影响教育实践还很不确定。事实上,虽然建构主义的核心假设是通过合作学习,使用元认知设置学习目标培养自主型学习者(Loyens, et al., 2008),学习评价要多元并贴近于真实情境(Baeten, et al., 2008),但是关于这些论述的实证研究结果却表明:基于建构主义的教学和评价设计并没有像理论阐述的那样发挥其作用。温迪苏慈尔通过梳理实践建构主义理论的文献指出实践建构主义理论会遭遇以下几种困境:概念困境——如何理解建构主义;教育学困境——如何设计满足建构主义需求的课程并丰富学生的学习体验；文化困境——师生角色的转变何以符合建构主义的本质；政治困境——院校中利益相关者的阻挠（Windschitl，2002）。

英国学者约克深入分析澳大利亚、美国和英国等国高等教育中课程学习评价体系的研究与实践后指出，有两种主要的世界观主宰着当今高等教育领域中的课程学习评价，特别是评分体系（Yorke，2007）。第一种是基于自然科学的现实主义，第二种是和艺术、人文和社会科学相关的相对主义。前者的评价标准是客观的，并据此对行为表现做出评价；评价者是客观的并且独立于被评者，评价不关涉价值，不考虑学生的整体情况；评价任务由评价者决定。而后者的评价标准是协商构建的，并基于这些标准评价行为表现；评价者解释行为达标的程度，价值体现在标准的协商制定中，评价的情境要纳入考虑范围；可以从比较宽泛的角度表述期望，评价是判断学生已有成就和期望值之间的距离，学生自己可以选择任务以匹配自己的特点。在此基础上，约克又通过案例研究说明，在目前的高等教育情境下，承认基于测量的总结性评价评分体系存在问题是做出改进的第一步；其次要基于相对主义的视角整合院校所有力量去设计课程学习评价。如果基于相对主义视角的课程学习评价完成了前两步，那么接下来就会弥补基于自然主义课程学习评价的不足，并与后者整合共同作用于学生的学习与院校的教育效能（Yorke，2011）。

表2-1为笔者整理了维基英文网站中关于"教育评价"不同哲学视角的观点。总之，就像约克所言，无论哪种哲学视角下的课程学习评价都可以看作是韦伯的"理想类型（ideal types）"，在实际中并不存在纯粹的现实主义和相对主义的、客观主义和建构主义的课程学习评价。但是这种理想类型有助于研究和实践的改进（Yorke，2011）。

表 2-1 不同哲学视角下的教育评价

	实证论	唯理论	社会文化论
代表人物	斯金纳（Skinner, 1904—1990）行为主义	皮亚杰（Piaget, 1896—1980）认知主义	维果茨基（Vygotsky, 1896—1934）建构主义
思维的本质	思维是一种空白设置，用来探索世界存在的模式，并作用于模式。和低级动物只是量而非质的差别。	思维是通过对世界产生意义感而获得的，人和低级动物有着本质上的差别。	人类是一种独特的种群，不断发展并形成了自己的语言、工具和教育。
知识的本质	知识是经验的反映，是以一种有组织的、正确的但是不完整的方式来表现世界；知识是固定不变的，是对客观现实的准确表征；知识是最终的答案，人们应该不断努力去学习和掌握知识。	知识是对客观世界的描述和解释，具有生成性；知识是获得信息的结构，获得再认或建构符号的模式；通过这种结构或模式来理解观念，解决问题，使用和理解语言。	知识并非预先确定的，更不可能绝对正确；知识不可能以实体的形式存在于具体个体之外；个体只能以自己的经验、信念为背景进一步理解经验、解释和假设；知识需要在具体情境的复杂变化中不断加以深化。
学习的本质	学习是被动的，是外在刺激反应的联结结果。学习者是按照外在刺激的强弱学习而不能按照自己的兴趣、爱好来选择学习的内容。知识是学习者在某种刺激反应中形成，并能够在其他情境中有效使用。	学习是一个主动加工信息和构建意义的过程。学习者是在新旧知识、经验之间反复地、双向地相互作用的过程中理解和掌握新的意义，从而充实和改造自己的知识经验。	学习是学习者主动建构知识的意义，生成自己的经验、解释和假设。在具体的问题解决中，学习者需要和具体问题的情境积极互动，对原有知识进行再加工和再创造，据此获得、改变或增加新的知识。
评价的特征	评价知识的要素，侧重于知识掌握和熟练的程度，使用标准化的心理测量工具。学生不能评价学习的结果，只能由老师予以评价。学生同伴之间是竞争而非合作的关系。	评价学生主动学习的程度和学生解决新问题时的拓展性行为。对"优秀"评判的标准多样化。学生之间由竞争关系转向合作关系。	评价学生在探究中的参与程度和学习的社会性实践措施。比如档案袋评价法、观察法等。学生要参与到评价的过程中去。评价在一个具体的大环境中实施。

第二节　社会学视角

源自大众教育系统中的评价体系可以被理解为一种社会化模式，是有机地联系着以社会分工、官僚制和监控为特征的具体的社会化模式（Cherkaoui，1977）。不管何种评价都是一种社会活动，我们只有通过分析其所处的经济、政治、文化和社会情境才能真正地理解它。即使是评价的技术层面也会受到社会经济发展和政治意识形态的影响。同样，学生对评价的回应也会受到社会和文化的影响（Sutherland，1996）。布罗德富特通过分析韦伯的理性、新教伦理和官僚制，说明社会控制的形式和目的是理解教育评价源头的关键。资本主义社会自身内在的"合法性危机"——社会生产的大众性和社会财富的私人占有性，在教育系统中的表现就是教育的工具性职能（根据社会化所要求的技能和知识对个体进行的一种教育）和表意性职能（培养个体可以批判和重构一种不同于强制经济剥削社会的品质和意识的教育）之间的不协调（Broadfoot，1996）。针对这种不协调，布罗德富特借用迪尔凯姆的社会分工论指出，随着工业化的推进，劳动分工越来越明显，前市场经济中基于机械性团结基础的群体意识和社会稳定必定分崩离析；新的社会整合方式必须通过能够连接个体和特定组织兴趣的社会机构来孕育，学校就是其中之一。学校教育中的评价实践不仅可以达成教育的工具性目的——为不同的职业进行选拔和分类，而且可以整合教育的表意性目的——通过评价个体／集体的潜能、表现等使其心悦诚服地被控制。事实上，评价作为鼓励和控制学生的一种策略并不是与生俱来的。直到16世纪，在法国甚至整个欧洲，考试中获得高分并不是什么可喜可贺的事情，也不意味着是一种成功；学生只要勤奋刻苦地学习就是成功。那么是什么原因使得从没有评价这一极端走向了过度评价的另一极端呢？迪尔凯姆认为是个体自我意识的觉醒和出现（Broadfoot，1996）。

英国著名教育社会学家伯恩斯坦继承迪尔凯姆的思想，认为教育系统中评价这一带有竞争意义的教育实践进一步强化了现存的社会控制和秩序。"一个社会如何选择公共教育知识并对其进行分类、传授和评价反映了一种权力的分布和社会控制的原则。因此，教育机构的差异和变化、知识的传播和评价就成为社会学关注的重要领域。"（Bernstein，1977）他指出评价是实现文化生产、再生产和传播的主要教育机制，并且通过分配规则和再脉络化规则为教育学话语提供了基本语法，从而决定学生学习、教师教学和课程设置的质量。近几年的教育实践已经表明，课程学习评价正从显性评价过渡到隐性评价，评价标准正从直接具体的评分标准过渡到描述性的评价标准。在显性教育学中，客观性评价依赖于清晰的评分标准和精确的标准化测量，目的是个体或院校之间的比较；但是在隐性教育学中，评价程序是多样的、非正式的，不绝对从属于测量，目的也不是比较，而是学生的学习与发展。另外，伯恩斯坦在《文化生产的符码、模式和再生产》一书中明确提出评价是实现文化生产、再生产和传播的主要教育机制，并且通过分配规则和再脉络化规则为教育学话语提供了内在语法（intrinsic grammar）（Bernstein，1981）。

吉普斯和卡罗琳从社会-文化视角系统地梳理了宏观系统和微观课堂层面课程学习评价内隐权力控制机制的变迁，指出曾经在整个学校教育体系内，以选拔、授证和分类为目的的评价的核心机制是以客观性考试为表征的"智力测验"（Gipps & Caroline，1999）。但是随着对"智力"认识的深入，人们发现一个人的智力并非是遗传的固定不变的，而是通过与环境的互动而提高或者降低的，基于选拔、授证和分类为目的的侧重智力的考试和评价的地位被动摇了（郭芳芳，2012）。研究发现，以智力论为基础的考试受主流文化的影响，使得中产阶级及以上群体的子女受益明显，从而成为一种社会控制的手段。即考试以一种貌似合理的方式让个体参与到这种似乎是公平的竞争中，使得那些失败者接受和认可现存的社会秩序，并将失败归结为自己的无能。从社会学角度上讲，这种评价的主要功能就是鉴定能力、实现对个人和系统的控制（Broadfoot，1996）。这种具有识别个体能力（competence）、强调理性竞争（competition）和合法控制（control）等特点的课程学习评价使教育给工业社会提供了新的规训权力（Broadfoot，1996）。那么当今知识社会情境下高等教育中的课程学习评价的特征是什么呢？

基夫等研究者在分析了若干国家学校教育的考试体系之后指出，随着中等教育和高等教育的大众化和普及化，考试的直接选拔、授证和监督职能正在弱化，进入21世纪，应该重新审视和定位评价的意义和角色（Keeves, et al.，1994）。教育评价的新发展应该植根于解释主义立场，关注学习者如何概念化和重构他们的体验（Gipps，1999）。通过思考"谁的知识被传授了？为什么对特定群体使用特殊的教学方法？怎样使用一种负责任并能够得到响应的方式来教育不同族群的人？"等问题，以及通过回答"评了哪些知识，这些知识是否等同于成就？评价的形式、内容等是否适合不同的群体和个体？不同文化知识是否反映在对'成就'的界定中？以及不同文化知识如何影响了个体对评价的回应？"等问题，可以使评价站在解释主义立场上获得新的发展，关注学习者如何概念化并重构他们自身的体验（Gipps & Murphy，1994）。

瑞安使用哈贝马斯的三种认识旨趣（实证－分析、历史－解释、批判－反思）为评价和评估构建了概念框架。即在以理性和逻辑实证主义为导向的技术认识旨趣下，评价的主要方法是传统的基于标准化测量的考试；在解释主义以实践为导向的认识旨趣下，学生的理解方式应该被纳入评价体系中，用档案袋和概念图等方式让学生参与和构建的评价方式才是合理的；在批判理论以消除人际压迫的解放认识旨趣下，学生自我评价和同伴评价的能力应该得到培养（Ryan，1988）。在传统评价中，师生关系是层级式的。而在新批判理论框架中，学生可以积极参与到评价的过程中并得到不断的鼓励和反馈；师生之间是一种平等的交流关系；学生被授予机会与教师协商、讨论；学生参与制定评价的标准并进行自我评价和同伴评价；学生要学会和其他同学合作探究；学生要能够参与重构课堂规则（Taylor, et al.，1997）。另外，课程规定的评价要求和个体学生的评价需求（学生努力理解评价任务）之间存在一定的张力。这种张力给老师提供了一个与学生分享权力而不是将权力凌驾于学生之上的机会（Torrance & Pryor，1998）。这种评价无论对教师还是学生都具有挑战性。因此，目前的大部分研究仍然停留在理论阶段，实证研究较少。

埃克尔斯通和普赖尔在借用布迪厄的"文化资本、惯习和场域"等概念分析英国高校中实施的一项基于结果的全国性评价改革项目时，重点研究了大学生的学习动机和倾向是如何受课程学习评价的影响。研究结果表明，课程学习评价会影响学生自己与他人学习身份认同的形成；通过师生之间对评价理念与方式的互相建构和改变，评价不仅可以转变师生之间的关系，而且可以重构和改变师生的文化资本、学习惯习和场域的观念，从而使自主学习得到强调和鼓励（Ecclestone & Pryor，2003）。埃克尔斯通的另一个实证研究表明：在基于结果的评价改革项目中，成就水平高的学生可以基于原有的学习惯习以一种新的方式来获取高分。但实际上这种原有的学习惯习也整合了新的社会和文化资本，这种资本由评价改革项目中通过划定场域和范围来提供。通过这种方式培养的"布迪厄式的游戏感"一方面能够帮助学生发展新的社会和文化资本，另一方面也促使学生积极主动地参与到学习和评价中去。社会和文化资本的积累对于大多数学生而言是可望而不可及的，因为社会和文化资本的积累需要学生自己知道提升和改进的结构和机会条件，同时还需要实践、精力、情感和物质的投入（Ecclestone & Kathryn，2004）。

已有的社会学研究表明，无论是组织还是个体都持有两种行动理论：一种理论支配言语——信奉的理论（espoused theory），即声称要追随的理论；一种理论支配行动——实践的理论（theory-in-use），即从行动中可以推断出的理论。这两种并行的理论通常会引发种种困惑和矛盾，因为个体或组织通常未能意识到实践理论的存在，仍然是以信奉的理论作为评判标准，所以这两种理论之间经常不匹配（Argyris, et al.，1985）。课程学习评价研究与实践也或多或少呈现出这种不匹配现象。

第三节　政治学视角

高等教育作为社会生产与发展的产物，势必会受到政治、伦理以及道德等因素的影响，所以大学校园内发生的一切都在社会公众、媒体、利益集团的注视之下。从政治学视角观察高等院校中的评价，我们可以认为评价不只是一项实践活动，而且是一项带有明显价值取向的价值判断。贝蒂斯等学者指出：评价本身就是一项政治活动，评价不是一个纯粹的技术问题，它或许充当了教育过程中分类、筛选的工具，承担着维护既存社会优势群体利益的功能。赫什和沃尔也认为，因为教育活动与外部的社会环境有着千丝万缕的联系，所以任何与之有关的评价都不可能不带有一定的政治和伦理色彩。评价已深受新自由主义意识形态的影响，成为管理者们进行行政实践的一个重要手段（Hursh & Wall, 2011）。总体上，高等教育的评价是在一个充满压力的政治背景下进行的（Wehlburg, 2008）。所以，当我们从政治学视角思考课程学习评价的研究与实践时，我们就不得不思考一个问题：课程学习评价究竟为谁服务？谁是课程学习评价的受益者？课程学习评价的标准由谁来定？

究竟谁才是课程学习评价的服务对象？是被评价的学生还是操纵评价的老师和管理者？当进行课程学习评价时，我们满足的是社会哪些群体和阶级的利益？这个问题是批判性评价理论支持者们一直关注的问题。从某种程度上我们可以认为批判性评价实际上约等于一种政治理论，因为批判性评价理论的最终目的是再思考和重构有关公共利益的价值立场。他们拒绝中庸、拒绝中立、拒绝服从既定制度形态。当批判性评价理论支持者把视线投向课程学习评价时，他们主张通过对高校内有关学生学习的各项活动进行分析来揭示潜伏在其背后的意识形态和各种结构化的社会权力运作的秘密，唤醒教育中弱势群体的自觉意识，从而推进教育公平和民主进程（和学新、任庆月，2015）。这种批判性评价理论认为优势阶层组织评价时的目的以及手段是藏匿在公众视野背后的。如果弱势群体自身不挖掘该活动背后的真相，那就只会是持续"逆来顺受"的状态，造成"随波逐流"的结果。所以按照批判性评价理论，课程学习评价的服务对象应该是该过程中的弱势群体——学生。但实际上，课程学习评价的过程更像是这些弱势群体需要面临的挑战，课程学习评价的结果则被用来掩盖阶级差异，成为优势阶层"运筹帷幄"维护利益的工具。尽管课程学习评价宣称以学生为主体和对象，服务于多个群体，但只有那些能够从评价中真正获得利益的群体才是课程学习评价的真正受益者。一种"学术派的资本主义知识和学习制度"已经出现，取代了"公共利益的知识和学习制度"的意识形态（Slaughter & Rhoades，2009）。目前关于评价标准的制定权力仍然掌握在少数人手里，教师、管理者和行政人员仍是在标准制定上最具有发言权的一方。

第四节　教育学视角

受上述多个学科视角和当今社会发展与未来需求的影响，高等教育中的教学也发生了变化，出现了强调"以学生为主体""以学生学习为中心"的教学范式。这种教学范式促进了课程学习评价理念和实践的变化。巴尔等研究者在1995年撰文指出，在美国高等教育领域中一种教学范式的转变正在发生。即从曾经主导大学教育的"提供教学的范式"转向"促进／生产学习的范式"（Barr, et al., 1995）。因为前者是将手段当成了目标，就好比医院收治病人只是为了填满病床而不是治愈病人一样。从"教的范式"向"学的范式"转变意味着一种规则体系的转变，后者并不完全排斥甚至可以包容前者，二者的比较详见表2-2（Barr, et al., 1995）。其实学习范式所追求的目的——让每个学生都积极主动地学习并获得成功——也一直是教学范式的理想。但是当学生群体、社会需求都发生了巨大变化时，教的范式就很难再发挥作用。在教的范式下，学生学习是个体差异和教师教学的函数；而在学的范式下，学生学习是学生在适合他/她的学习活动中的真实表现和外界持续不断的反馈的函数（Tagg，2003）。

表 2-2　高等教育内部教学范式转变的比较

比较维度	教的范式	学的范式
使命和目的	使命：强调"教"，为了特定的结果采用一定的教学方法；教师传授知识给学生。目的：提供课程和专业；改进教的质量和效率；满足多样化学生群体的入学需求。	使命：促进"学"，强调过程的重要性；引导学生发现和建构知识。目的：营造适合学习的环境和氛围；改进学的质量和效率；满足多样化学生群体的发展与成功需求。
成功的标准	标准：强调各种输入性资源的数量和质量；大学新生的注册数量和质量；课程发展；教师和教学的质量。	标准：强调学习成果和学生成功的数量和质量；在校学生的数量和质量；有效学习和成长；学生和学习的质量。
教/学的结构	原子论过程：教和学是分开的实体；时间是常量，学习是变化的；重视讲授；学科和院系彼此独立。结果：强调讲授内容的全面性；课程末的评价；课堂教师的评价；外在评价；学位等同于获得的学分。	整体论过程：教和学是一个整体；学习是常量，时间是变化的；营造学习氛围；跨学科和院系之间的合作。结果：具体的学业成果；课程前、中、后的评价；内在评价；学位等同于获得了获取知识和发展的能力。
学习理论	客观主义学习理论：知识是存在于个体经验之外的，是由教师传递给学生的；学习是教师控制的线性累积；强调竞争和个人主义；天分和能力是少见的。	建构主义学习理论：知识是存在于个体的经验中，是个体建构的；学习是"双赢的"嵌套互动式主动学习；强调合作和支持；天分和能力是普遍的。
教师角色	教师是知识的传授者；师生是独立和孤立的；教师对学生进行分类和分等；行政人员服务于教师和教学过程；任何专家都可以教学。	教师是学习方法和环境的设计者；师生进行团队合作；教师开发每个学生的能力和天分；行政人员促进学生学习和获得成功；赋能给学生学习的复杂性和挑战性。

注：本表改编自 Barr R. and Tagg J.（1995）。

在以学生为中心的院校里，学生被认为是知识获得和理解的主动学习者、创造者和反思者。院校从教学的提供者转变为学习场所的提供者，并运用现代技术营造一切可以促进学生学习的环境，关注和设计隐性课程（Maki，2004）。以学生为中心的学习环境，意味着学生个体已有的知识、技能、态度和信念的重要性，意味着要帮助学生顺利从已知过渡到未知，并掌握和理解未知，从而过渡到下一个未知；意味着要及时地针对学生学习过程给予反馈并了解学生是如何学习的，学了什么；意味着要为学生创建不同类型的学习共同体。胡巴和弗里德探讨了以学习者为中心的教、学、评的标准：学生主动参与到教、学、评的过程中，并获得教师的反馈；创建学生可以运用知识的情境，在真实情境中评价学生界定问题和解决问题的能力；学生要能整合学科和通识教育获得的知识和技能；学会从错误中学习，并理解优秀的品质；教师通过教学和评价来指导和促进学生的学习；教师要坦承自己也是个学习者，学习学生是如何学习和理解的；学习是人与人之间的互动，师生应该彼此互相尊重和重视（Huba & Freed，2000）。

综合上述文献，笔者总结了以教师为中心和以学习者为中心的两个范式中的学—教—评之间的三角教育关系，详见表2-3。在以学习者为中心的范式中，"学生"这个词将变得陈旧，它只适合形容一个被动地接受由教师选择和传授课程内容的角色。相反，我们应该把21世纪进入大学的人看成是积极的"学习者"，因为他们为自己的学习体验和效果负责的要求越来越强烈。以此类推，"教师"这个概念也将过时。现在，大多数教职员在本科教育中的主要任务是确认和描述书本的内容。在新的教学模式中，教师的任务将不再是确认和描述书本的内容，而是教育和引导学生积极地学习（杜德斯达、沃马克，2006）。美国高等教育协会（American Association for Higher Education）于1996年在评价论坛上专门发布了评价学生学习的原则：课程学习评价本身不是目的，而是改进教育的工具，因此课程学习评价始于教育目的；课程学习评价只有在反映学习的多维性、整合性和行为性等复杂特性的时候才是最有效的；评价只在有明确清晰的目标指导下才能有效实施；评价关注结果，但同时也需要重视达成结果的过程；只有连续不断的而非一次性的评价才能产生影响；只有院校中不同群体的人都参与到评价中，课程学习评价的改进作用才能凸显；只有关注人人都重视的问题，评价才是有意义的；只有和其他条件结合，评价才最有可能发挥作用（AAHE，1996）。

表 2-3　两种范式中"学—教—评"之间的教育关系

	教师中心范式	学生中心范式
学	学生被动地接受教师传授的内容；强调学习非情境性的知识；只有学生才是学习者。	学生通过收集和整合信息主动建构知识；学生要能融会贯通探究、沟通、批判性思维和问题解决等能力；强调有效使用知识解决现实情境中的问题；教师和学生共同学习。
教	教师的角色是在单一学科内传授知识；教师是唯一的评价者；教学和评价是分开的；教学文化是竞争性的、彰显个人主义意识。	教师的角色是以跨学科的视角提供指导（to coach）和帮助（to facilitate）；师生共同对学习做出评价；教学和评价交织在一起；教学文化是合作的、支持的，彰显团队合作意识。
评	评价就是监控学生的学习结果；关注正确和唯一的答案；理想的学习是通过标准化分数间接评价。	评价是促进学习，并围绕学习进行对话；关注如何发现和提出好的问题，学会从错误中学习；理想的学习是通过论文、项目、行为表现、档案袋等多种形式直接评价。

结合前述的分析可以得出，无论从何种视角来看，中国高等教育领域中的课程学习评价仍未呈现出一种认识论的转换。课程学习评价的理念和实践都比较陈旧，未能诊断当今高等教育中学生学习、教师教学、课程设置和院校教育的质量问题。所以，无论是政策制定者、研究者还是实践者都应该重新换一种思路去审视和理解我国本科教育领域中课程学习评价的意义和价值，从基于客观主义的、教的范式的显性评价过渡到基于建构主义的、学的范式的隐性评价，并基于"学生学习与发展"，从宏观、中观和微观三个层面构建一个合理的可以反映院校教育质量，整合课程设置、教师教学和学生学习的学生评价体系。因为在宏观层面上，可以通过收集全国本科生学习与发展的评价数据来评估和说明本科教育的整体质量；在中观层面上，可以通过收集不同院校本科生学习与发展的评价数据来评估和反思特定院校的教育

质量；在微观层面上，可以通过收集学生在不同学科、不同年级中学了什么、如何学习以及影响学生学习因素的评价数据来评估和改进院校的人才培养质量。

如果说前述几章对本科教育中课程学习评价的分析是从宏观和微观、研究与实践两个维度为课程学习评价勾勒了一个全貌，那么第三章将在此基础上深描课程学习评价与学业成果和教育目标之间的关系，课程学习评价与学习策略和学习投入之间的关系，并通过述评影响学生学习过程和学业结果的模型，为第四章概念框架的构建奠定理论基础。

第三章　课程学习评价与教学、学习的关系

哈佛大学前校长博克在其著作《未达成的本科教育目标：学生究竟学了多少》中指出："对本科教育任何有意义的讨论都始于大学要达成的目标，借用卡诺坎的话'如果大学没有清晰的目标，我们就无法知道实践中的高等教育是如何运行的，更无从得知运行良好意味着什么'。那么大学应该让学生通过四年学习收获什么？在这人生的关键时期，大学对学生产生了什么样的影响？应该怎样帮助年轻人成长与发展呢？"（Bok，2008）这句话里既隐含了大学使命和教育目的，也包含了学业成果和学习评价等概念，这些概念之间的关系是什么呢？本章将对此进行深入分析。

第一节　课程学习评价与教育教学

一、教育目标与学业成果

与评价相关的文献里经常充斥着各种各样的术语"使命（mission）、目的（goal）、目标（objective）、成果（outcome）"等。这些术语缺少相对精确且一致的内涵界定。在某种程度上这种内涵的不清晰是由于教育理念的转变，即从基于目标的教育，到基于能力的教育，再到现在基于成果的教育等导致的（Soulsby，2009）。好的课程学习评价大都始于并基于大学成员中共享的院校使命、教育目的等（Ewell，2002）。索尔斯比提出，院校使命是以一种比较宽泛但简明的陈述来指导整个院校教育实践；学生学业成果的界定就缘起于院校使命；教育目的是对一个专业、一门课程或者一种教育活动期

待达到的结果的一种综合性陈述；教育目的描述的是一般性学习成果，并与院校使命保持一致，为具体的教育目标提供结构性指导；教育目标则是描绘学生在具体教育活动结束之后行为表现的标准和条件，包括课程目标和教学目标等（Soulsby，2009）。教育目的和目标都是描述一种教育活动的预期目标和理想结果，并为评价奠定一个坚实基础；不同的是，前者描述的是一种概括宽泛且长远的目标，后者陈述的则是具体教育情境中清晰简明的目标。学业成果是对有效学习的描述，是对学习者在一门课程结束或一种专业学习完成之后应该知道并且能够做什么的规定，这种规定是基于可靠证据得到的，即说明学习是怎么完成的、学习证据是如何获得的。基于成果的教育就是整合专业、课程设计、课程内容、教学和评价等，系统分析学生和社会所需要的知识、技能和价值，明确学生必须知道什么和能够做什么，而不仅仅是学生掌握了哪些知识。

综上，教育目标是教学、课程、专业和其他教育活动的理想结果；强调学生在参与具体教育活动之后应该具备的特质；虽然教育目标也陈述理想的学业成果，但总体是以教师、教学等为中心说明教师、教学等应该怎样。学业成果是以学生为中心，说明学习者应该学习什么。至此，关于教育目标和学业成果的一个本科教育金字塔结构就可以清晰地呈现，如图 3-1 所示。

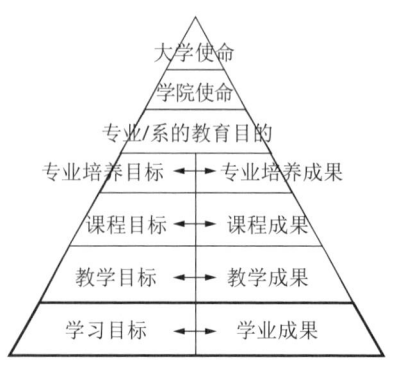

图 3-1　本科教育中学业成果的"金字塔"[①]（Soulsby，2009）

---

① 该图中最底层的学习目标和学业成果是笔者根据自己的阅读和理解添加进去的，这样更能体现出研究者明确表达的以学生为中心的学业成果。

前述简要分析了教育目标和学业成果在整个本科教育金字塔中的位置，那么哪些教育目标是本科教育最为关注的呢？哪些学业成果是最希望学生在完成本科教育之后应该拥有的呢？应该在什么样的教育目标指引下，对何种类型的学业成果进行评价呢？

美国教育心理学家布卢姆等最早对教育目标进行了分类。该分类是沿用至今的最权威的分类，对后续各种分类框架的构思起到了重要的指引作用。布卢姆等设想制定了包括认知、情感和动作技能三个领域的教育目标，并参与制定了认知领域和情感领域的目标分类。安德森等对以布卢姆为首制定的教育认知目标进行修订的时候，分析了20种不同于布卢姆教育认知目标的分类。其中沿用布卢姆等使用的一维系统对教育目标进行分类的有11种；在一维系统的基础上又增加了一维或者多维系统的有9种（安德森，2008）。博克认为，为大学制定单一的、"统领大局"的大学目标，或者把大学目标局限于认知发展领域，都无法涵盖本科生活的全貌，都可能在推卸大学的责任。大学本应该让学生在成长的关键时期，养成一些极为重要的素质。因此，大学教育目标应该是多元的，要谨慎认真地选择。他认为大学的教育目标应该包括"表达能力、批判思维能力、道德推理能力、公民意识、适应多元文化和全球化的素养、培养广泛的兴趣和为就业做好准备等要素"（Bok，2008）。从博克的陈述可以看出其是从学生学习与发展的视角，而非教师教学的角度界定大学教育目标的。

虽然在高等教育领域中常用教育目标分类来指导教育教学和课程学习评价，但是自20世纪70年代起，就有研究者强调要结合学生的学业成果，进行教学和实施评价，而不是看教育教学目标达成多少（Lenning，1977）。因此，研究学业成果分类就成为高等教育中的一种趋势，并引发了基于成果的教育思潮和针对学生学业成果的评价。学生学业成果的分类并不像教育认知目标分类那样有一个比较公认权威的分类法。但是基于教育目标分类的"思、意、行"原则使得学业成果分类不仅突出了学生的认知，而且强调学生情感和技能的发展，从而平衡了认知、情感和技能等对学生学习与发展的重要性。基于文献分析，勒霖格界定了三类和学生学业相关的成果：经济成果——接受完大学四年本科教育之后，学生的挣钱能力、工作能力和收入水平如何；个性发展成果——个人的学业抱负、能力和技能、道德个性、心理社会能力等；专业和通识知识技能的习得（Lenning，1977）。鲍恩将学业成果的分类和大学教育目标结合，整理了四类学业成果：认知学习成果、情感和道德发展、实用能力、就学体验满意度（Bowen，1997）。奇克林等将学生学习收获分为学生在智力、身体及社会上达成的能力、情绪控制、学会独立、塑造个性、融洽的人际关系、明确目标和培养诚信等七个方面（Chickering，1987）。尤厄尔将学生学习收获分为知识、技能、态度价值观和行为收获四部分（Ewell，1998）。基于费尔德曼和纽科姆对20世纪30年代至60年代美国大学对学生影响的研究，帕斯卡雷拉和特伦尼兹分析了20世纪70年代至21世纪初关于大学影响学生学习与发展的文献，将学生的学业成果概括为：与学科相关的知识、技能，社会心理的发展变化，态度和价值观的变化，道德发展，教育层次和学生就学的连续性，职业和经济成果，毕业后的生活质量等（Pascarella & Terenzini，1991；2005）。道格拉斯等在对研究型大学中的本科生调查中将学生自我报告的学业成果分为六部分：分析和批判性思维技能、写作技能、阅读理解技能、口头表达技能、数量分析技能、在某一特殊领域的研究技能（Douglass，Thomson & Zhao，2012）。

总体而言，关于学业成果的分类都是以学生为中心的，说明学生在接受大学教育之后，在知识、能力和情感等方面的发展变化。学业成果有别于院校的产出（output），即论文发表的数量、教授的课时数、教育资源、学位授予等。这种产出对学生学习没有什么内在价值可言（Ewell，2001）。学业成果描述的是学生实际上学到的而非院校教授的，是学生以某种形式投入到学习之后的结果，是可观察、可证明、可测量和可评价的（Nusche，2008）。不管研究者如何对学业成果进行分类，学业成果都是拥有不同个性特征的学习者与具体的教育情境（比如教学活动、所学内容、评价学习时的测验类型等）复合互动的结果（Bransford，1979）。

二、课程学习评价与教育目标和学业成果的关系

在首次提出教育目标分类的时候，布卢姆等人就考虑了教育目标和课程学习评价之间的关系，即教育目标为课程学习评价提供指导框架（布卢姆等，1989）。课程学习评价既可以指向整个院校教育质量，又可以反映单个专业的培养质量和个体学生的学习过程和结果（Terenzini，2010）。图 3-2 是索尔斯比在分析系统层面上的学生评价、大学使命、教育目的、教育目标和学业成果之间的关系时提出的。大学教育活动始于该院校的教育使命，基于使命界定教育目的和教育目标，进而明确学生的学业成果。然后结合使命、目的/目标和成果，确定评价标准，选择和实施评价方案，最后基于评价结果的分析实施下一步的行动/改进计划（Soulsby，2009）。安德里奇使用案例研究也表明，仅基于教育目标评价学生的学习过程和结果，那么这种评价就是一种不考虑具体教育情境、不考虑学生个体经验和个性特征的评价，其结果就不能真实反映学生的学习水平，也不能说明专业或者院校的教育质量；而结合教育目标和学业成果的课程学习评价，不仅考虑了具体的教育情境和学生已有知识技能，还能够很好地反映和区分学生个体、专业和院校教育质量的差别，并可以据此做出改进（Andrich，2002）。2008 年，经济合作与发展组织成立了高等教育学业成果评价项目，目前实施的评价是针对所有学生的通识技能、经济学、工程学专业学生的学业成果评价和针对大学的情境性问卷调查和大学影响学生学习的价值增值评价。

学生通过课程学习在情感、态度、认知、技能等方面的收获均应成为考核内容，这与其教育目标和学科性质相联系。阿卜鲁等在其论文中关注了教育目标的评估，并构建了一个可以通过直接和间接方法评估课程学习目标，从而评估专业学习成果的模型（Abro，2013）。阿哈默德等通过对课程学习成果的考核来衡量"教"与"学"方法的有效性（Ahmad，2011）。也有研究者将课程学习结果和专业质量与认证要求及课程教学大纲相结合。

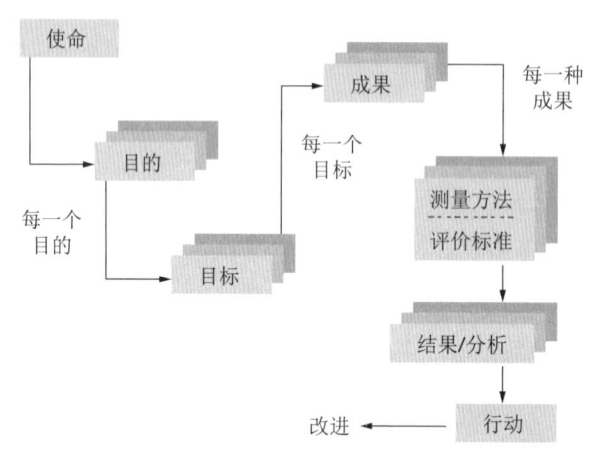

图 3-2　本科教育中课程学习评价与教育目标和学业成果的关系（Soulsby，2009）

使用多元评价方法评价学生的学业成果已经成为当今发达国家高等教育领域中的一个重要实践形式和研究主题。在全面分析美国高等教育中学业成果评价现状时，库和尤厄尔提出了两种学业成果评价过程和两种学业成果评价目的（Kuh, et al., 2010）。其中，两种学业成果评价过程分别是：（1）系统收集学生群体在知识、技能等方面的信息来判断专业或教育的成效，并据此做出相应的改进，可以使用全国层面／院校层面／专业层面直接测量学生学业成果的大规模标准化考试和大规模学生调查等数据；（2）世界各国高等教育机构都仍然在使用课程考试、论文、学生档案袋等考评个体学生的学业表现以授予学位、分等和打分等。前一种学业成果评价的目的是问责，即使用课程学习评价的信息应对外界的问责。后一种学业成果评价的目的是改进，即使用学生学业成果为教学改进提供指导。为了达到改进的目的，就不能仅仅使用传统的标准化考试，而应该采纳多元的评价方式，比如档案袋评价法、课程嵌入式评价法等。目前绝大多数美国高等教育机构都确定了学业成果的类型，在院校和专业层面使用不同学生学业成果评价方式回应问责和满足改进目的的同时，制定各种政策推进学业成果评价在院校／专业／课程教学等领域的改革创新（Kuh, et al., 2009；Peterson, et al., 1999）。

关于学业成果评价的实证研究聚焦于两个方面：一是收集院校层面实施学业成果评价的数据，说明院校层面是否对学业成果进行了分类，是否实施了学业成果评价，是否有相关的政策支持，是否动员全校人员投入学业成果的评价，使用的评价方法是什么等，实施学业成果评价的院校类型之间存在什么差别等（Kuh，et al.，2009；Peterson，et al.，2001）。二是通过大规模的学生调查和标准化考试收集学生层面的数据来说明大学的教育经历对学生在认知和非认知领域发展的影响。比如有研究证明来自家庭经济水平低的学生在大学前两年的学习结束之后其逻辑推理和交流技能依然没有显著提高（Arum，et al.，2010）。为了分析不同学科领域中的专业质量、课程质量、指导质量和低年级课程的教学质量等因素如何影响学生自我感受到的批判性思维能力的提高和通识技能的获得，研究者使用结构方程模型对收集到的数据进行深入分析。结果表明，控制了学生背景和入学前的学业能力，只有低年级课程的教学质量对学生自我感受到的批判性思维能力的提高和通识技能的获得有显著影响（Li，et al.，1999）。为了表明学生自我报告的学业成果的信效度，鲍曼使用针对批判性思维、理解自我和他人等的标准化测试结果做相关分析和回归分析，虽然相关结果表明自我报告的学业成果和标准化的测试结果的相关程度很低，但是回归结果则表明标准化测试结果可以显著预测学生自我报告的批判思维能力、理解他人和自我能力的提高（Bowman，2010）。另外，安纳亚的研究指出通过比较分析学生自我报告的学业成果、标准化测验分数（GRE分数）和大学期间的平均成绩点说明三者可以相互代替用来说明大学对学生学习与发展的影响（Anaya，1999）。

如果说在院校/专业层面实施学业成果评价是因为意识到了明确"学生到底在大学期间学到了什么？"对院校教育质量和专业培养质量的重要性，那么明确"在学生成长的关键时期应该养成哪些极为核心的素质以及如何养成"（Bok，2008）不仅有助于提高院校教育质量和专业培养质量，而且对学生在就学期间以及未来的发展都具有重要意义。

三、小结

综上，无论是在宏观的系统层次上，还是在微观的课程中，教育目标和学业成果都是课程学习评价的前提条件。课程学习评价的结果也可以反过来为进一步明确和改进院校／专业／课程的教育目标和学业成果的界定提供指导，并揭示目标和结果二者之间的差距。如前所述，在不同层面上的课程学习评价也有不同的评价方式。目前关于学业成果评价的研究，可以从以下四个方面概括总结：（1）以一种论述的方式来说明不同层面学业成果评价的重要性和必要性。（2）基于大规模的院校调查分析目前高校中实施学业成果评价的情况及其影响如何。这类研究中比较一致的结果就是在高等教育外部系统的呼吁和压力之下，西方发达国家以及日本、韩国等亚洲国家的大部分高等教育机构都制定了相关政策促进学生学业成果评价的实施（Kushimoto，2010）。但是使用学生学业成果评价的信息做出决策的院校还比较少（Kuh，et al.，2009；Peterson，et al.，2001）。（3）基于学生层面的大规模标准化考试和大规模调查，描述在大学的不同阶段，学生的学业成果分别是什么、侧重点为何等。同时结合背景性因素、学生学习的过程性因素分析影响学生学业成果获得的因素有哪些，从而在专业和院校层面做出改进。（4）通过课程层面的个性化档案袋调查、访谈、真实性评价、考试等分析个体学生学业成果的获得情况。总体而言，目前的学生学业成果评价既聚焦于使用学生群体数据来分析院校／专业等对学生学习与发展产生的影响，又有在微观课程教学层面上针对具体的评价方式分析其对学生学业成果的影响。不过对于后者而言，大量研究指出课程学习评价是通过影响学生的学习过程间接影响学生的学业成果。

第二节　课程学习评价与学生学习

当今的本科生前所未有地将自己的学习努力置于课程评价的基础之上，他们分配学习时间和学习重点都是基于对评价的理解——评价的内容可能是什么，学什么内容可以拿到高分。所以课程学习评价影响学生的学习态度、学习策略、学习方法并引导学生学习行为的方方面面。在许多课程中，评价对学习的影响要远远大于教学对学习的影响（Gibbs，1999）。不管我们怎样去理解，"评价"已经成为学生谋生的"必备币种"（Bryan, et al., 2006）。布朗和奈特指出，评价是学生学习体验中的核心内容；评价告诉学生学习什么内容是重要的，应该如何安排自己的学习时间等问题；评价让学生选择不同的学习策略投入到学习中……如果想改变学生的学习策略，激发学生学习投入的积极性，那么就必须改变评价学生学习与发展的方法（Brown & Knight，1994）。

一、学习策略与学习投入

分析自20世纪70年代以来的关于学习策略的研究和90年代中期兴起的关于学习投入的研究，可以觉察到这样一个微妙但却清晰的界线：针对学习策略的研究大都是从认知心理学的视角出发，服务于教育教学实践的；而"学习投入"这一概念本身的提出就是源自教育教学和学生学习的实践，可以称作是教育学的视角。

"学习策略"关注的是学生能否学会在学习中掌控以及如何掌控自己的认知过程（Mayer，1988）[①]。研究者早在1986年就指出，可以通过两个视

---

① 在研究"学生学习"的文献中有许多概念是和"学习策略"交叉的，比如学习（转下页）

角来研究学习策略的内在机制,一种是直接指向信息的陈述、阐释和组织的研究视角,一种是为学习提供情感和元认知支持的研究视角(Weinstein,et al.,1986)。帕斯克根据文献提出了两种学生为了理解而采用的学习策略:整体性学习策略(holist strategy)和序列性学习策略(serialist strategy)(Pask,1988)。比格斯根据学生的个性特征和实际的学习情境,提出了三类学习策略:深度(deep)策略、表层(surface)策略和成就(achieving)策略。其中深度和表层策略描述的是学生完成实际任务的方式,而成就策略描述的则是学生为了顺利完成任务对实施任务情境的组织方式;这三种策略分别对应的是内部动机、外部动机和成就动机;而且成就策略可以和深度策略、表层策略整合而成为深度-成就学习策略和表层-成就策略(Biggs,1979;1987)。盖斯勒等研究者整合学习理论和人格发展理论,辨析了五种学习策略:深度学习策略、理解性学习策略、工具性学习策略、机械性学习策略、死记硬背学习策略(Geisler-Brenstein,et al.,1996)。恩特威斯尔基于帕斯克和比格斯等研究者的研究,从学习模式①这个角度分析了深度学习(目的是理解)、策略性学习(目的是达成个人目标)、表层学习(目的是应付课程要求)。其中的策略性学习既可能是深度学习,也可能是表层学习(Entwistle,2000)。

(接上页)风格、学习模式。大多数研究并未对这些相关的概念做出严格的区分。比格斯对这些概念所做的区分不仅为后续研究所认可,更为本研究提供了一个理论支撑。即:学习风格和学习策略反映学生学习的不同侧面,前者是反映学习者的个性特征,表现出相对稳定的学习方式,后者是指学习者针对特定学习任务而采取的学习方式;前者关注的是不同的个体,后者关注的是具体的学习任务。稳定的学习风格与变动的学习策略之间的交互就形成了不同个体在针对具体的学习任务时体现出来的学习模式。因此,学习模式是受到元学习(meta-learning)调节的,是学习者在学习过程中表现出来的稳定个性特征与学生在理解、完成特定学习任务中的学习策略相互作用形成的。详细参见(Biggs,1979;1987;1988)。

① 这里的学习模式(learning approach)不同于具体使用的学习方法(learning method),前者是整合学生的人格特征、学习态度、学习取向和学习策略等提出的一个综合性概念;后者则只是学生在具体的学习过程中使用的方法。

如果说上述关于"学习策略"的分析是从类型学的、直接指向学生在学习过程中如何陈述、阐释和组织信息的角度去探讨的，那么对学生使用的"学习策略"的评价和考查则更多是从学生的认知、动机、情感和元认知等视角进行。温斯坦等设计的学习策略量表（LASSI）就不仅包括了认知过程，还包括动机、元认知等共计十个子量表。该量表自问世以来就得到广泛的应用，并于2002年结合新的研究和实践进行了修订；修订后的量表将原有的关于学习策略的十个子量表合并为三个因子，分别是技能（包括思维过程、应试准备、整合新信息等）、意志（测量学生对学业所持的态度、意愿、动机等）和自我规范（是学生时间管理、注意力、学习求助的函数）（Weinstein, et al., 2002）。但是相关的实证研究证明这三个因子并不能很好地测查学习策略的内涵，验证性因素分析表明努力（包括时间管理、动机、专注等）、目标定位（包括态度、应试策略、兴趣等）和认知（包括信息选择、信息处理、寻求帮助和自我评价）这三个因子可以更好地表征学习策略（Olaussen, et al., 1998；Olejnik, et al., 1992；Prevatt, et al., 2006）。

结合温斯坦等人的研究，平特里奇等研究者又基于动机和学习策略的认知观以及将学生作为积极主动的信息处理者的信念，研发了学习动机和策略量表（MSLQ），其中的学习动机包括期待、价值、情感；学习策略包括认知（陈述、阐释、组织和批判性思维）、元认知（计划、监控和调节）和资源管理（时间和环境管理、努力程度、同伴学习和寻求帮助）（Pintrich, et al., 1991；1993）。该量表目前被广泛应用于分析课程学习评价是如何影响学生的学习策略选择和学习目标定位（Birenbaum, 1997；Loyens, et al., 2008）。本书研究中学习策略概念的操作化就是基于平特里奇等研发的学习动机和策略量表。

"学习投入"是从教育社会学视角研究辍学现象和从教育学视角研究大学影响力这两个主题中演化出来（Astin, 1984, 1991；Pascarella, 1985；Tinto, 1993），并逐步成为当今高等教育研究和实践领域的一个重要术语。无论是研究者还是实践者都致力于提高学生学习投入的水平和促进学生学习投入的积极性。因为大量研究证明学习投入有助于学生的学业成功和个体成长。学习投入的前提假设是"大学期间学生学了什么取决于他们做了什么"（Pike, et al., 2005）。

已有文献对于学习投入的研究可以从以下几个方面来分析：第一，学习投入的要素研究：芬恩提出学生的行为投入和情感投入是影响学生辍学与否的重要因素（Finn, 1989）；卢姆伯格等研究者基于汀托辍学模型中的学术整合和社交整合指标，提出了学术投入（强调态度和能力方面的投入）和社交投入（强调规则遵守和积极参与等行为方面的投入）两种投入要素（Rumberger, et al., 1998）。而其他大量研究指出，学习投入应该包括行为（强调参与）、情感（强调归属感）和认知（强调思维）三个要素（Fredricks, et al., 2004; Furlong, et al., 2003; Yazzie-Mintz, 2007）。其中雅兹-明茨将认知、智力和学术投入概括为带有认知特征的投入类型，将社交、行为和参与投入概括为带有行为特征的投入类型（Yazzie-Mintz, 2007）。另外，还有部分研究从学术、行为、心理和认知四个要素对学习投入进行分析；学术和行为投入更多强调外部的、可观察到的指标，心理和认知投入则强调那些内部的、不容易观察到的指标（Appleton, et al., 2006; Christenson, et al., 2002）。综上，不管是对学习投入的二要素、三要素还是四要素分析，学习投入都可以从可观察的和不可观察的行为和思维过程进行分析，但总体而言，在目前的学习投入研究中，可观察到的、外在的行为方面的学习投入研究是其核心。另外，还有研究者从学生和院校两个角度研究学习投入，指出学习投入应该包括两方面的内容：（1）学生为自己的学习负责，在课堂内外学业上的积极投入；（2）院校为学生学习提供良好的就学环境和各种有效的教育实践，促进学生的积极投入（Lee, 2008）。因此，学习投入既可以是手段（means）也可以是目的（ends），即可以将第一种意义上的学习投入作为学生学习和教师教学的手段，将第二种意义上的学习投入作为院校资源投入和环境设计的目的（Korkmaz, 2007）。本书关注的是第一种意义上的学习行为投入，即学生积极主动地参与各种学术活动，以及学生在课堂内外用于课程学习的时间和努力（Kuh，2001）。

第二，影响学习投入的因素研究和学习投入的影响研究：对"影响学习投入的因素"研究，基本上是从学生个体的先赋因素、个体特质、同伴关系、教师教学、课程设置、评价实践、学习活动、生师关系、院校支持等去分析（Appleton, et al., 2006, 2008; Greene, et al., 2004; Hu, et al., 2002; Klem, et al., 2004; Kuh, 2001; Pike, et al., 2003; Zhao, et al., 2004）。这些因素既可以对学习投入产生积极的影响，也可以产生消极的影响。"学习投入影响"的研究聚焦于两个层面，在学生个体层面对学生的学业成果和个体的成长与发展的影响（Appleton, et al., 2006, 2008; Gordon, et al., 2008; Greene, et al., 2004; Kuh, et al., 2008; Pike, et al., 2003; Zhao, et al., 2004）；在院校学生群体层面对整体保持率、辍学率、毕业率和学生就学满意度等的影响（Chatman, 2007; Kuh, et al., 2008; Reason, 2009; Reason, et al., 2006; Tinto, 1993）。

至于学习策略和学习投入的关系，有研究从自我系统发展过程（self-system process）[①]的视角指出，反映自我系统发展过程中的自我心理需求的学习态度和学习策略，影响反映行动的学习投入，并进而影响学业成果；学习投入是影响学生学业成果与学习策略和学习情境之间的中介变量（Appleton, et al., 2008; Klem, et al., 2004; Skinner, et al., 1990）。尽管如此，总体上关于学习策略和学习投入关系的研究还比较少。

二、课程学习评价与学习策略和学习投入的关系

正如本节一开始所言的，对当今本科生影响最大的不是具体的教学内容而是评价环节。课程学习评价影响学生学习的方方面面。已有大量研究表

[①] 自我系统发展过程（self-system process）是由康奈尔提出的一个用以评估个体的心理需求与特定活动之间辩证关系的过程（Connell, 1990），并被斯金纳等研究者扩展为"情境—自我—行动—结果"的自我系统发展过程的分析框架。详细参见图3-3。

明，作为教育情境之一的课程学习评价影响学生学习策略的选择和使用，从而影响学生的学习投入和最终的学业成果。实证研究表明，课程学习评价既可以对学生学习产生积极正面的影响，也可以产生消极负面的影响。如果考试内容不能摆脱死记硬背和方法单一的话，即使可以成功应对考试，学生也不可能有更为深入的理解和学习，错误的理解也不可能得到纠正。早在1971年，辛德就通过研究表明，由教授们制定的、旨在强调独立思考和分析技能的正式课程（formal curriculum）和学生通过教师教学和评价实践等感受和理解到的隐性课程（hidden curriculum）之间存在断裂。而学生认识和理解隐性课程的重要媒介之一就是教师使用的评价方式（Snyder，1973）。以下笔者将从课程学习评价与学习策略和学习投入的关系入手，对相关文献进行分析：

第一，课程学习评价与学习策略之间的关系。文献中课程学习评价对学习策略的影响研究可以从以下两个视角去概述：(1)不同评价方式的实施对学生学习策略选择的影响。近些年在高等教育中涌现并实施了许多新的评价方式，比如：自我评价、同伴评价、合作评价、档案袋评价、行为评价、电脑模拟评价、全面评价等。这些评价方式被总称为新型评价方式（alternative assessment）[1]，有别于传统评价方式，比如多项选择测验、问答题测验、实验报告等传统的标准化纸笔测试（Birenbaum，1996；Dochy，et al.，1999；Struyven，et al.，2003）。大部分学生认为传统评价方式对其学习过程会产生一种不良影响。新型评价方式则可以促使学生采用能够达到理解的学习策略，而不仅仅是使用记忆或者罗列所学材料的学习策略；许多学生都认为新型评价方式让他们意识到获得学业成功取决于不断的努力，而非临阵磨枪或好运气（Struyven，et al.，2003；2005）。其中，自我评价可以让学生学会正确评价自己的学习能力，采纳深度学习策略，反思自我学习过程（Boud，

---

[1] 新型评价方式体现出的是评价文化所具有的系列特征：教—学—评一体化；作为积极主动的学生个体必须参与到整个评价过程中；评价任务是真实的、有意义的，可以反映现实的情境；评价不仅关注类似考试分数这样的成果，更为重要的是强调能够体现能力的过程和成果。

et al.，1989；Tan，2008）。同伴评价让学生在学会有效评价他人学业成果的基础上，反思自我学习过程；根据不同的学习任务使用不同的学习策略，正确区分高质量和低质量的学业成果（McLaughlin，et al.，2011；Topping，1998；Gennip，et al.，2009；Vu，et al.，2007）。而具有历时性、情境性和合作性等特征的档案袋评价可以鼓励学生充分利用一切学习资源采用深度学习策略，促使学生进行自我的历时比较，从而增强学习自信心（Baeten，et al.，2008；Klenowski，et al.，2006）。尽管如此，仍然有部分学生认为新型评价方式太浪费时间，也没有足够的动力去采纳相应的学习策略去应对（Struyven，et al.，2003），而且关于新型评价的信效度还有待于深入的研究。

  针对传统评价中的具体方式对学生学习策略的选择和使用的研究表明，多项选择测验的内容只是针对认知结构的最底层——知识的记忆；在这种情境下，学生更喜欢采纳表层学习模式，而且数据分析结果进一步表明那些采纳深度学习模式的学生在多项选择测验模式中通常表现较差；反之，论述性测验侧重于高层次的认知过程；当准备论述性测验时，学生很可能采纳深度学习模式；相比较而言，那些习惯采纳表层学习模式的学生在论述性测验中表现较差（Scouller，1998）。比伦鲍姆等的研究表明，有着良好学习习惯和学习技能的学生更喜欢论述性测验，男性比女性更喜欢多项选择测验（Birenbaum，et al.，1998）。

  （2）对不同评价方式的感受（perception）与学习策略的选择。这里的感受包括学生对评价的看法（你怎么看待考试？）、态度（你认为使用这种评价方式是否太难了？）、偏好（你喜欢多项选择测验还是论述性测验？）。学生对评价的看法和态度对其采用何种学习策略有显著影响，通常如果认为评价要求过于复杂，或者对评价持一种无所谓或者消极的态度的时候，学生就采用表层学习模式或者只是为了获得高分的策略性学习模式（Struyven，et al.，2003；2005）。在传统评价方式中，喜欢论述性测验的学生更喜欢深度学习策略，同时也比喜欢多项选择测验的学生在论述性测验中的表现更好；虽然喜欢多项选择测验的学生在那些考查低层次认知，且不需要使用深度学习策略的测验中可以表现很好，但是如果多项选择测验是考查学生的高阶认知技能，则不利于喜欢多项选择测验的学生（Scouller，1998）。比伦鲍姆使用学习动机和策略量表和评价偏好量表（API）收集数据，分析了学生对六种评价方式（高阶认知评价、非传统评价、整合性评价、学生参与的评价、口试、教师指导性的考试准备）的偏好是如何影响学生的学习动机、价值期待和学习策略的，结果表明，对高阶认知评价的偏好和内部学习动机以及认知策略中的阐释、批判性思维和元认知呈正相关；非传统评价与资源管理策略中的寻求帮助呈正相关；整合性评价与资源管理策略中的寻求帮助和时间与学习环境管理呈正相关；学生参与的评价与外部动机和认知策略中的叙述、组织以及资源管理策略中的寻求帮助呈正相关；教师指导性的考试准备和口试与外部动机呈正相关（Birenbaum，1997）。另外，研究中比较一致的发现是，学生基本上认可评价作为一种外部刺激和监督的积极作用；尽管学生们认为新型评价方式有助于深度学习，但是大多数学生还是喜欢传统的课程学习评价方式，最不喜欢高阶认知评价方式；在创新教学环境中使用新型评价方式之后，不一定能够促使学生在学习过程中采用深度学习策略（Baeten，et al.，2008；Gijbels，et al.，2006，2008；Watering，et al.，2008）。也就是说，无论何种类型的评价方式，学生都要在充分认识和理解了这种评价方式的目的、意义和具体的操作方法、标准之后，才会在实际的操作中对学生的学习产生积极的影响。

第二，课程学习评价与学习投入的关系。关于课程学习评价与学习投入关系的研究没有课程学习评价与学习策略关系的研究成熟和丰富。而且针对课程学习评价与学习投入关系的研究大多数还属于论述性质的。截至目前，高等教育领域中还没有针对二者关系的实证研究。关于课程学习评价与学习投入关系的论述性研究普遍认为，教育情境中的课程学习评价可以促进学生的学习投入，比如经常给予学生及时的反馈；变换或者改革评价方式促使学生在课堂内外合作学习；鼓励学生积极参与到自我和同伴评价当中，培养学生主动积极地投入到学习过程中的责任意识（Appleton，et al.，2008；

Barkley，2009；Trowler，2010）。非传统考试、口头报告、小组项目和同伴评价等多样的评价方法也可以对学生的学习投入产生积极作用（McDowell，1995）。而传统考试其实是一个与学生的学习行为联系不怎么紧密的指标，并不真正影响学生学习的质量。可见，课程学习评价与学生学习之间存在复杂关系。

在认识到课程学习评价对学习重要性的基础上，国外学者纷纷就课程学习评价的改进展开研究。这些研究主要有两类：一类以课程学习评价的方式和频率为研究对象，比如，凯迪依克等通过研究累积评价（cumulative assessment）与终结性课程评价（end-of-course assessment）这两种评价形式对学生自我学习时间和测试成绩的影响，发现累积评价可以鼓励学生在课程中分散学习活动，让他们有更多的机会去探究除考试外的其他内容（Kerdijk & Cohen-Schotanus，2015）。另一类是针对某一学科领域内的课程学习评价展开深度研究，比如医药学/保健、工程学、生物学、物理学等领域的课程学习评价研究最多。近年来，越来越多的研究者对在线网络课程的教学与考核、课程学习评价技术、考评模型的构建等展开了研究，其研究对象更为具体。例如，霍克莱纳特等通过对基于电脑的考试和纸质形式的考试进行对比分析，发现基于电脑的考试可以取得和纸质形式相同的考试分数（Hochlehnert，et al.，2011）。

三、小结

学习过程包括很多因素，其中学习策略和学习投入作为学习过程的核心要素被广泛研究。尽管这两个概念所表达的内容有很多交叉，比如二者都可以反映学习中认知、情感和行为层面的内容，但是从测量和评价二者的量表来看，各自的侧重点还是有所不同。"学习策略"更多是从认知层面去分析学习过程；"学习投入"则更多从行为层面去分析学习过程。

无论是学生的学习策略选择还是学习投入行为都会受到系列动态的、复杂的因素影响，这些影响可能是直接的、有意识的，也可能是间接的、无意识的。学术研究和实践经验都说明了高等教育领域中课程学习评价对学生学习的重要意义：评价环节比教学内容更容易塑造学生的就学体验，影响学生的学习行为投入；而"评价的影响"就是指通过改变评价要比改变其他更能够提高教和学的质量（Gibbs，et al.，2004）。

前述的文献分析表明：无论是传统还是新型评价方式都会对学生的学习策略选择和学习行为投入产生了或积极或消极的影响；学生个体对不同评价方式的感受也对其学习策略的选择产生了一定的影响。具体而言，在传统评价实践中，论述性测验比多项选择测验更容易让学生采用深度学习策略；但是学生喜欢多项选择测验胜于论述性测验，而喜欢多项选择测验的学生也更倾向于采纳一种表层学习模式；具有良好学习习惯和技能的学生则比较喜欢论述性测验，也较常采纳深度学习模式；女性学生比男性学生更喜欢论述性测验。相对于传统评价实践，学生认为新型评价实践更能促使他们采纳深度学习模式。因为新型评价实践的内容是真实的，有意义的；评价的要求和标准是合理的；鼓励学生积极参与并学以致用；评价结果不仅关注类似考试分数这样的成果，而且强调体现能力提高的过程和成果。另外，不同评价方式评价的侧重点也有所不同，因此在实施具体的评价实践时要根据教和学的具体情境考虑不同评价方式的特点、目的和标准，有的放矢。

第三节　影响学生学习过程和学业成果的模型

前述分析为本书中定量研究概念框架的构建提供了思路，本节将通过重点分析几个影响学生学习过程和学业成果的模型，以及课程学习评价方式影响学生学习的模型，为本书概念框架的思路提供理论支撑。诚如前文分析，学生学习本质上是一个个个体主动参与，院校提供支持和机会促使学生与环境互动的过程；课程学习评价作为院校提供支持和机会的情境之一，比其他因素更为深刻地影响着学生的学习过程和学业成果。

一、情境—自我—行动—结果的关系模型

基于康奈尔的个体自我系统发展过程理论（Connell，1990），斯金纳等研究者提出并阐释了"情境—自我—行动—结果的关系模型"（Skinner，et al.，1990）。康奈尔指出，人的自我系统发展过程就是个体在持续参与的情境中评价自我的三种需求——能力提高、个体自主和与人相处是否得到了满足。通过具体情境中的行动来不断满足个体自我的发展需求，继而产生新的发展需求，其内部的自我系统就得到了不断的完善和发展。因此，情境、自我和行动就是人生自我系统发展过程的主要因素。其中，情境是自我系统发展过程的基础，行动是自我系统发展的外在表现，为了满足三种需求的自我是连接情境与行动的纽带。通过情境、自我和行动的相互作用，个体的自我系统得到了发展和提高。在此基础上，斯金纳等研究者进一步细化了康奈尔的个体自我系统发展过程，将其应用到学校教育领域分析个体的自我系统（策略信念——我在学校中怎样才能表现得更好、能力信念——我能做什么、自控信念——我能否在学校中表现得很好呢），如何在学校环境中通过特定的行动模式（主动投入学习中还是被动投入学习中）产生实际的行动结果（分数、其他学业成果等）。最终，斯金纳等研究者形成了如图3-3所示的"情境—自我—行动—结果的关系模型"。

情境 → 自我 → 行动 → 结果

图3-3 情境—自我—行动—结果的关系模型（Skinner，et al.，1990）

二、自我系统模型在教育情境中的细化应用框架

尽管基于康奈尔的人生自我系统发展过程理论，斯金纳等研究者提出了在学校教育中的"情境—自我—行动—结果的关系模型"，但是该模型并没

有细化情境、自我、行动和结果，也未能深入揭示这些变量之间的复杂交互关系。比如自我系统如何调节情境与行动的关系，进而影响最后的结果。阿普尔顿等研究者在分析学生在校的学习投入时，将作为预测学业成果的几个重要指标放进自我系统框架里进行分析，提出了如图3-4所示的自我系统模型在教育情境中的应用框架（Appleton, et al., 2008）。该应用框架很好地诠释了情境、自我系统、行动模式和结果的内涵以及彼此之间的关系。其中，情境包括家庭、社区、学校和课堂等，这些不同的情境又都具有各自特定的结构、支持系统和参与条件；自我系统发展过程包括能力、自主与交往；行动模式包括对立的两种投入——主动投入和被动投入，且这两种投入都包括认知、情感和行为三个要素；相对应的结果包括学术、社交和情感的成果。另外，在诠释不同要素内涵的基础上，该应用框架也进一步解释了不同要素之间的关系，以及各要素如何与其他要素交互循环作用。

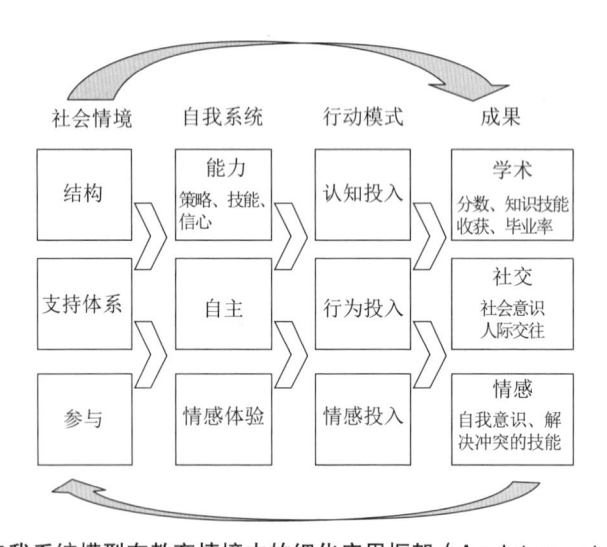

图 3-4　自我系统模型在教育情境中的细化应用框架（Appleton, et al., 2008）

三、高等教育情境中的学习模型

为了进一步理解高等教育中的教学和评价实践是如何影响学生学习的，

拉姆斯登在分析影响学习的情境因素时指出，学生是通过不断适应和满足现实教育情境中的种种要求来学习的。因此，只有理解了学生在具体情境中的学习和适应过程，才能真正理解学生的学习过程和学业成果（Ramsden，1988）。基于对学习理论和实践的研究，拉姆斯登提出了如图 3-5 所示的高等教育情境中的学习模型。

该模型中的教育情境因素包括影响学生采纳不同学习策略的三个相连的情境领域：教学（传授学习内容的情境）；评价（评价学了什么和如何学的情境）；课程（学习的内容和结构）。情境因素和学生已有体验的融汇是通过学生对评价、教学和课程的感知完成的。二者之间的这种经验性连接说明了学生所处的学习情境是如何直接或者间接影响学习的。个体已有体验与情境中因素的关系协调与否影响学生对学习任务的感受，这种感受又进一步影响学生为完成学习任务而采纳的学习模式和学习策略。

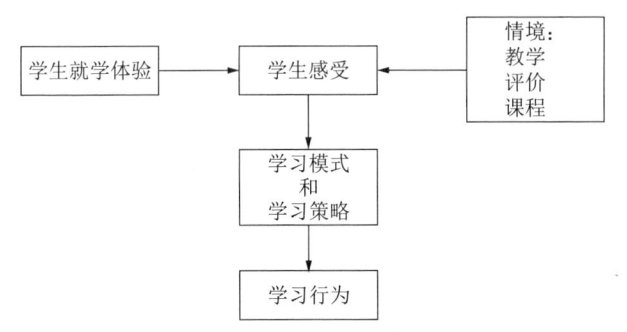

图 3-5　高等教育情境中的学习模型[①]（Ramsden，1988）

四、应对测验的学习策略采纳模型

应对测验的学习策略采纳模型（详见图 3-6）是布鲁克坎普等研究者基于大量关于学习策略和学习任务、考试、测验等的关系研究提出的，旨在进

---

① 拉姆斯登在原文中就指出"高等教育情境中的学习模型"也借鉴了高中教育阶段的实证研究，但主要是基于高等教育领域中的研究。

一步明确和理解影响学生选择学习策略的因素（Broekkamp，et al.，2007）。

研究者们强调的一个前提条件是了解学生在不同的任务要求中选择不同学习策略的能力。只有这样才能通过教学、评价和课程等来提高学生选择不同学习策略的能力。"应对测验的学习策略采纳模型"包括两大部分，即在准备测验时，影响学生学习策略采纳的外在因素和内在因素。外在因素包括直接影响学生测验准备的任务因素（包括学生感受到的任务要求、难易程度等）和间接影响学生测验准备的情境因素（包括教学、考试形式和要求等）；内在因素也包括两部分：学生对任务的理解（包括学习策略的选择、对任务

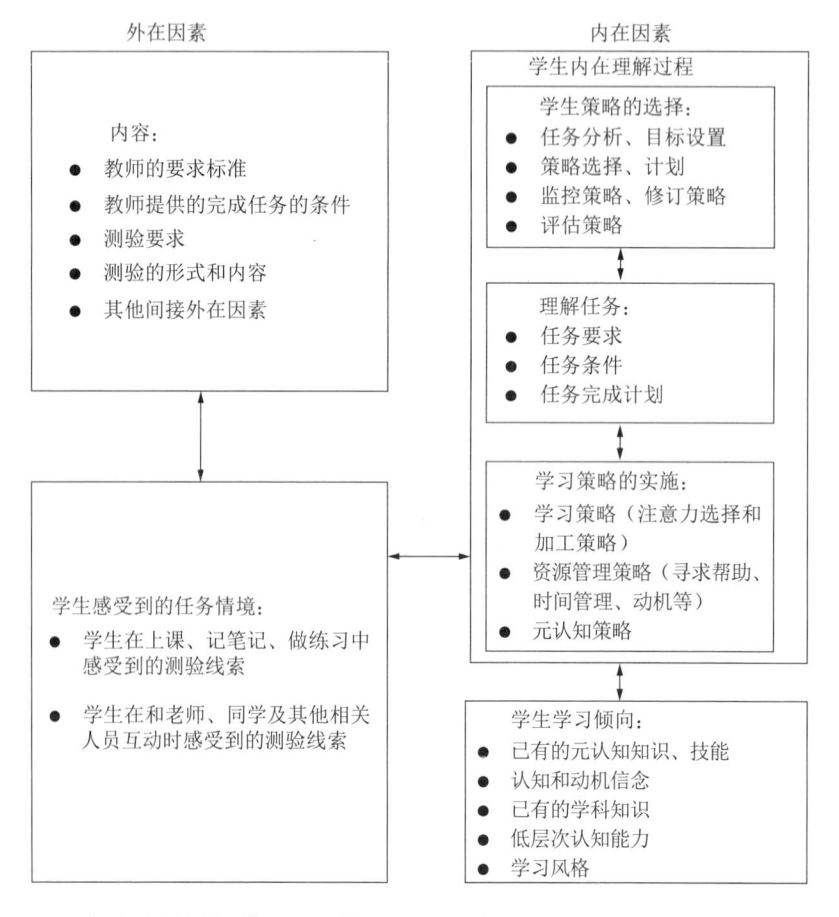

外在因素

内容：
- 教师的要求标准
- 教师提供的完成任务的条件
- 测验要求
- 测验的形式和内容
- 其他间接外在因素

学生感受到的任务情境：
- 学生在上课、记笔记、做练习中感受到的测验线索
- 学生在和老师、同学及其他相关人员互动时感受到的测验线索

内在因素

学生内在理解过程

学生策略的选择：
- 任务分析、目标设置
- 策略选择、计划
- 监控策略、修订策略
- 评估策略

理解任务：
- 任务要求
- 任务条件
- 任务完成计划

学习策略的实施：
- 学习策略（注意力选择和加工策略）
- 资源管理策略（寻求帮助、时间管理、动机等）
- 元认知策略

学生学习倾向：
- 已有的元认知知识、技能
- 认知和动机信念
- 已有的学科知识
- 低层次认知能力
- 学习风格

图 3-6 应对测验的学习策略采纳模型：影响要素分析（Broekkamp，et al.，2007）

的理解、实施选中的学习策略）和学生学习风格（包括已有的学习技能、体验、元认知知识和能力、动机等）。这四个因素相互作用，共同影响了学生在为测验做准备时的学习策略选择。其中，外在因素中的情境因素是通过任务因素间接影响学生学习策略的选择；内在因素中的学生学习风格与学生对任务的理解相互作用，并通过学生对任务的理解共同与外在因素中的任务因素决定学生在应对测验时采纳不同的学习策略。

综上，本章从以下三个方面进行了论述：(1)课程学习评价与教育目标和学业成果的关系；(2)课程学习评价与学习策略和学习投入的关系；(3)影响学生学习过程和学业成果的模型。其中任何一个主题的分析都为理解和明确该领域中的研究状况提供了视角，也为本书定量研究部分的设计和分析奠定了理论基础。

第一，关于"课程学习评价与教育目标和学业成果关系"的研究说明课程学习评价作用的彰显应该始于教育目标，落脚于学业成果。教育目标是从院校、专业、学科和教学的视角界定的人才培养方向和标准；学业成果是从学生的视角，以学生为中心说明受教育后的实际收获和进步。教育目标描述的是院校教育欲传授给学生的一种理想；学业成果则描述的是不同个性特征的学习者与具体教育情境互动的结果。已有研究中关于课程学习评价与教育目标关系的研究基本上还都是论述性的；与学业成果的关系研究也大都限于通过大规模的调查和标准化的考试等方式来收集学生学业成果的数据，以进行院校/专业教育质量改进和应对外界问责。课程学习评价与教育目标、学业成果的关系又都是通过分析不同评价情境与学生学习过程的关系来研究的。

第二，关于"课程学习评价与学习策略和学习投入关系"的研究说明，无论是实证研究还是论述性研究都表明：课程学习评价于当今本科教育和学生的重要性已经超过了教学内容，评价影响学生的学习策略并引导学生学习行为的方方面面。但是课程学习评价于学生学习的这种影响并不必然是一种正向积极的影响。课程学习评价于学习的积极影响依赖于个体和环境的系列特质。"学习策略和学习投入"作为表征个体在不同情境中学习的核心要素被广泛研究。尽管已有文献中对于学习策略和学习投入的界定有很多交叉，但是从其研究的缘起分析还是可以发现一个明显的区别：针对学习策略的研究大都是从认知心理学的视角出发，服务于教育教学和学生学习；而"学习投入"这一概念本身的提出就是源自教育教学和学生学习的实际行为，可以称作是教育学的视角。另外，在学习策略和学习投入语境下的课程学习评价特指在课程教学层面使用的具体方式和营造的评价情境。根据实施时间的早晚、评价的形式、内容等，将这个层次的评价分为传统评价方式和新型评价方式；总体而言，新型评价方式比传统评价方式更能够激发学生的内部学习动机，采纳深度学习策略。尽管如此，大多数学生还是喜欢传统评价方式，其中的原因有待于进一步深入研究。而且也并非所有的传统评价方式都不利于学生的学习。因此，要在具体教育情境中，针对特定的学生群体进行专门的研究分析。关于课程学习评价与学习投入的文献还大都是一种论述性质的，说明课程学习评价可以促进也可以消减学生的学习投入。因此，进一步的研究也是必需的。

第三，结合本书的研究主题和对已有研究的述评，笔者简评了四个"影响学生学习过程和学业成果的模型"，旨在为本书定量研究部分提供概念框架。"情境—自我—行动—结果的关系模型"说明了在院校教育中，个体自我如何在特定情境下思考和行动，并产生相应的结果；"情境—自我—行动—结果的关系模型在教育情境中的细化应用"进一步分析了在学校教育情境中，情境、自我、行动和结果的关系，证明了社会情境和自我系统过程对学生内部情感认知和投入的影响，以及基于此产生的特定成果；"课堂情境中的学习模型"梳理了评价如何影响学生的感受，进而影响学生学习模式和学习策略的选择；最后"应对测验的学习策略采纳模型"汇总了所有影响学生在准备测验时选择学习策略的因素，并阐明了这些不同因素之间的关系。

这三类主题研究均为本书中定量研究概念框架模型（详见图3-7）的构建提供了理论和实证研究的基础。概念框架可以帮助研究者明晰模型中变量之间的关系，提供比描述性统计和多元回归分析更多的解释（Pike，1991）。本模型将自我系统发展过程理论中的四个要素社会情境、自我系统过程、行动模式和结果分别对应课程学习评价情境、学习态度和学习策略、学习行为投入和学业成果。其中课程学习评价情境包括学生感受到的不同课程学习评价方式的激励程度、考试内容、课程论文/报告、上学期的成绩排名和教师反馈的频率等；学习态度包括学习动机和学习状态；学习策略包括认知策略和元认知策略；学习行为投入包括课上和课下的学习行为投入；学业成果包括认知、能力、自我认识的提高等。具体的解释详见第四章。

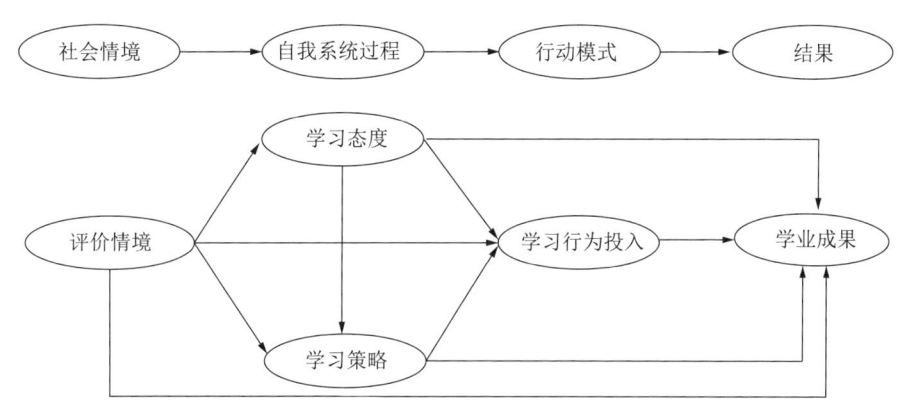

图 3-7　课程学习评价影响学生学习过程和学业成果的概念模型

第四章　我国本科教育中课程学习评价的影响机制模型

诚如前述研究所示：无论是在宏观的系统层面还是在微观的课程教学和学生学习层面，课程学习评价都具有重要的意义。中国高等教育自1999年扩招以来，截至2020年高等教育毛入学率已经达到了54.4%，在校大学生4183万人。因此，关于高等教育质量问题和人才培养问题的研究、讨论急剧增加。但是这些研究和讨论中真正涉及学生在大学期间到底学了什么，大学的课程、教学和评价等设置如何影响学生学习的还比较欠缺。因此，分析中国本科教育中课程层面的评价情境对学生学习过程和学业成果的影响，进而说明课程学习评价在中国高等教育情境中的意义是迫切和必需的。同时基于调查数据分析的评价情境和学生学习态度、学习策略以及学习投入的关系的研究，也可以为高校教师和教务部门等对学生学习实施更有效的评价，以激发学生学习动机，促进学生积极参与，提高学生学业成果的质量，进而为评估本科教育教学质量等提供实证依据。因此，本章首先在上一章的基础上阐释了本书定量研究部分的概念框架；其次，介绍了定量研究中使用的调查工具、数据收集方案；再次，描述了概念框架中各个潜变量的指标和具体题项的构成；最后，对定量研究中用到的数据分析方法进行了解释和说明，其中包括数据准备和具体分析方法。

第一节　模型解释和研究问题

基于前述对文献的述评和概念框架的构建，本小节提出课程学习评价影响机制的初始模型，详见图 4-1。本模型以自我系统发展过程理论（Appleton，et al.，2008；Connell，1990；Skinner，et al.，1990）、高等教育情境中的学习模型（Ramsden，1988）和学生应对测验的学习策略采纳模型（Broekkamp，et al.，2007）为理论基础。

一、模型解释

图 4-1 中包括五个外因观察变量（课程学习评价方式的激励程度、考试内容、课程论文/报告写作、教师反馈的频率和上学期的成绩排名），三个反映学习过程的中介潜变量（学习态度、学习策略和学习行为投入）和一个反映学习结果的内因潜变量（学业成果）。其中，三个反映学习过程的中介潜变量相对于五个外因观察变量是内因潜变量，但相对于最后一个内因潜变量而言又是外因潜变量。变量之间的关系是基于文献中课程学习评价如何影响学生学习过程和学业成果确定的。

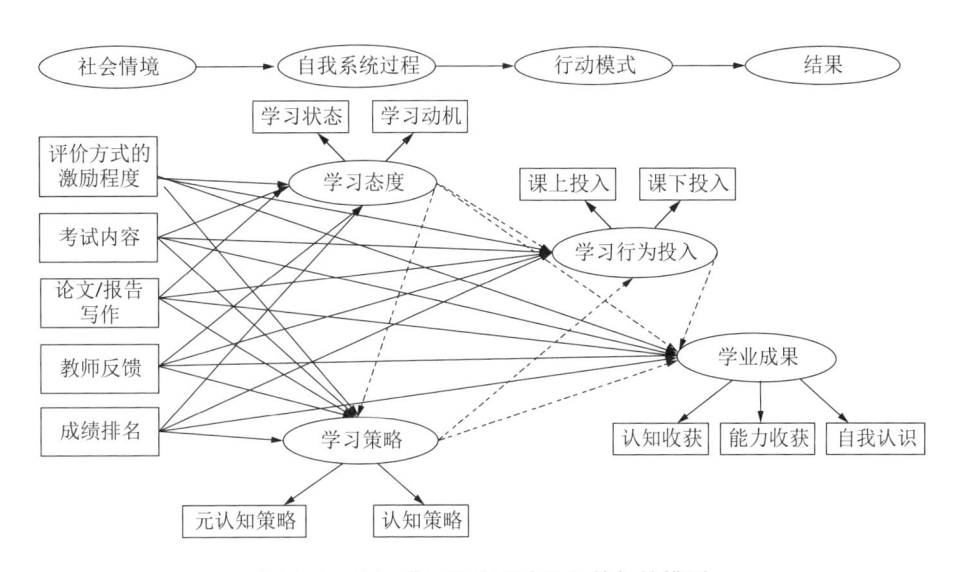

图 4-1　课程学习评价影响机制的初始模型

模型中外因观察变量（五种评价情境：课程学习评价方式的激励程度、

考试内容、课程论文/报告写作、教师反馈的频率和上学期的成绩排名）用来表示"自我系统发展过程理论"中的社会情境之一——院校情境。其中，评价方式的激励程度中的五种课程学习评价方式（考试、论文、实验报告、个人独立完成的课程作业和小组合作完成的课程作业）与目前国际上常用的《高等教育中课程学习评价偏好问卷》中描述的六个指标[①]中的两个指标——高阶认知任务评价和教师主导的评价——吻合（Birenbaum，1994）。教师反馈作为有效教学的实践之一（Chickering，et al.，1987），作为课程学习评价的重要功能之一（Hattie & Timperley，2007）和评价的结果之一（Astin，1991），对学生的学习有着极为重要的影响。已有文献详尽地分析了反馈的性质、类型、时效性、作用等与学生学习之间的关系，以及其与总结性评价之间的关系（Crooks，1988；Hattie & Timperley，2007；Huxham，2007）。其中教师反馈的时效性、频率和内容对本科生学习的影响较大。因此，定量研究中将上述教师反馈的三个方面整合为一个观察变量去分析其对学生学习的影响。另外，高中教育阶段的实证研究表明：学生已经取得的成绩/分数对学生的未来学习能够产生显著影响（Koretz，et al.，2001；Lee，et al.，2003）。尽管本科教育领域中关注较多的是如何对学生的学业表现进行打分，不同学科的打分模式是否有显著差异，学生的分数是否膨胀等问题（Hu，2005；Palfreyman，2010；Prather，1976），但有研究也明确指出，高等教育中学生已有成绩也会对学生未来的学习产生显著影响（Kuncel，et al.，2005）。模型中使用了学生自我汇报的上个学期的成绩排名[②]代替学生的

---

① 《高等教育中课程学习评价偏好问卷》中其他四种评价方式为非传统评价、整合性评价、学生参与的评价、口试。基于中国高等教育机构中学生评价的实际情况，这四种评价方式均未成为评价学生的主要方式，在调查工具的修订和本书研究的设计中就没有将其纳入其中。
② 因为在修订问卷的时候考虑到中国高等教育机构中有的使用 4.0 为满分，有的使用 100 为满分对学生的学业成绩进行计分，学生可以选择汇报前者或汇报后者。数据收集上来之后，发现学生汇报的数据很凌乱，无法进行数据整理和处理。再加之中国高等教育情境中成绩排名对本科生的普遍意义远远大于学业成绩本身，所以，本研究中使用成绩排名代替学生的学业成绩分析其对学生学习的影响。

学业成绩分析成绩排名对学生学习的影响。

反映学生学习过程的"学习态度、学习策略和学习行为投入"是概念模型中的三个中介潜变量。学习态度和学习策略反映自我发展过程理论中自我系统的内涵，学习行为投入反映自我发展过程理论中行动模式的内涵（Appleton，et al.，2008；Crooks，1988；Skinner，et al.，1990）。结合相关文献和收集的实际数据，使用学习动机和学习状态来测量学习态度，即学生在不同的评价情境下其学习动机如何，如何看待自己的学习、专业现状及其未来的学业期待。该变量的界定与平特里奇等研究者在学习动机和策略量表中对学习动机——期待、价值、情感的界定具有一定的内在关系（Pintrich，et al.，1991）。结合实际的调查数据，本书的学习策略借鉴了平特里奇等研究者在学习动机和策略量表中界定的两种学习策略——认知策略和元认知策略。认知策略是指学生在学习过程中表现出的认知模式特征和特定的思维倾向（Pintrich，et al.，1991）；模型中的认知策略主要包括记忆、分析、综合、判断和运用。元认知策略是对认知现象的知识和认知，包括制订学习计划、使用适当的学习技能和策略去解决问题、对学业表现做出正确的估计和反思（Coutinho，et al.，2008；Pintrich，et al.，1991）；模型中元认知策略主要从监控和调节两个方面界定。学习行为投入特指在具体的课程评价情境下，学生在课堂上和课堂下的学习行为投入。

最后，模型中的内因潜变量"学业成果"反映"自我系统发展过程"理论中的结果。结合前述文献分析和收集的数据将其内容确定为认知收获、能力收获和自我认识。

模型中的实线箭头表示五种课程学习评价情境对内隐的学习态度（学习动机和学习状态）和学习策略（认知策略和元认知策略）以及外显的学习行为投入（课上学习行为和课下学习行为）和最终的学业成果（认知收获、能力收获和自我认识）的直接效应；虚线箭头表示五种课程学习评价情境对学习过程和学业成果的间接效应。总体而言，课程学习评价可以直接影响学生的学习态度、学习策略、学习行为投入和最终的学业成果；并对学生的学习策略、学习行为投入和最终的学业成果产生间接效应。

二、研究问题

基于"课程学习评价影响、引导学生的学习"这一思想，以及概念框架中对变量之间关系的假设，提出定量研究的核心问题：

不同的课程学习评价情境与本科生学习的关系，即课程学习评价与本科生学习过程和学业成果的关系如何？这种关系是否因院校类型、学科类别和年级[①]有所差异？体现出什么样的共性和个性？

为了回答定量研究的研究问题，笔者共设计了四个子研究，分别对应本书的第五章至第八章：

研究一（第五章内容）：我国本科教育中课程学习评价与学生学习过程和学业成果的关系研究。具体包括：本科生对课程学习评价情境的认识分析；课程学习评价影响机制模型的适用性分析；课程学习评价与学习过程和学业成果的关系分析。

研究二（第六章内容）：不同类型院校中课程学习评价与学生学习过程和学业成果的关系研究。具体包括：不同类型院校中学生对评价情境认识的比较分析；课程学习评价影响机制模型在不同类型院校中的适用性分析；不同类型院校中课程学习评价与学生学习过程和学业成果关系的比较分析。

研究三（第七章内容）：不同学科中课程学习评价与学生学习过程和学业成果的关系研究。具体包括：不同学科学生对评价情境认识的比较分析；课程学习评价影响机制模型在不同学科中的适用性分析；不同学科课程学习评价与学生学习过程和学业成果关系的比较分析。

研究四（第八章内容）：不同年级中课程学习评价与学生学习过程和学业成果的关系研究。具体包括：不同年级学生对评价情境认识的比较分析；

---

① 之所以从院校类型、学科类别和年级视角分析学生评价与不同群体学生之间的关系，是因为院校最可能从这三个视角去实施有效改革。

课程学习评价影响机制模型在不同年级中的适用性分析；不同年级课程学习评价与学生学习过程和学业成果关系的比较分析。

三、测量指标

概念框架中各变量的测量指标全部来自"中国大学生学习与发展追踪研究"数据库。各变量的测量指标和具体题项详见附录一。

其中，评价情境包括五方面的内容[①]：（1）课程学习评价方式的激励程度，即问卷中的题项9a："本学年的课程评价方式在多大程度上能激发你更好地学习？考试、论文、实验报告、个人独立完成的课程作业、小组合作完成的课程作业。"每一选项有7种取值，1表示激励程度很小，7表示激励程度很大[②]。（2）考试内容，即问卷中的题项9b："本学年，考试的主要内容是：划定的范围/重点需背诵记忆；划定的范围/重点，但需理解和运用。不划定范围/重点需背诵记忆；不划定范围/重点，但需理解和运用。"选项为很经常、经常、有时和从未，赋值为1—4[③]。（3）论文/报告写作，即问卷中的题项7："本学年，你所写作的课程论文/报告是否：提出自己的观点或想法并进行论证；和老师/同学反复讨论；广泛搜集并查阅资料；深入引证文献和数据。"选项为非常同意、同意、有点同意和不同意，赋值为1—4。（4）教师反馈，即问卷中的题项3c："学习表现得到任课老师及时的反馈（口头/书面）。"选项为很经常、经常、有时和从未，赋值为1—4。（5）成绩排名，

---

① 在课题组修订2011年问卷——《中国大学生学习与发展追踪研究调查问卷2011》的时候，笔者就针对学生评价这一主题进行了大量的文献分析，并与课题组其他成员和该领域中的专家学者进行了讨论，最后确定了在目前高校的本科教育中最常用的五种评价情境。

② 所有题项的计分都使用如下两个公式：正向题的计分公式：$\frac{反应值-1}{反应值总数-1}\times 100$；反向题的计分公式：$\frac{反应值总数-反应值}{反应值总数-1}\times 100$。

③ 在结构方程模型中，"划定的范围/重点需背诵记忆"和"不划定范围/重点需背诵记忆"的计分方式与"划定的范围/重点，但需理解和运用"和"不划定范围/重点，但需理解和运用"的计分方式相反。

即问卷中的题项 23c:"与你同班级 / 专业的同学相比,你上学期的成绩属于:排名前 5%,前 5%—20%,前 20%—50%,50%—80%,排名后 20%。"赋值为 1—5。

学习过程中的学习态度包括学习状态和学习动机两个变量:学习状态的计分是基于表示学习状态、专业兴趣和学业期待在内的 7 个题项的总分;学习动机的计分包括学习动力的强度和来源在内的 7 个题项的总分。学习策略包括认知策略和元认知策略两个变量:认知策略的计分是"记忆、分析、综合、判断、运用和学习的努力程度"等 6 个题项的总分;元认知策略的计分是表示学习监控和调节的 6 个题项的总分。学习行为投入包括课上投入和课下投入两个变量:课上投入的计分是计算 7 个表示学生在课堂上的学习行为投入的题项的总分;课下投入的计分是计算 6 个表示学生在课堂下的学习行为投入的题项的总分。

学业成果包括认知收获、能力收获和自我认识 3 个变量。这 3 个变量的计分分别是通过计算 4 个表示学生认知收获、能力收获和自我认识题项的总分获得。

第二节 调查工具和数据收集

关于课程学习评价对学生学习的影响,国外的研究大都聚焦于某一院校或者某一学科中。但是研究者们也建议,对这一主题的研究可以使用多个院校和学科等大样本群体(Birenbaum,2007;Broekkamp, et al.,2007)。笔者参与的,在中国不同层次高等教育机构中实施调查的"中国大学生学习与发展追踪研究调查"项目,为本书定量研究提供了丰富的数据资源。另外,本书研究概念框架中不同变量之间的关系旨在说明课程学习评价是如何影响学生学习过程和学业成果的。

一、调查工具

研究中使用的调查工具为"中国大学生学习与发展追踪研究"项目组使用的《中国大学生学习与发展追踪研究调查问卷 2011》。该调查工具是 2008 年清华大学教育研究院与美国印第安纳大学教育学院合作引进的在全美高等教育领域覆盖面最广并享有较好国际声誉的调查工具——全美大学生学习投入调查（NSSE）。该工具是 2007 版 NSSE 的汉化版（罗燕等，2009）。自 2009 年在中国高校中实施调查以来，"中国大学生学习与发展追踪研究"项目组结合中国高等教育的实际情况对该工具进行了不断地修订和完善。修订后的工具不仅与 NSSE 工具保持着结构上的一致性，具有较好的信效度，而且增加了可以反映中国高等教育特色和学生特征的题项。本研究中使用的课程学习评价、学习态度、学习策略、学习行为投入和学业成果等变量就是结合原有题项和新增题项构建的。

二、数据收集

自 2008 年该项目启动之始，笔者就一直全面参与该项目的工具修订、实地调研、数据收集与清理、数据使用培训和专题研究等科研工作。在征得项目组的同意和授权之后，笔者使用该数据库开展本书的研究。2011 年中国大学生学习与发展追踪研究的数据采集使用了两阶段抽样设计法，为中国高等教育提供了一个全国有代表性的横截面数据库。

首先，在全国高等教育机构层面上采用分地区分层随机抽样的方式抽取 37 所院校实施调查。另外有 27 所院校自愿参与调查。在抽样院校中，共有 7 所 985 院校，11 所 211 院校，13 所本科院校、4 所大专和 2 所独立学院。其中有 2 所 985 院校和 1 所本科院校未能完成调查。因本书定量研究中只关注中国高等教育中本科层次的课程学习评价及其对学生学习的影响，故删除了 4 所大专和 2 所独立学院的数据。另外，为了更好地服务本科层次不同类型院校的研究需求，项目组又从自愿参与的院校中随机抽取了 3 所 985 院校、

1所211院校和4所本科院校，与原来的28所抽样院校，共同组成了本书定量研究中全国本科院校层次的数据库。笔者在整理数据的时候发现，东、中、西三个地区①中抽样的院校类型（985院校、211院校和本科院校）比例与总体的院校类型的比例不一样。因为本研究要对比分析不同类型院校的课程学习评价对学生学习的影响，所以，对数据库中不同类型院校的数据进行了加权。

其次，在院校内部的学生层面，采用年级随机抽样的方法在大一、大二、大三和大四年级中各抽取400名学生。其中大四的400名学生又被随机平均分配为两组。一组填答"中国大学生学习与发展追踪研究调查问卷2011"；另一组填答与该调查配套的"大学生就业情况追踪调查"（但在七所院校中，400名大四学生都填答了"中国大学生学习与发展追踪研究调查问卷2011"）。这样在36所院校中共计抽取学生51,800名作为样本。问卷的发放和回收工作由清华大学项目组和参与调查的院校合作完成②。在2011年的调查中，发放问卷52,700份③，回收问卷44,628份，回收率为84.68%。其中有效问卷为41,984份，有效率为94.08%。

---

① 本书中东、中、西三个地区是按照统计局网站上的划分标准划分的。其中东部地区包括北京、天津、河北、辽宁、上海、江苏、浙江、福建、山东、广东、广西、海南12个省、自治区、直辖市；中部地区包括山西、内蒙古、吉林、黑龙江、安徽、江西、河南、湖北、湖南9个省、自治区；西部地区包括重庆、四川、贵州、云南、西藏、陕西、甘肃、宁夏、青海、新疆10个省、自治区、直辖市。

② 自2009年该项目开展以来，清华大学课题组每年都要为实施调查的院校召开两次会议。第一次是项目启动暨数据收集会议，一般是在5月份左右，主要培训院校如何抽样、如何科学合理地发放和回收问卷等；第二次是项目进展暨数据分析会议，一般是在12月份左右，主要培训院校如何使用、分析数据，并在此基础上撰写院校报告，做主题研究等。第一次会议结束之后，清华大学课题组完成问卷的修订（每年的问卷都会基于前一年学生的填答情况以及高等教育理论等进行修订）、印刷、编号和邮寄工作之后，合作院校负责问卷的发放、回收，并将作答问卷返回至清华大学。

③ 为了防止问卷印刷质量影响院校发放问卷和确保学生填答的质量，在按样本数给院校邮寄问卷的同时，每个院校又多寄了25份，这使得发放问卷的数目和抽样数目不一样。

第三节 数据准备和分析方法

一、数据准备

数据准备包括六个步骤：编码、数据加权、学科分类、处理缺失值、新变量的计分、相关矩阵数据的构建。

第一，使用了两种类型的编码。第一种类型的编码是针对缺失值和奇异值，即将缺失值和奇异值统一编码为系统缺失[①]；第二种类型的编码是将类别变量（院校类型、学科、年级）等编码为 0 和 1 的虚拟变量。

第二，数据加权。为了让数据能够代表全国高等教育本科院校机构类型及其学生特点，笔者根据院校类型和地域分布使用了一个权重。该权重的计算步骤如下：分别统计出东、中、西三个地区中三类院校的总数和抽样数，计算出各地区中总体院校抽样比例。某地区某类型院校数据的权重为该地区总体院校抽样比例与该类型院校抽样比例的比值。赋予东部地区 985 院校数据的权重为 .219，211 院校数据的权重为 .402，普通本科院校数据的权重为 1.789；赋予中部地区 985 院校数据的权重为 .398，211 院校数据的权重为 .169，普通本科院校数据的权重为 1.959；赋予西部地区 985 院校数据的权重为 .122，211 院校数据的权重为 .279，普通本科院校数据的权重为 2.598。表 4-1 为 2011 年中国大学生学习与发展追踪研究加权之前和加权之后的样本特征描述。研究中所有的数据分析都是基于加权之后的数据进行的。

[①] 数据录入之后的数据清理和质量核查就已经根据测谎题和个案缺省值的数量删除了部分个案；另外，将缺省值统一赋值为 99，将填答的异常值（极大值和极小值）统一赋值为 98。

表 4-1 2011 年中国大学生学习与发展追踪研究加权前后的样本特征描述

	未加权		加权后	
	频数	百分比	频数	百分比
院校类型				
985 工程	9808	23.4	2156	4.8
211 工程	12809	30.5	3659	8.1
地方本科	19367	46.1	39111	87.1
性别				
男	21770	51.8	22053	49.1
女	19547	46.6	22099	49.2
缺失	667	1.6	774	1.7
年级				
大一	13021	31	13445	29.9
大二	11741	28	12677	28.2
大三	11583	27.6	12705	28.3
大四	5636	13.4	6092	13.6
缺失	3	0	6	0
所修专业的学科门类				
文科	7136	17	9268	20.6
社科	9164	21.8	9516	21.2
理科	6956	16.6	7114	15.8
工科	17271	41.1	17349	38.6
缺失	1457	3.5	1678	3.8
总计	41984	100	44926	100

第三，学科分类。在《中国大学生学习与发展追踪研究调查问卷2011》中学生自我汇报的是自己所在的专业。项目组首先结合教育部颁布的《学位授予和人才培养学科目录》(教育部，2011) 以及各院校对不同专业授予学位的情况，将学生所填的专业归为九大类：文史哲、法学、教育学、管理学、经济学、农学、医学、理学、工学。在此基础上，笔者又整合比格兰和布拉克斯顿对学科分类的研究 (Biglan, 1973; Braxton, 1995)，从范式强弱和应用与否的角度，将九类学科又划分为四大类学科：文科——弱范式纯学科；社科——弱范式应用性学科；理科——强范式纯学科；工科——强范式应用性学科。研究指出，相比较强范式学科，弱范式学科中教师更为看重学生的个性发展、强调批判性思维技能的发展、常用以学生为中心的教学方式、重视课程学习评价对教和学的改进作用；弱范式学科的教师鼓励学生参与到教、学、评的过程中，强范式学科的教师在教、学、评中更强调权威性 (Braxton, 1995)。笔者将分析这四类学科的学生对评价情境的认识和理解的异同，以及评价情境是如何影响不同学科学生的学习过程和学业成果。

第四，缺失值的处理。首先使用SPSS18.0软件中"多重归因"程序中的缺失值模式分析了现有数据中缺失值的情况，结果显示，分析中用到的题项的缺失值均不到4%，故使用了均值替代法。

第五，新变量的计分。研究中使用到的学习动机、学习状态、认知策略、元认知策略、课上学习行为投入、课下学习行为投入、认知成果、能力成果和自我认识等变量采用将问卷中的题项加总计分的方法。

第六，相关矩阵数据的构建。如前所述，为了让数据更具全国代表性，研究的结论无偏并可以推广，笔者根据院校类型和地域分布进行了加权。但是使用AMOS18.0软件做验证性因素分析和结构方程模型时，只可以使用原始数据和矩阵数据，不能直接使用加权数据。因此，笔者首先在SPSS18.0软件中将验证性因素分析和结构方程模型中使用到的题项和变量（在加权数据的基础上）做了描述性统计和相关分析，将各变量的平均值和标准差，以及变量之间的相关系数进行重新整理，形成了一个相关矩阵的数据库。

二、分析方法

定量研究中使用到的分析方法有描述性统计、相关分析、方差分析、验证性因素分析、结构方程模型和多元线性回归。其中，描述性统计主要是描述变量的有效数据、均值、标准差，是否符合正态分布等。表4-2所示为概念模型中各变量的描述统计结果。

题项和变量之间的相关分析是为使用AMOS18.0软件进行验证性因素分析和结构方程模型分析构建一个如附录二所示的相关矩阵数据。共使用了20个相关矩阵数据，其中7个相关矩阵数据是基于全国加权数据生成的，2个相关矩阵数据是基于全国加权数据的加总处理生成的，其他相关矩阵是基于3种院校类型、4个学科和4个年级的加权数据生成的。因为数据的保密性，附录二中只包括了通过对全国加权数据加总处理生成的2个相关矩阵数据。即各潜变量的一阶验证性因素分析中9个观察变量的有效样本数据（N）、平均值（M）和标准差（STDDEV），以及9个观察变量之间的相关系数（CORR）；1个结构方程模型中14个变量各自的有效样本数据、平均值和标准差，以及14个测量指标之间的相关系数。

验证性因素分析属于因素分析中的一种，是结构方程模型的次模型（submodel），也是进行结构方程模型分析中的前置步骤。其与探索性因素分析的主要区别在于测量的理论架构在分析过程中所扮演的角色和检验时机不同。对探索性因素分析而言，测量变量的理论架构是因素分析的产物，因素结构是通过分析一组独立的测量指标或题目，以数学程序与研究者主观判断决定一个具有计量合理性与理论适切性的结构，并以该结构代表所测量的概念内容。因此，理论架构于探索性因素分析是一个事后（posterior）概念。相比之下，验证性因素分析的进行必须有特定的理论观点或概念架构作为基础，即研究者在研究之初就须对某种特定的结构关系提出假设，然后由数学程序确认该理论观点及所处的计量模型是否确实、适当。因此，理论架构对验证性因素分析而言是一种事前（priori）的概念，计量模型具有理论的先验性（邱皓政等，2009）。

表 4-2 课程学习评价影响机制初始模型中变量的描述统计结果

	N[①]	极小值	极大值	均值	标准差	偏度	峰度
激励程度	44926	0	500	273.62	98.64	-.32	.04
考试内容	44926	0	400	216.98	49.83	.07	.54
论文/报告写作	44926	0	400	188.27	82.84	.03	-.03
教师反馈	44926	0	100	35.92	25.93	.46	-.04
成绩排名	44926	0	100	55.54	27.57	-.22	-.61
学习动机	44926	0	700	422.23	104.65	-.16	.59
学习状态	44926	0	600	367.38	96.24	-.26	.13
认知策略	44926	0	500	273.35	92.12	-.08	.17
元认知策略	44926	0	600	321.01	101.39	.25	.21
课下投入	44926	0	700	347.94	109.49	.17	.03
课上投入	44926	0	700	337.17	103.67	.28	.78
认知成果	44926	0	400	232.73	73.92	-.02	-.07
能力成果	44926	0	400	219.49	78.86	.07	-.08
自我认识	44926	0	400	248.22	84.20	-.11	-.30

注：结构方程模型分析的基本前提假设之一是数据的正态分布。在正态分布下，偏度系数和峰度系数的绝对值应接近 0。如果变量的偏度系数绝对值大于 3、峰度系数绝对值大于 8，表示样本的变量分布不为正态（Kline，2010）。从数据的描述统计结果来看，本模型中所有变量的偏度和峰度系数的绝对值都没有大于 3 和 8，基本上接近 0，符合正态分布的要求。

---

① 由于结构方程模型假定每个样本的数据必须完整，因此首先对样本中各个变量的缺失值进行了处理，因为所有缺失值均不到 4%，故使用了均值替代法。

表 4-3　各因子的验证性因素分析结果摘要表

因子	测量指标	因子载荷	组合信度	因子	测量指标	因子载荷	组合信度
1. 课程学习评价方式的激励程度	A9AA	0.41	0.74	5. 学习状态	A20	0.42	
	A9AB	0.67			A21	0.39	
	A9AC	0.75			A22	0.2	
	A9AD	0.6		6. 认知策略	A2A	0.46	0.75
	A9AE	0.57			A2B	0.64	
2. 论文/报告写作	A7A	0.64	0.79		A2C	0.7	
	A7B	0.55			A2D	0.64	
	A7C	0.77			A2E	0.61	
	A7D	0.79		7. 元认知策略	A8B	0.65	0.79
3. 考试内容	A9BA	0.71	0.84		A8C	0.71	
	A9BB	0.67			A8D	0.66	
	A9BC	0.87			A8E	0.56	
	A9BD	0.78			A8F	0.63	
4. 学习动机	A10	0.54	0.71		A8G	0.53	
	A11A	0.41		8. 课上投入	A1A	0.65	0.73
	A11B	0.44			A1B	0.65	
	A11C	0.47			A1C	0.55	
	A11D	0.45			A1D	0.53	
	A11E	0.65			A1G	0.31	
	A11F	0.55			A1H	0.47	
5. 学习状态	A12A	0.72	0.67		A1I	0.54	
	A12B	0.65					
	A12C	0.61					

续表

因子	测量指标	因子载荷	组合信度	因子	测量指标	因子载荷	组合信度
9. 课下投入	A3D	0.61	0.72	10. 认知收获	A17J	0.51	0.77
	A3F	0.58		11. 能力收获	A17C	0.76	
	A3G	0.55			A17D	0.72	
	A3A	0.44			A17H	0.63	
	A1K	0.54			A17I	0.6	
	A1J	0.56		12. 自我认识	A17K	0.73	0.81
	A16A	0.33			A17L	0.82	
10. 认知收获	A17A	0.68	0.69		A17M	0.7	
	A17B	0.66			A17N	0.6	
	A17G	0.52					

注：以上系数均达 .001 的统计显著性。

本研究基于已有的关于学习过程与学业成果的研究，构建了测量课程学习评价方式的激励程度、考试内容、论文/报告写作、学习动机、学习状态、认知策略、元认知策略、课上投入、课下投入、认知收获、能力收获和自我认识等 12 个因子的一阶验证性多因素斜交模型，用于进行验证性因素分析。使用 AMOS18.0 软件分析了不同测量指标在各因子上的因子载荷[1]

---

[1] 塔巴奇尼卡（Tabachnick）等研究者提出当因子载荷大于/等于 .71，即该因素可以解释观察变量 50% 的变异量时，是非常理想的状况；当载荷大于/等于 .63，即该因素可以解释观察变量 40% 的变异量时，是非常好的状况；当载荷大于/等于 .55，即该因素可以解释观察变量 30% 的变异量时，是较好的状况；当载荷大于/等于 .45，即该因素可以解释观察变量 20% 的变异量时，是一般的状况；但若载荷小于/等于 .32，也就是说该因素解释观察变量不到 10% 的变异量，是非常不理想的状况。不过他们也指出社会科学研究者所编制的量表的因子载荷都不会太高，这可能是受限于测量本质的特性（例如态度策略的范围太广不易聚焦、构念过于模糊不易界定）、外在干扰与测量误差的影响等。因此，因子载荷大于/等于 .55 就可以宣称是良好，不必坚守大于/等于 .71 的原则。

(Tabachnick, Fidel & Osterlind, 2007；邱皓政等, 2009）及其组合信度[①]（Bagozzi, et al., 1988; Raines-Eudy, 2000; 邱皓政等, 2009），结果详见表4-3。其中有68%的测量指标的因子载荷大于/等于.55；只有3%的测量指标的因子载荷小于.32；且各因子的组合信度都高于.60。因此，无论是从个别题目来看，还是从题目组合的因子来看，其质量都比较好。

表4-4 各潜变量的验证性因素分析结果摘要表

潜变量	因子	因子载荷	组合信度
学习态度	学习动机	0.75	0.68
	学习状态	0.68	
学习投入	课下投入	0.85	0.79
	课上投入	0.76	
学习策略	认知策略	0.61	0.63
	元认知策略	0.74	
学业成果	认知成果	0.86	0.85
	能力成果	0.79	
	自我认识	0.75	

注：以上系数均达.001的统计显著性性。

在上述各因子的一阶验证性模型分析结果的基础上，将初阶因素的测量指标改以组合分数简化成结构方程模型中的观察变量，再通过一阶验证性多因素斜交模型分析各观察变量在各潜变量上的因子载荷，并计算其组合信度。这样可以简化结构方程模型分析的复杂程度（Bandalos, et al., 2001），

---

① 组合信度表示各因子/潜变量的内部一致性程度。巴戈齐与易建议组合信度达.60即可（Bagozzi & Yi, 1988）。雷恩斯-尤迪的研究指出，组合信度达.50时，测量工具在反映真分数时即可获得基本的稳定性（Raines-Eudy, 2000）。（信度系数为因素负荷量值的平方，也就是SMC，测量误差等于1-信度系数值。）

组合信度的计算公式为 $\rho_c = \dfrac{(\sum \lambda)^2}{[(\sum \lambda)^2 + (\sum \theta)]} = \dfrac{(\sum 标准化因素负荷量)^2}{[(\sum 标准化因素负荷量)^2 + (\sum 测量误差)]}$

结果详见表 4-4。其中所有观察变量的因子载荷都大于 .60，且潜变量的组合信度都高于 .60。因此，本书研究构建的潜变量质量很好，为后续的研究分析奠定了基础。

结构方程模型[①]（Structural Equation Modeling，SEM）是通过整合因素分析与路径分析两种统计方法检验模型中包含的测量变量与潜变量，以及潜变量与潜变量之间关系的一种统计方法。潜变量可以分别用一组测量变量的线性组合来表示。通过验证测量变量之间的协方差，可以估计潜变量之间的路径系数，从而在统计上检验所假设的模型对所研究的内容是否合适。如果证实所假设的模型合适，就可以确定潜变量之间关系的假设是合理的，进而获得自变量对因变量的直接影响、间接影响以及总影响。结构方程模型分析中的样本数据要符合多变量正态性（multivariate normality）假定，数据必须为正态分布数据，测量指标应该呈线性关系；测量方程的误差项的均值为 0；结构方程残差项的均值为 0；各测量指标的误差项与潜变量之间不相关；结构方程中的残差项与测量方程中的误差项之间不相关。结构方程模型的建立过程有四个主要步骤，即模型构建、模型拟合、模型评价以及模型修正。本书研究重在分析模型中不同评价情境与学生学习过程与学业成果的关系。图 4-1 所示的关系模型是基于已有的文献和理论研究构建的。关于模型拟合、模型评价和模型修正以及模型之间关系的进一步分析和阐释，详见后面章节的研究分析与结果。

最后，本书研究使用多元线性回归方法深入分析不同评价情境中的具体要素是如何影响学生的学习过程和学业成果的。

[①] 关于结构方程模型的详细介绍，参见邱皓政、林碧芳：《结构方程模型的原理与应用》，中国轻工业出版社 2009 年版；吴明隆：《结构方程模型——AMOS 的操作与运用》，重庆人民出版社 2009 年版。

第五章　基于全国数据分析课程学习评价与学生学习的关系

已有研究表明：学生的学习在很大程度上取决于评价，评价与学生学习之间有着千丝万缕的复杂联系。那么我国本科教育中现行的评价方法与本科生学习之间到底是一个什么样的关系呢？这一章首先使用全国加权数据描述了本科生对课程学习评价的理解情况。其次，使用结构方程模型分析了基于自我系统发展过程理论等构建的"课程学习评价影响机制模型"与数据的拟合情况，在此基础上分析了课程学习评价与学生学习过程和学业成果之间的关系。再次，将"课程学习评价影响机制模型"中的课程学习评价情境分解，使用多元线性回归方法分析了课程学习评价中的不同要素是如何影响学生的学习过程和学业成果的。最后，对我国本科教育情境中课程学习评价的特点及其与学生学习过程和学业成果之间的关系进行了总结。

第一节　学生对课程学习评价认识的描述统计结果

在研究课程学习评价与学生学习的关系之前应先了解学生是如何理解课程学习评价的。因此，本节首先使用描述统计分析本科生对课程学习评价的感知和理解。这样，一方面可以让我们清晰直观地了解学生如何看待评价这一教育实践，另一方面也为后续研究奠定基础。

表 5-1 所示为学生对不同课程学习评价感知和理解的描述统计结果；图 5-1 所示为学生感知和理解的不同课程学习评价情境的均值特征。从中可以

看出，在"课程学习评价方式的激励程度"中"考试和作业"对学生学习的激励程度均高于"论文和实验报告"对学生学习的激励程度。其中，38.4%的学生认为考试对学习的激励程度很大，17.3%的学生认为考试对学习的激励程度很小；34.2%的学生认为个人独立完成的作业对学习的激励程度很大，9.8%的学生认为其对学习的激励程度很小；29.3%的学生认为小组合作完成的作业对学习的激励程度很大，12.2%的学生认为小组合作完成的作业对学习的激励程度很小；15.6%的学生认为论文写作对学习的激励程度很大，24.2%的学生认为论文写作对学习的激励程度很小；15.3%的学生认为实验报告对学习的激励程度很大，22.1%的学生认为实验报告对学习的激励程度很小。

"考试内容"中"划范围/重点的考试内容"多于"不划范围/重点的考试内容"，"需理解运用的考试内容"多于"需背诵记忆的考试内容"。具体为，50.3%的学生认为划范围/重点需背诵记忆的考试内容比较常见，7.2%的学生认为基本上没有这类考试内容；69.2%的学生认为划范围/重点且需理解运用的考试内容比较常见，2.6%的学生认为基本上没有这类考试内容；26.9%的学生认为不划范围/重点需背诵记忆的考试内容比较常见，18.2%的学生认为基本上没有这类考试内容；42.2%的学生认为不划范围/重点且需理解运用的考试内容比较常见，10.6%的学生认为基本上没有这类考试内容。

"论文/报告写作"中"广泛搜集并查阅资料"的强调多于"提出观点或想法并论证、和老师/同学反复讨论、深入引证文献和数据"等要求。其中，"和老师/同学反复讨论"的均值最低，只有26.8%的学生在论文/报告写作中可以经常和老师/同学反复讨论，21.8%的学生从未和老师/同学反复讨论过。近一半的学生认为自己在论文/报告写作中只是偶尔和老师/同学反复讨论；只有四成的学生认为在论文/报告写作中必须"提出自己的观点并深入引证文献和数据来论证"。

表 5-1　学生感知和理解的不同课程学习评价情境的描述统计结果

变量名称		描述统计量			变量选项等级[①]（%）		
		N	均值	标准差	经常/很大	有时/中等	从未/很小
课程学习评价方式的激励程度	考试	44609	60.7	33.2	38.4	43.6	17.3
课程学习评价方式的激励程度	论文	44446	45.8	28.0	15.6	59.1	24.2
	实验报告	44298	46.8	27.5	15.3	61.2	22.1
	个人独立完成作业	44501	62.0	27.0	34.2	55.1	9.8
	小组合作完成作业	44540	58.4	27.4	29.3	57.6	12.2
考试内容	划范围/重点且背诵记忆	44484	52.8	27.7	50.3	41.5	7.2
	划范围/重点需理解运用	44491	60.4	23.2	69.3	27.3	2.6
	不划范围/重点且背诵记忆	44312	38.1	25.8	26.9	53.5	18.2
	不划范围/重点需理解运用	44405	47.5	27.2	42.2	46.0	10.6
论文/报告写作	提出观点并论证	44613	46.6	26.0	41.6	47.5	10.3
	和老师/同学反复讨论	44578	36.5	26.1	26.8	50.6	21.8
	搜集并查阅资料	44565	58.1	26.6	62.4	31.4	5.4
	引证文献和数据	44597	47.1	27.9	42.9	43.9	12.4
教师反馈		44789	35.9	26.0	25.0	52.7	22.0

注：表中所有变量赋值之后的极小值均为 0，极大值均为 100。

① "课程学习评价方式的激励程度"的三个等级选项与原题的 7 个等级选项的对应如下：1—2 等级合并为激励程度很小，3—5 等级合并为激励程度中等，6—7 等级合并为激励程度很大；将"四种考试内容、四个论文/报告写作要素"和"教师反馈"的"很经常、经常"选项合并为"经常"。

"学业表现得到教师及时的反馈"的均值是所有课程学习评价情境中最小的。只有25%的学生认为自己的学业表现可以经常得到教师及时的反馈；52.7%的学生认为自己的学业表现只是偶尔得到了教师及时的反馈；有22%的学生认为自己的学业表现从未得到过教师及时的反馈。结合前述在论文/报告写作中"和老师/同学反复讨论"的情况可以发现，师生共同参与互动的评价情境比较欠缺。

考试的激励程度	论文的激励程度	实验报告的激励程度	个人独立完成作业的激励程度	小组合作完成作业的激励程度	划范围且背诵记忆的考试内容	划范围需理解运用的考试内容	不划范围且背诵记忆的考试内容	不划范围需理解运用的考试内容	论文/报告写作中提出观点并论证	论文/报告写作中和老师/同学讨论	论文/报告写作中搜集并查阅资料	论文/报告写作中引证文献和数据	学业表现得到教师及时反馈
60.7	45.8	46.8	62	58.4	52.8	60.4	38.1	47.5	46.6	36.5	58.1	47.1	35.9

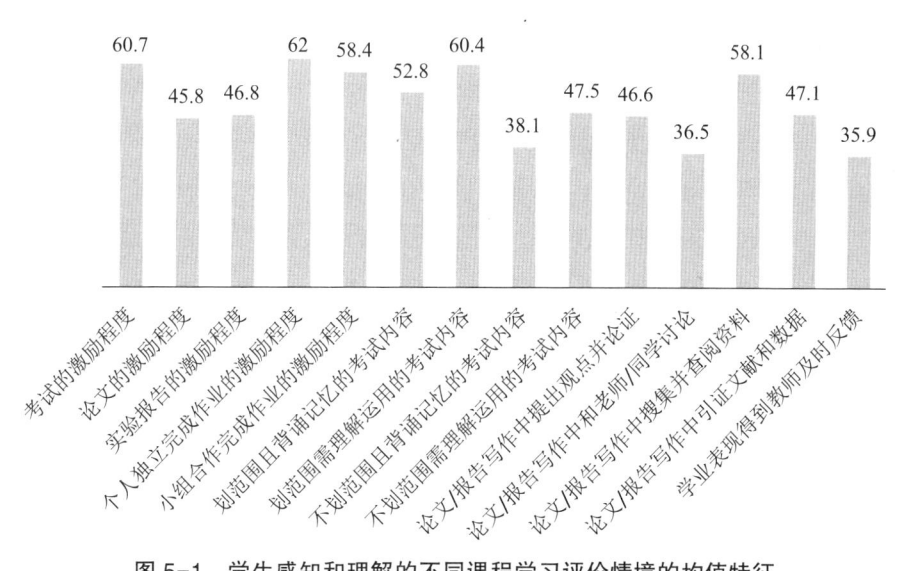

图 5-1 学生感知和理解的不同课程学习评价情境的均值特征

第二节 "课程学习评价影响机制模型"的检验与分析

上一节的研究表明，本科生对课程学习评价的认识和感知是不一样的。通过前述的文献分析，我们也知道学生理解和感知到的评价情境将影响学生的学习过程，并对最终的学业成果产生或积极或消极的效应。因此，本节将使用 AMOS18.0 来检验基于自我系统发展理论和实证文献构建的"课程学习评价影响机制模型"与 2011 年调查数据的适配情况，进而深入分析中国本科教育中课程学习评价与学习过程和学业成果之间的关系。这样，我们就可以更为清楚地了解课程学习评价对学生学习的影响，从而创设适当的评价情境以充分发挥评价引导和促进学生学习的作用。

首先，检验图 5-2 所示的初始模型中变量之间的路径假设是否成立。分析结果显示，模型中有五条路径假设的临界比小于 1.96，显著性概率值 p 大于 .05，也就是说路径所连接的两个变量之间不存在共变关系，故将其从原始模型中删除。这五条路径假设分别是"课程学习评价方式的激励程度、考试内容和成绩排名→学业成果；学习态度→学习行为投入；学习策略→学业成果"。在此基础上审核模型是否还存在其他违反估计的情况。经分析发现，模型中没有出现负的残差方差，同时标准化系数不存在超过或者接近 1 的值，也不存在过大的标准误。因此，可以根据相应指标来评价模型的拟合效果，并基于模型结果分析课程学习评价与学生学习过程和学业成果之间的关系。

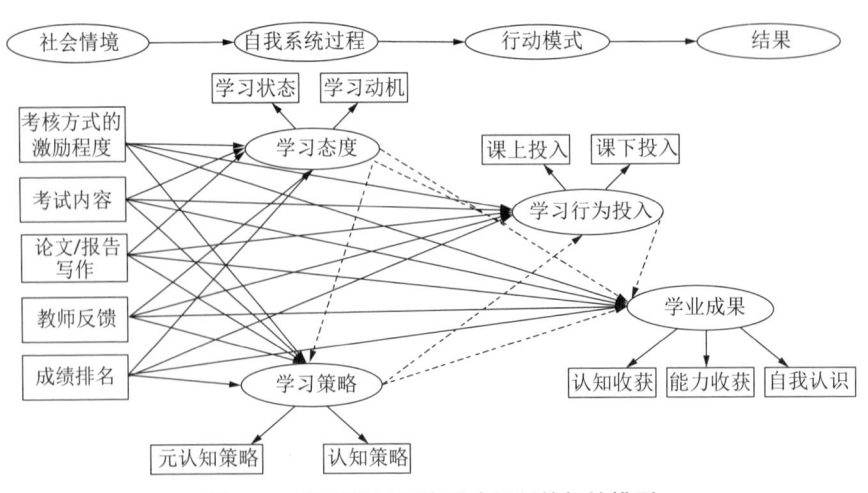

图 5-2 课程学习评价影响机制的初始模型

修正后的模型见图 5-3，所有路径系数均显著，说明该模型的所有路径关系都成立。该图显示了课程学习评价与学生学习过程和学业成果之间相互作用的关系，揭示了课程学习评价对学生学习过程和学业成果的影响机制。模型中评价方式的激励程度、考试内容和成绩排名与学生的学业成果之间不存在直接的共变关系；学习态度和学习行为投入，以及学习策略和学生的学业成果之间也不存在直接的共变关系；课程学习评价的不同情境不仅可以分别直接作用于学生的学习态度、学习策略、学习行为投入和学业成果，还可以通过学习态度对学生的学习策略、学习行为投入和学业成果产生间接的效应。最终该模型可以解释"学习态度"变异的 41.9%，解释"学习策略"变异的 86.1%，解释"学习行为投入"变异的 89.7%，解释"学业成果"变异的 55.5%。从这里可以看出，该模型对学习策略和学习行为投入的解释力要大于对学习态度和学业成果的解释力。

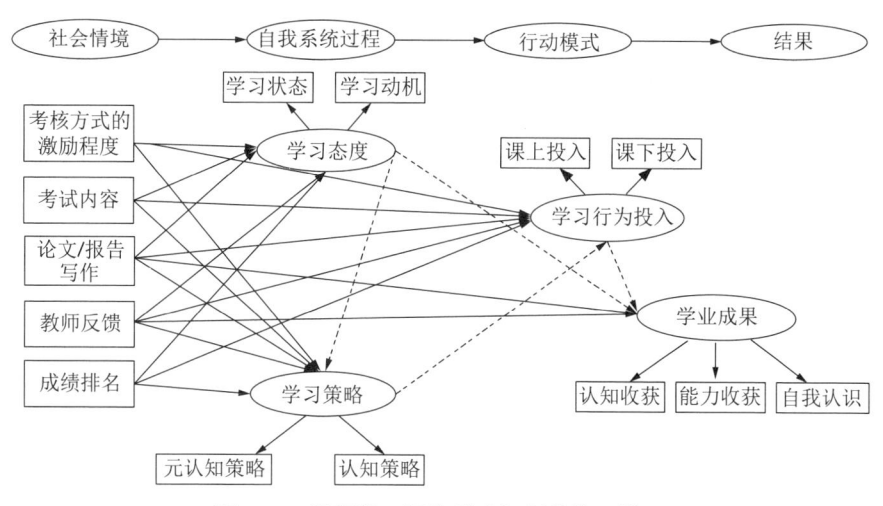

图 5-3 课程学习评价影响机制的修正模型

表 5-2 显示修正后的模型识别与拟合情况。其中，整体适配度的卡方值为 4304.86，显著性概率值 $p=.000<.05$，达到显著水平拒绝虚无假设，表示假设模型的协方差矩阵与观察数据之间的适配度情况不理想。但是已有研

究指出，卡方值受样本数量的影响很大，当样本数量较大时，卡方值往往变大，此时很容易拒绝原假设，卡方检验只适合样本量为 100 至 200 的情况（Rigdon，1995；吴明隆，2009）。本模型中使用的样本量为 44,926 人，所以应该从其他指标来判断模型的适配度情况。从绝对适配指标来看，GFI 和 AGFI 都大于 .90，RMSEA 小于 .05；从增值适配指标来看，NFI 和 CFI 均大于 .90；从简约适配指标来看，PNFI 大于 .05。据此可以判断，课程学习评价影响机制的修正模型与搜集到的数据的整体适配度情况良好，可以进行更为深入的分析。

表 5-2　课程学习评价影响机制修正模型的整体适配度摘要表

指标	χ^2 值	p	df	GFI	AGFI	RMSEA	NFI	CFI	PNFI
标准[①]	越小越好	>.05	≥0	>.90	>.90	<.05	>.90	>.90	>.50
模型	4304.86	0	50	.99	.97	.04	.98	.98	.54

表 5-3　课程学习评价影响机制修正模型中评价情境对各潜变量的效应

	变量	直接效应	间接效应	总效应
对学习态度的效应（SMC[②]=.419）	评价方式的激励程度	.18	—	.282
	考试内容	.078		.078
	论文/报告写作	.3		.3
	教师反馈	.194		.194
	成绩排名	.207		.207

[①] 结构方程模型中整体适配度的统计量介绍和标准详见吴明隆：《结构方程模型——AMOS 的操作与应用》，重庆人民出版社 2009 年版。

[②] SMC 是 Squared Multiple Correlation（多元相关系数的平方）的缩写，表示被解释变异量的多少。

续表

	变量	直接效应	间接效应	总效应
对学习策略的效应（SMC=.861）	评价方式的激励程度	.049	.118	.167
	考试内容	.022	.052	.074
	论文/报告写作	.366	.198	.564
	教师反馈	.138	.128	.266
	成绩排名	.068	.137	.205
	学习态度	.66	—	.66
对学习行为投入的效应（SMC=.897）	评价方式的激励程度	.023	.148	.171
	考试内容	−.021	.061	.04
	论文/报告写作	−.102	.498	.396
	教师反馈	.155	.235	.39
	成绩排名	.141	.181	.322
	学习态度	—	.582	.582
	学习策略	.882	—	.882
对学业成果的效应（SMC=.555）	评价方式的激励程度	—	.122	.122
	考试内容	—	.052	.052
	论文/报告写作	.124	.207	.331
	教师反馈	.019	.140	.159
	成绩排名	—	.145	.145
	学习态度	.634	.025	.659
	学习策略	—	.038	.038
	学习行为投入	.043	—	.043

注：N=44,926；上述直接效应值均在 .05 水平上显著；间接效应值为标准化路径系数的乘积；总效应是直接效应值与间接效应值之和。

表 5-3 所示为课程学习评价影响机制修正模型中各变量之间的共变关系。不同评价情境对学生学习态度只有直接效应。其中，论文/报告写作的效应最大（β=.3），即控制其他评价情境，论文/报告写作每增加一个单位，学生学习态度相应增加 .3 个单位；其次是成绩排名的效应（β=.207）；教师反馈的效应（β=.194）大于课程学习评价方式的激励程度的效应（β=.18）；考试内容对学习态度的效应最小（β=.078）。

课程学习评价对学习策略既有直接效应又有间接效应。在直接效应中（见表 5-3），论文/报告写作的效应最大（β=.366），教师反馈的效应次之（β=.138）；成绩排名对学习策略的直接效应（β=.068）大于课程学习评价方式的激励程度的效应（β=.049）；考试内容的直接效应最小（β=.022）。

课程学习评价对学习策略的间接效应主要是通过学习态度产生的，其间接效应路径及其间接效应值详见表 5-4。论文/报告写作通过学习态度对学习策略的间接效应最大；成绩排名和教师反馈的间接效应次之；考试内容的间接效应最小。从总效应来看，论文/报告写作的总效应最大，教师反馈的次之，成绩排名的总效应大于课程学习评价方式的激励程度的总效应，考试内容的总效应最小。

表 5-4 课程学习评价对学习策略的间接效应分析

间接效应的路径	间接效应值
评价方式的激励程度→学习态度→学习策略	.118
考试内容→学习态度→学习策略	.052
论文/报告写作→学习态度→学习策略	.198
教师反馈→学习态度→学习策略	.128
成绩排名→学习态度→学习策略	.137

注：N=44,926；间接效应值为标准化路径系数的乘积。

表 5-3 显示课程学习评价对学习行为投入的直接效应中，教师反馈的直接效应最大（β=.155），成绩排名的次之（β=.141）。考试内容（β=-.021）和论文/报告写作（β=-.102）对学生学习行为投入存在一种负面效应。这一现象与唐等研究的关于香港大学生学习行为特征的探讨比较一致。他们指出，中国特有的考试传统以及学生在进入大学之前就已经养成的应对评价的学习习惯影响了学生在大学期间应对评价的思维和行动（Tang, et al., 1996）。尽管学生可能也认识到应对某些形式的评价需要积极主动地学习投入，但在实际的学习活动中，大多数学生仍然更多地使用表层学习策略，并趋向于选择被动地学习投入。这是因为仅仅认识和理解了评价的要求还不够，学生必须拥有充分和恰当地应对评价的程序性知识。所以，考试内容和论文/报告写作对学生学习行为投入存在一种负面效应也是可以理解的。

表 5-5 课程学习评价对学习行为投入的间接效应分析

间接效应的路径	间接效应值	合计
评价方式的激励程度→学习策略→学习行为投入	.043	.148
评价方式的激励程度→学习态度→学习策略→学习行为投入	.105	
考试内容→学习策略→学习行为投入	.019	.065
考试内容→学习态度→学习策略→学习行为投入	.046	
论文/报告写作→学习策略→学习行为投入	.323	.498
论文/报告写作→学习态度→学习策略→学习行为投入	.175	
教师反馈→学习策略→学习行为投入	.122	.235
教师反馈→学习态度→学习策略→学习行为投入	.113	
成绩排名→学习策略→学习行为投入	.06	.181
成绩排名→学习态度→学习策略→学习行为投入	.121	

注：N=44,926；间接效应值为标准化路径系数的乘积。

课程学习评价对学习行为投入的间接效应是通过学习态度和学习策略产生的，其间接效应路径及其间接效应值详见表5-5。其中，"论文/报告写作"通过学习态度和学习策略对学习行为投入的间接效应最大；其次是"教师反馈"；"考试内容"对学习行为投入的间接效应最小。另外，"论文/报告写作"和"教师反馈"这两个可以和教师进行直接沟通交流的评价情境通过学习策略影响学习行为投入的间接效应大于其通过学习态度作用于学习策略。"成绩排名""考试内容"这两种没有师生对话的评价情境，和只是学生自我感知到的"课程学习评价方式的激励程度"的评价情境是通过学习态度作用于学习策略，而且间接影响学习行为投入的效应大于通过学习策略影响学习行为投入的间接效应。这可能是因为在"论文/报告写作"和"教师反馈"这两种评价情境中，学生可以从教师那里得到更为直接有效的学习策略，所以学习态度在影响行为投入中起到的作用就比较微弱了。因此，这两种课程学习评价通过学习态度作用于学习策略最后影响学习行为投入的间接效应小于直接通过学习策略影响学习行为投入的间接效应。而在"成绩排名""考试内容"和"课程学习评价方式的激励程度"等没有对话和反馈的评价情境中，学生要首先充分认识和理解这些评价情境。而学习态度决定了他们对这些信息的理解程度，这三种课程学习评价情境通过学习态度作用于学习策略，最后影响学习行为投入的间接效应大于通过学习策略影响学习行为投入的间接效应。

从对学习行为投入的总效应来看，"论文/报告写作"和"教师反馈"的较大，"成绩排名"的次之，"考试内容"的总效应最小。"论文/报告写作"和"教师反馈"为师生共同参与的评价情境。在"课程学习评价方式的激励程度""考试内容"和"成绩排名"这三种评价情境中，学生需要自我构建对这些评价情境的认识和理解。而学生应对评价所需的程序性知识是非常欠缺的，需要和老师很好地沟通交流。所以，师生共同参与的评价情境对学生学习行为投入的影响更大。

最后，对学业成果而言，只有师生对话的评价情境——"论文/报告写作"和"教师反馈"有直接效应，标准化的效应值分别是 .124 和 .019（见表 5-3），没有教师对话的其他三种评价情境"课程学习评价方式的激励程度""考试内容"和"成绩排名"对学生学业成果没有直接影响。

课程学习评价对学业成果的间接效应主要是通过四种方式产生的，其间接效应路径及其间接效应值详见表 5-6。"论文/报告写作"对学业成果的间接效应最大，其次是"成绩排名"。"教师反馈"对学业成果的间接效应大于"课程学习评价方式的激励程度"；"考试内容"对学业成果的间接效应最小。其中，不同的评价情境通过学习态度对学业成果的间接效应大于其他路径的间接效应。

从总效应来看，"论文/报告写作"和"教师反馈"的总效应较大，"成绩排名"的总效应大于"课程学习评价方式的激励程度"的总效应，"考试内容"的总效应最小。从课程学习评价对学生学业成果的影响来看，师生参与交流的课程学习评价——"论文/报告写作"和"教师反馈"的总效应大于"课程学习评价方式的激励程度""考试内容"和"成绩排名"这三种课程学习评价。

总体而言，本书研究中提到的所有课程学习评价情境都会通过作用于学习态度、学习策略和学习行为投入对学业成果产生间接影响，但只有师生参与交流的评价情境——"论文/报告写作"和"教师反馈"对学业成果有直接影响。所有课程学习评价情境对学业成果的直接影响小于间接影响。因此，评价不应该只关注结果而不重视过程。从不同的课程学习评价来看，对学习态度、学习策略和学业成果的直接影响最大的是"论文/报告写作"，且是对学习策略、学习行为投入和学业成果间接影响和总影响最大的评价情境。"考试内容"是对学习态度、学习策略、学习行为投入和学业成果影响最小的评价情境。"教师反馈"对学习行为投入的影响最大，对学习策略、学业成果的影响仅次于"论文/报告写作"。

表 5-6 课程学习评价对学业成果的间接效应分析

间接效应的路径	间接效应值	合计
评价方式的激励程度→学习态度→学业成果	.114	.122
评价方式的激励程度→学习行为投入→学业成果	.001	
评价方式的激励程度→学习策略→学习行为投入→学业成果	.002	
评价方式的激励程度→学习态度→学习策略→学习行为投入→学业成果	.005	
考试内容→学习态度→学业成果	.050	.052
考试内容→学习行为投入→学业成果	−.001	
考试内容→学习策略→学习行为投入→学业成果	.001	
考试内容→学习态度→学习策略→学习行为投入→学业成果	.002	
论文/报告写作→学习态度→学业成果	.190	.208
论文/报告写作→学习行为投入→学业成果	−.004	
论文/报告写作→学习策略→学习行为投入→学业成果	.014	
论文/报告写作→学习态度→学习策略→学习行为投入→学业成果	.008	
教师反馈→学习态度→学业成果	.123	.140
教师反馈→学习行为投入→学业成果	.007	
教师反馈→学习策略→学习行为投入→学业成果	.005	
教师反馈→学习态度→学习策略→学习行为投入→学业成果	.005	
成绩排名→学习态度→学业成果	.131	.145
成绩排名→学习行为投入→学业成果	.006	
成绩排名→学习策略→学习行为投入→学业成果	.003	
成绩排名→学习态度→学习策略→学习行为投入→学业成果	.005	

注：N=44,926；间接效应值为标准化路径系数的乘积。

第三节　课程学习评价的具体要素对学生学习的影响

前两节的研究不仅揭示了当今中国高校本科生对评价这一教育情境的认识和理解情况，更为重要的是分析了5种不同的课程学习评价情境对学生学习过程和学业成果的影响机制。本节将进一步探究每一种课程学习评价中的具体要素与学生学习态度、学习策略、学习行为投入和学业成果的关系。本节研究将基于前两节研究使用的变量，将各课程学习评价包含的具体内容作为自变量，利用全国2011年调查数据，分别对"学习态度、学习策略、学习行为投入和学业成果"等因变量做多元线性回归分析（变量描述详见附录一）。通过多元线性回归系数值，我们就可以深入了解目前我国高校本科教育情境中的评价实践到底是在哪些方面、在何种程度上以及如何影响了学生内隐的学习情感认知和外显的学习行为投入以及最终的学业成果。

前两节研究使用的课程学习评价的具体要素分别是：课程学习评价方式的激励程度包含考试、论文、实验报告、个人独立完成的作业和小组合作完成的作业等5个具体内容。考试内容包含划范围/重点且背诵记忆的考试内容、划范围/重点需理解运用的考试内容、不划范围/重点且背诵记忆的考试内容和不划范围/重点需理解运用的考试内容等4个具体内容。论文/报告写作包含提出观点或想法并论证、和老师/同学反复讨论、广泛搜集并查阅资料以及深入引证文献和数据等4个具体内容。上述13种具体评价要素再加上成绩排名和教师反馈共计15种。表5-7所示为基于全国数据将15种具体评价要素作为自变量，控制院校、学科、年级和性别等名义变量，分别对学习态度、学习策略、学习行为投入和学业成果等因变量做多元线性回归分析的结果。方差分析结果表明，当以学习过程和学业成果为因变量的4个多元线性回归模型中包含 15 种具体评价要素的自变量和 4 类虚拟变量时，其显著性概率值均小于 .001，即拒绝回归系数均为 0 的假设，回归模型拟合效果很好[①]（学习态度：F=791.272；学习策略：F=1254.555；学习行为投入：F=1597.479；学业成果：F=555.289）。共线性诊断结果表明：15 种评价要素之间不存在共线性的问题。从判定系数修正后的 R^2 来看，各回归模型可以解释各因变量的变异量为：学习态度 32.2%；学习策略 43%；学习行为投入 49%；学业成果 25%。这和前述结构方程中的结果基本保持一致。

由上一节分析可知，在"课程学习评价影响机制模型"中，"考试内容"对学习过程和学业成果的影响都是最小的。将"考试内容"进一步细化为"划范围/重点且背诵记忆的考试内容、划范围/重点需理解运用的考试内容、不划范围/重点且背诵记忆的考试内容和不划范围/重点需理解运用的考试内容"后，多元回归分析结果表明（见表 5-7）："划范围/重点且背诵记忆的考试内容"除对学习行为投入没有显著影响外，对学习态度、学习策略和学业成果都有显著正影响；"不划范围/重点且背诵记忆的考试内容"除对学习态度和学业成果没有显著影响外，对学习策略和学习行为投入都有显著正影响。不管是划范围/重点还是不划范围/重点的需理解运用的考试内容对学生学习过程和学业成果都有显著正影响，且影响程度大于需背诵记忆的考试内容。这说明在本科教育阶段，尽管考试已经被很多人诟病，但是从考试内容来看，无论是需背诵记忆的考试内容还是需理解运用的考试内容，在某种程度上都有利于学生的学习。相比之下，需理解运用的考试内容对学生学习的影响大于需背诵记忆的考试内容的影响。

---

① 4 个多元回归方程如下：学习态度/学习策略/学习行为投入/学业成果 = β_0 + $\beta_{考试的激励程度}$ + $\beta_{论文的激励程度}$ + $\beta_{实验报告的激励程度}$ + $\beta_{个人独立完成作业的激励程度}$ + $\beta_{小组合作完成作业的激励程度}$ + $\beta_{划范围/重点且背诵记忆的考试内容}$ + $\beta_{划范围/重点需理解运用的考试内容}$ + $\beta_{不划范围/重点且背诵记忆的考试内容}$ + $\beta_{不划范围/重点需理解运用的考试内容}$ + $\beta_{论文/报告写作中提出观点或想法并论证}$ + $\beta_{论文/报告写作中和老师、同学反复讨论}$ + $\beta_{论文/报告写作中广泛搜集并查阅资料}$ + $\beta_{论文/报告写作中深入引证文献和数据}$ + $\beta_{学业表现得到教师及时的反馈}$ + $\beta_{成绩排名}$ + $\beta_{985院校}$ + $\beta_{地方本科院校}$ + $\beta_{大一}$ + $\beta_{大二}$ + $\beta_{大四}$ + $\beta_{文科}$ + $\beta_{理科}$ + $\beta_{工科}$ + $\beta_{女性}$ + ε。

表 5-7　基于全国加权数据的具体课程学习评价要素对学习过程和学业成果的多元线性回归分析结果

预测变量		学习过程			学业成果（标准化 β）
		学习态度	学习策略	学习行为投入	
		标准化 β			
课程学习评价方式的激励程度	考试	.039***	-.009	.005	.008
	论文	.051***	.012*	.013**	.052***
	实验报告	.018**	.022***	.032***	.002
	个人独立完成作业	.165***	.089***	.106***	.071***
	小组合作完成作业	.086***	.07***	.064***	.091***
考试内容	划范围/重点且背诵记忆	.016***	.015***	.007	.029***
	划范围/重点需理解运用	.098***	.109***	.073***	.093***
	不划范围/重点且背诵记忆	.006	.03***	.037***	.009
	不划范围/重点需理解运用	.085***	.095***	.071***	.07***
论文/报告写作	提出观点并论证	.067***	.138***	.101***	.067***
	和老师/同学讨论	.098***	.147***	.183***	.111***
	搜集并查阅资料	.07***	.123***	.083***	.092***
	引证文献和数据	.039***	.136***	.069***	.095***
成绩排名		.199***	.053***	.181***	.07***
教师反馈		.131***	.20***	.307***	.131***
F^a		791.272***	1254.555***	1597.479***	555.289***
修正 R^2		.322	.43	.49	.25

注：[a] 上述四个回归模型的自由度均为 24；*p<.05；**p<.01；***p<.001。受篇幅所限以及本研究重点在考察不同的评价要素对学生学习过程和学业成果的影响，本表格中没有给出各虚拟变量的标准化系数值。

在"课程学习评价影响机制模型"中,"论文/报告写作"对学习过程和学业成果的影响都最大。"论文/报告写作"中的四个要素与学习过程和学业成果的多元线性回归分析结果表明(见表5-7):在"论文/报告写作"中"提出观点或想法并论证、和老师/同学反复讨论、广泛搜集并查阅资料、深入引证文献和数据"这四个核心要素对学生的学习过程和学业成果均产生一种显著的正向影响。相比之下,"和老师/同学反复讨论"这种互动行为对学生学习过程和学业成果的影响要大于"提出观点或想法并论证、广泛搜集并查阅资料、深入引证文献和数据"这三种学生个体性的行为。这再一次证明了老师与学生的对话交流对学生学习的重要性。因此,"论文/报告写作"这种评价情境在本科教育阶段的实施应该更强调师生之间的反复讨论。

在"课程学习评价影响机制模型"中,"成绩排名"和"教师反馈"对学习过程和学业成果都产生一种显著的正影响。其中,"教师反馈"在"课程学习评价影响机制模型"中对学习行为投入的影响最大。在这里,多元线性回归分析结果中再次表明(见表5-7):"教师反馈"显著正向地影响学生的学习过程和学业成果,且对学生学习行为投入的影响最大($\beta=.307$)。因此,在教育教学实践中,任课教师应该对学生的学业表现做出及时的反馈。需要指出的是,已有研究表明,教师反馈按内容可以分为对学生"人格自身的反馈""学习过程的反馈"和"学业表现的反馈",只有针对学习过程和学业表现的反馈才能促进学生的学习(Hattie & Timperley,2007;Pokorny, et al., 2010)。

已有研究已经证明成绩排名会对学生的学习产生影响(Kuncel, et al., 2005;Newman, et al., 1995)。在本书研究中,多元线性回归分析表明(见表5-7):"成绩排名"对学习态度和学习行为投入的影响显著高于其对学习策略和学业成果的影响。"成绩排名"在"课程学习评价影响机制模型"中对学习态度和学习行为投入的影响也较大。但是这种成绩排名对学生学习的影响是指向什么还有待于进一步的研究,即成绩排名是引导学生为了学习本身还是为了获得更好的成绩呢(Pollio, et al., 2000)?

在"课程学习评价影响机制模型"中,"课程学习评价方式的激励程度"对学习过程产生一种显著的正影响,对学业成果没有直接影响。细化"课程学习评价方式的激励程度"的多元线性回归分析结果表明(见表5-7):"学生理解的实验报告对学习的激励程度"对学业成果没有显著影响。尽管近85%的学生认为考试对学习有中等及以上程度的激励,但是这种学生个体理解的激励程度对学生学习策略、学习行为投入和学业成果均没有显著影响。"个人独立完成作业的激励程度和小组合作完成作业的激励程度"对学习过程和学业成果的影响大于"考试、论文和实验报告的激励程度"的影响。也就是说,相比较考试、论文、实验报告这些阶段性的评价方式而言,作业这种伴随整个课程学习过程的评价方式更能激励学生的学习。因此,在平时的课程教学中,设置合理的作业尤为重要。

第四节　课程学习评价与学生学习的关系

本章从描述学生对目前本科教育中课程学习评价的认识和感知出发,构建并检验了课程学习评价影响机制模型,并深入分析了每一种课程学习评价中的不同因素影响学生学习过程和学业成果的程度。总体上,目前本科教育中的课程学习评价对本科生学习策略和学习行为投入的影响大于对学习态度和学业成果的影响。具体研究发现如下:

首先,学生能与教师对话交流的课程学习评价对学生学习过程和学业成果的影响较大。在"课程学习评价影响机制模型"和多元线性回归分析中,具有和教师沟通交流特征的"论文/报告写作"和"教师反馈"对学生学习态度、学习策略、学习行为投入和学业成果的影响都比较大。在"论文/报告写作"中"与老师/同学反复讨论"这一要素在多元线性回归分析中对学生学习过程和学业成果的影响大于"提出观点或想法并论证、广泛搜集并查阅资料、深入引证文献和数据"等要素的影响。已有研究表明：在 100 多个影响学生学习的因素中，将学校的影响作为基准，"教师反馈"的影响是学校影响的两倍，位列影响学生学习和学业成就因素中的第五位（Hattie & Timperley，2007）。但是，并非所有的反馈都对学生的学习有积极正面的影响，只有那些和特定任务相关的、能够说明现状如何以及如何改进的反馈的影响才是有利于学生学习的。而那些只是说明对错、奖惩的反馈以及内容比较复杂的反馈等都会对学生的学习产生一种负面影响（Hattie & Timperley，2007；Shute，2008）。尽管理论和数据都表明"与教师沟通交流并可以得到及时反馈的评价情境"对学生学习过程和学业成果的影响较大，但是在实际的教育情境中，学生获得的教师反馈以及学生和老师/同学反复讨论交流的机会都很小。本研究中只有 26.8% 的学生在论文/报告写作中可以经常和老师/同学反复讨论；21.8% 的学生从未和老师/同学反复讨论过；近一半的学生认为自己在论文/报告写作中只是偶尔和老师/同学反复讨论。只有 25% 的学生认为自己的学业表现可以经常得到教师及时的反馈；有 22% 的学生认为自己的学业表现从未得到过教师及时的反馈；52.7% 的学生认为自己的学业表现只是偶尔得到了教师及时的反馈。

其次，"考试""成绩排名"这类传统的课程学习评价是一把双刃剑，利弊兼具，使用得当可以促进和引导学生的学习与发展，使用不当则会阻碍学生的学习与发展。尤其是我国有着如此悠久的考试历史，很容易将考试、成绩作为目的。本研究使用的调查问卷的最后一个问题是："你认为学校或者国家政策做出什么样的改变会让你更好地学习？"1/3 以上的被调查学生认为，"不要以考试和成绩为学习目标。目前院校中使用的以考试为主的评价应该改革；评价方式应该多样化；考试的方式、内容等应该改变；弱化成绩排名的唯一性等"。其中，多数同学都希望"院校中的评价应该帮助学生将学习的重点放在学习上，而非考试及考试成绩上"。而针对本研究的调查数据分析结果发现，在学生自我汇报的"五种课程学习评价方式（考试、论文、实验报告、个人独立完成的作业和小组合作完成的作业）对学习的激励程度如何"中，近85%的学生认为考试对学习有中等以上程度的激励。其中，38.4%的学生认为考试对学习的激励程度很大。另外，尽管在"课程学习评价影响机制模型"中，考试内容对学生学习过程和学业成果的影响最小，但其影响基本上为显著的正影响。进一步将"考试内容"分解为四类同时对学习过程和学业成果进行多元回归分析之后发现，即使是需背诵记忆的考试内容对学生的学习也可以产生一种正向的影响。

类似的数据结果也体现在"成绩排名"上。无论在"课程学习评价影响机制模型"中还是在多元线性回归分析中，"成绩排名"对学生的学习过程和学业成果都产生的是一种显著正向影响，而且在多元线性回归模型中对学习态度的影响最大。因此，"考试"和"成绩排名"作为评价学生学习的方式和结果本身无所谓优劣，关键是院校、教师和学生三方要搞清楚其目的是指向何方，厘清"考试"和"成绩排名"在达到相应目的中的地位和作用。另外，国外已有研究指出，教师对考试、成绩的理解，考试的频率、方式等都会对学生的学习过程和学业成果产生影响。如果学生感受到教师教学的目的是考试、成绩，那么学生的学习就是成绩导向的；如果学生认为教师教学是让学生更好地学习，那么学生的学习就是学习导向的（Crooks，1988；Pollio，et al.，2000）。还有研究在为考试"平反"，指出考试不仅可以测量知识掌握的多寡，而且对于改善记忆能力和提高学习效率都有很大的好处（Roediger，et al.，2006）；考试频率的增加可以促进学生的学习投入，有助于对知识的运用（Bangert，et al.，1991；Carpenter，2012；Sparzo，et al.，1986）；相比较考试的不足，考试的正面效应足以让这一实践在所有层次的教育中立足，并有助于教育目标的达成（Einstein，et al.，2012；Roediger，et al.，2006）。

再次，我国本科教育情境中，"论文/报告写作"对学生学习过程和学业成果的影响最大。这可能是因为"论文/报告写作"这种评价方式相对于客观性的考试而言，更具情境性，更能展示学生对知识的综合理解程度、分析技能、写作技能等；它有助于学生语言的发展、知识的构建、理解的深刻和批判性思维能力的提高（Covic, et al., 2008）。在"课程学习评价影响机制模型"中，强调"独创性和综合性"的"论文/报告写作"对学习态度、学习策略和学业成果的直接、间接和总效应都是最大。将"论文/报告写作"的四个要素分解后同时对学习态度、学习策略、学习行为投入和学业成果做多元回归分析。结果表明：在"论文/报告写作"中"和老师/同学反复讨论"这种互动行为对学生学习过程和学业成果的影响要大于"提出观点或想法并论证、广泛搜集并查阅资料、深入引证文献和数据"这种学生个体性的行为。林德布洛姆等研究者也指出，在论文写作中，给学生提供一种相互支持、合作的环境不仅有助于论文的高质量完成，还可以促进学生积极地学习（Lindblom, et al., 2003）。尽管如此，令人担忧的是，在本次调查的开放题中，有一些同学抱怨"论文/报告写作"流于形式甚至出现杜撰、抄袭等不良现象。本次数据调查还发现，47.5%的学生认为在"论文/报告写作"中只是偶尔强调"提出自己的观点或想法并进行论证"；43.9%的学生认为在"论文/报告写作"中只是偶尔强调需要"深入引证文献和数据"；21.8%的学生认为在"论文/报告写作"中从未"和老师/同学反复讨论"；50.6%的学生认为只是偶尔"和老师/同学反复讨论"。从上面这些调查数据可以看出，我国本科教育中的"论文/报告写作"确实有一部分流于形式。因此，本科教育中"论文/报告写作"这一方式，无论是在形式上还是在实质中都应再加强。

最后，目前我国本科生对课程学习评价的认识影响学生的学习过程和学业成果，但是这种影响和学生的认识并不完全一致。虽然学生普遍认为"考试"对学习的激励程度要高于"论文"和"实验报告"。但是在结构方程模型和回归分析中发现，"论文/报告写作"对学生学习的影响最大，考试对学生学习的影响最小。

综上，本章的研究和分析展示了当今我国本科教育情境中，本科生对课程学习评价情境的认识和理解，以及课程学习评价与学生学习过程和学业成果之间的关系。那么对课程学习评价情境的认识和理解是否因院校类型、学科和年级有所差异呢?课程学习评价对三类院校中不同类型、不同学科和不同年级学生学习的影响呈现出什么特点?哪些是共性,哪些是个性?接下来的章节将分院校、学科和年级去分析课程学习评价与学生学习之间的关系。

第六章 基于院校类型分析课程学习评价与学生学习的关系

本章在上一章分析思路的基础上，对比分析了三类院校中本科生对课程学习评价的认识和理解，探讨了课程学习评价与学生学习之间的关系在三类院校间的异同。本章使用的数据是从全国数据中分割出来的三类院校数据——985 院校、211 院校和地方本科院校。

第一节 三类院校中学生对课程学习评价的认识分析

一、三类院校中学生对课程学习评价认识的描述统计结果

图 6-1 所示为三类院校中本科生对不同课程学习评价认识和理解的均值特征（其他描述统计结果详见附录三表 1）。由图 6-1 可知，在对"课程学习评价方式的激励程度"的认识中，三类院校中本科生普遍认为"考试、个人独立完成的作业和小组合作完成的作业"对学习的激励程度要高于"论文和实验报告"对学习的激励程度。"考试内容"中"划范围/重点的考试内容"多于"不划范围/重点的考试内容"，"需理解运用的考试内容"多于"需背诵记忆的考试内容"，且"不划范围/重点且背诵记忆的考试内容"在所有院校中都最少。"论文/报告写作"中对"广泛搜集并查阅资料"的强调高于对"提出观点或想法并论证、和老师/同学反复讨论、深入引证文献和数据"等要求的强调，其中，"和老师/同学反复讨论"的均值最

低。三类院校中本科生"学业表现得到教师及时的反馈"的均值是所有评价情境中最小的。

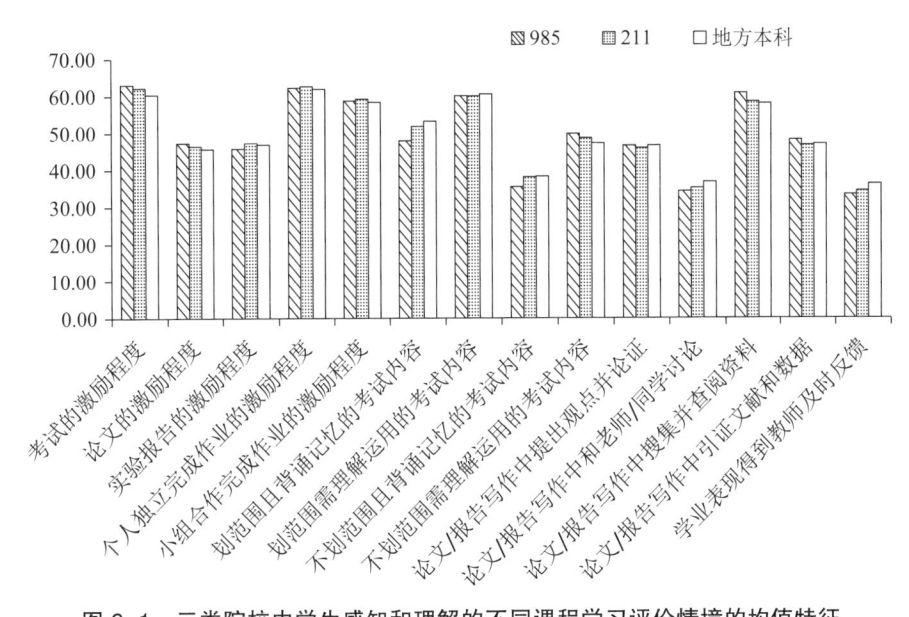

图 6-1 三类院校中学生感知和理解的不同课程学习评价情境的均值特征

二、对比分析三类院校中学生对课程学习评价的认识和理解

本节使用方差分析分别比较了三类院校的本科生对课程学习评价的认识和理解（结果详见表 6-1）。方差分析结果表明：三类院校中"划范围/重点且背诵记忆（F=39.678）、不划范围/重点且背诵记忆（F=11.886）、不划范围/重点需理解运用（F=12.719）"的考试内容在 .001 水平上存在显著差异。事后均值的两两比较结果表明：985 院校中"划范围/重点且背诵记忆的考试内容"（M=47.92）显著少于 211 院校（M=51.80），211 院校中的又显著少于地方本科院校（M=53.22）。985 院校中"不划范围/重点且背诵记忆的考试内容"（M=35.41）显著少于 211 院校（M=38.08）和地方本科院校（M=38.22），211 院校和地方本科院校之间没有统计意义上的显著

差异。985 院校（M=49.80）和 211 院校（M=48.63）中"不划范围/重点需理解运用的考试内容"显著多于地方本科院校（M=47.21），985 院校和 211 院校之间不存在统计意义上的显著差异。

表 6-1　三类院校中学生对不同课程学习评价认识的比较分析结果

变量名称		F 值	均值差		
			985 VS.211	985 VS. 地方本科	211 VS. 地方本科
课程学习评价方式的激励程度	考试	10.959***	0.856	2.688***	1.832**
	论文	4.136*	0.845	1.585*	0.74
	实验报告	2.157	−1.557*	−1.059	0.498
	个人独立完成作业	1.295	−0.402	0.325	0.727
	小组合作完成作业	1.622	−0.488	0.34	0.828
考试内容	划范围/重点且背诵记忆	39.678***	−3.871***	−5.292***	−1.421**
	划范围/重点需理解运用	1.067	0.08	−0.426	−0.507
	不划范围/重点且背诵记忆	11.886***	−2.673***	−2.812***	−0.14
	不划范围/重点需理解运用 $_a$	12.719***	1.166	2.583***	1.417**
论文/报告写作	提出观点并论证	1.293	0.696	−0.03	−0.726
	和老师/同学讨论 $_a$	14.81***	−0.859	−2.493***	−1.635***
	搜集并查阅资料 $_a$	11.57***	2.371**	2.823***	0.452
	引证文献和数据	1.941	1.44	1.131	−0.309
教师反馈		19.524***	−1.008	−2.858***	−1.85***

注：下标字母 a 的变量违反了方差齐性假设，故使用 Tamhane's T2 法做事后比较。*p<.05；**p<.01；***p<.001。

表 6-1 显示："论文/报告写作"中对"提出观点或想法并论证""深入引证文献和数据"的强调在三类院校间没有显著差异。三类院校的"论

文/报告写作"对"和老师/同学反复讨论（F=14.81）、广泛搜集并查阅资料（F=11.57，$p<.001$）"的强调在 .001 水平上有显著差异。事后均值的两两比较结果表明：985 院校（M=34.23）和 211 院校（M=35.09）对"和老师/同学反复讨论"的强调程度显著低于地方本科院校（M=36.72），985 院校和 211 院校之间不存在显著差异。985 院校对"广泛搜集并查阅资料"的强调程度（M=60.80）显著高于 211 院校（M=58.43）和地方本科院校（M=57.98），211 院校和地方本科院校之间不存在统计意义上的显著差异。

三类院校中本科生"学业表现获得教师及时反馈"存在显著差异（F=19.524，$p<.001$）（见表 6-1）。事后均值的两两比较结果表明：地方本科院校中本科生"学业表现获得教师及时反馈"（M=36.21）显著多于 985 院校（M=33.35）和 211 院校（M=34.36）；211 院校和 985 院校之间没有统计意义上的显著差异。

表 6-1 显示："课程学习评价方式"中只有"考试"和"论文"对三类院校中学生学习的激励在 .05 水平上存在显著差异（考试：F=10.959；论文：F=4.136）。事后均值的两两比较结果表明："考试"对地方本科院校中学生学习的激励程度（M=60.38）显著低于 985 院校（M=63.07）和 211 院校（M=62.21），"考试"对 211 院校和 985 院校中学生学习的激励程度没有统计意义上的显著差异。结合学生对不同"考试内容"的理解来看，之所以考试对地方本科院校中学生的激励程度比较低，可能是因为地方本科院校中需背诵记忆的考试内容所占比例较多，而需理解运用的考试内容较少。本章第三节多元线性回归分析的研究结果表明，需理解运用的考试内容对学生学习过程和学业成果的影响显著高于需背诵记忆考试内容的影响。有文献研究指出，需理解运用的考试内容有助于学生进行自我反思，而只有有助于学生进行自我反思的评价才能促进和提高学生的学习（Black & Wiliam，1998）。"论文"对 985 院校中学生学习的激励程度（M=47.21）显著高于对地方本科院校中学生学习的激励程度（M=45.63）。从后文的分析可知，"论文/报告写作"对 985 院校中学生学业成果的影响也显著高于对地方本科院校中学生学业成果的影响。

第二节 "课程学习评价影响机制模型"在三类院校中的对比

本节将使用 AMOS18.0 软件中的"多群组同时分析"程序进一步验证"课程学习评价影响机制模型"是否也适合于三类院校中的学生群体。即评估本研究所构建的课程学习评价与学生学习的假设模型在不同样本群体间是否相等或参数是否具有不变性。如果多群组结构方程模型的分析结果表明"课程学习评价影响机制模型"在三类院校中是合适且可以被接受的，那么该假设模型具有跨院校类型的群组效度（吴明隆，2009）。这样，我们就可以从院校类型视角去对比分析课程学习评价对学生学习的影响。

一、"课程学习评价影响机制模型"与三类院校数据的拟合情况

表 6-2 为不同院校多群组结构方程模型分析的整体适配度摘要表，由表 6-2 可知，"课程学习评价影响机制模型"于 985 院校、211 院校和地方本科院校的多群组数据拟合较好。由于三类院校中的样本量均超过了 200，所以卡方值及其显著性检验不能再作为模型拟合的主要参考。从模型拟合的其他适配指标来看，模型的绝对适配指标、增值适配指标和简约适配指标都达到了结构方程模型整体适配的标准，这表示该模型具有跨学科类型的群组效度。本研究提出的理论假设模型在三类院校本科生群体间具有恒等性。

三类院校多群组结构方程模型中潜变量对指标变量的标准化回归系数（即因子载荷）的变化幅度详见表 6-3。模型中各潜变量对指标变量的因子载荷都大于 .50，表明潜变量的信度较好（吴明隆，2009）。另外，在多群组同时分析中可以通过比较配对参数差异值的临界比值（critical ratios for differences）来检验群组相对应参数之间的差异是否达到显著。若两个相对应且属性相同的参数间的临界比值小于 1.96，表示这两个参数是相等的，没有显著差异（吴明隆，2009）。在三类院校的多群组分析中，配对参数比较

结果表明（详见附录四表1）："课程学习评价影响机制模型"中所有潜变量对指标变量的因子载荷在三类院校中都没有显著差异。这说明本研究选择的潜变量和指标变量在三类院校群体之间具有同等性，其测量模型具有组间不变性的特点。

表6-2　三类院校多群组结构方程模型分析的整体适配度摘要表

指标	χ^2 值	P	df	GFI	AGFI	RMSEA	NFI	CFI	PNFI
标准	越小越好	>.05	≥0	>.90	>.90	<.05	>.90	>.90	>.50
模型	4353.38.	0	150	.986	.971	.025	.982	.982	.539

注：985院校N=2156（加权后）；211院校N=3659（加权后）；地方本科院校N=39111（加权后）。使用"多群组同时分析"可以同时分析多个样本群体的模型，但所有模型都只呈现一种适配统计量，而不是每个群组在每个模型上分别单独呈现适配度统计量。因为多群组分析模型是在探究群组变量是否具有调节理论模型的功能。若是模型可以被接受，表示模型具有跨群组效度（cross-validity）（吴明隆，2009）。

表6-3　三类院校中各潜变量对指标变量的因子载荷

潜变量		指标变量	985院校	211院校	地方本科
学习态度	→	学习状态	.699	.692	.689
学习态度	→	学习动机	.74	.741	.747
学习策略	→	元认知策略	.761	.754	.757
学习策略	→	认知策略	.626	.621	.63
学习行为投入	→	课下投入	.828	.832	.834
学习行为投入	→	课上投入	.765	.769	.772
学业成果	→	自我认识	.732	.757	.741
学业成果	→	能力成果	.791	.789	.8
学业成果	→	认知成果	.852	.864	.868

注：985院校N=2156（加权后）；211院校N=3659（加权后）；地方本科院校N=39111（加权后）。以上因子载荷值均显著。

上述对理论假设模型和测量模型的比较分析表明,"课程学习评价影响机制模型"适合于从院校类型分析课程学习评价与学生学习的关系。但是否某些特定的路径在三类院校中的学生群体间也具有同样的因果结构不变性呢？表 6-4 所示为三类院校模型中变量之间不显著的路径假设。和总模型一样,三类院校模型中的"课程学习评价方式的激励程度、考试内容和成绩排名"与学生的学业成果都没有关系;"考试内容"和 985 院校、211 院校中学生的学习策略和学习行为投入没有关系;另外,985 院校模型中"论文/报告写作"与学生的学习行为投入,"教师反馈和成绩排名"与学业成果之间的路径假设不显著;211 院校模型中"课程学习评价方式的激励程度"与学习行为投入之间的路径假设不显著。

表 6-4　三类院校中变量间不显著的路径

模型类型	模型中不显著的路径
总模型	课程学习评价方式的激励程度、考试内容和成绩排名→学业成果;学习策略→学业成果;学习态度→学习行为投入
985 院校	考试内容→学习策略和学习行为投入;论文/报告写作→学习行为投入;课程学习评价方式的激励程度、考试内容、教师反馈、成绩排名→学业成果
211 院校	考试内容→学习策略和学习行为投入;课程学习评价方式的激励程度→学习行为投入;课程学习评价方式的激励程度、考试内容、成绩排名→学业成果
地方本科	课程学习评价方式的激励程度、考试内容、成绩排名→学业成果;

注：985 院校 N=2156（加权后）;211 院校 N=3659（加权后）;地方本科院校 N=39111（加权后）。以上路径假设的系数值均不显著。

无论从模型的测量角度来看,还是从模型的整体适配度来看,本研究提出的"课程学习评价影响机制模型"与不同类型院校的数据拟合较好。其中,模型中所选指标变量的题项在不同院校类型群体间具有同等性,即测量模型具有组间不变性特点;模型中的理论/因子结构具有不同院校类型群体的恒等性特征,即结构模型具有组间同等性质;不同院校中路径假设的不同正好可以说明不同院校类型及其学生群体各自的特征。因此，接下来将对不同类型院校间课程学习评价对学生学习态度、学习策略、学习行为投入和学业成果的直接、间接和总效应进行对比分析。

二、课程学习评价与三类院校中学生学习的关系分析

第一，三类院校中课程学习评价对"学习态度"的效应详见表6-5。"课程学习评价影响机制模型"可以解释985院校中本科生"学习态度"变异的43%，211院校42.3%，地方本科院校40.8%。所有的课程学习评价情境对三类院校模型中学生的学习态度都只有直接效应，没有间接效应。对三类院校中学生学习态度影响较大的课程学习评价是"论文/报告写作"；"课程学习评价方式的激励程度"次之；"成绩排名"对三类院校学生学习态度的效应大于"教师反馈"的效应；"考试内容"对三类院校模型中学生学习态度的效应最小。配对参数比较结果表明（详见附录四表1）："论文/报告写作"对地方本科院校中学生学习态度的影响显著低于对985院校和211院校中学生学习态度的影响。"教师反馈"对学生学习态度的效应在地方本科院校中最大，在211院校中最小。这与本课题前期的一项研究结果一致：211院校师生互动最差（清华大学课题组，2012）。"211院校大都是地方旗舰大学，既是各地本科教育扩招的主力军，又被赋予了发展研究生教育的重要责任，还要承担地方发展的领头角色。虽然211高校的新教师数量在增多，但这些教师却缺乏必要的教学能力培训。"（陈竹等，2012）这势必会造成211院校师生间互动质量的下降。"成绩排名"对985院校中学生学习态度的影响显著高于对211院校和地方本科院校中学生的影响。这可能是985院校中学生更为重视"成绩排名"。因为"成绩排名"直接影响学生申请国外学位、保研等。"考试内容"对地方本科院校中学生学习态度的效应显著高于对985院校中学生学习态度的效应。

表 6-5 三类院校中课程学习评价对学生学习态度的效应与 SMC

变量	直接效应 985院校	直接效应 211院校	直接效应 地方本科	间接效应 985院校	间接效应 211院校	间接效应 地方本科	总效应 985院校	总效应 211院校	总效应 地方本科
评价方式的激励	.274	.299	.281	—	—	—	.274	.299	.281
考试内容	.055	.072	.08	—	—	—	.055	.072	.08
论文/报告写作	.3	.318	.297	—	—	—	.3	.318	.297
教师反馈	.186	.164	.198	—	—	—	.186	.164	.198
成绩排名	.229	.208	.203	—	—	—	.229	.208	.203
SMC	.43	.423	.408	—					

注：985 院校 N=2156（加权后）；211 院校 N=3659（加权后）；地方本科院校 N=39111（加权后）。上述直接效应值均显著；SMC（多元相关系数的平方）为不同院校类型的"课程学习评价影响机制模型"解释潜变量"学习态度"变异量的多少。

第二，三类院校中课程学习评价对"学习策略"的效应见表 6-6。"课程学习评价影响机制模型"可以解释三类院校本科生"学习策略"变异量分别为：985 院校 84.7%，211 院校 85.5%，地方本科院校 86.1%。不同的课程学习评价在三类院校中对"学习策略"的直接效应、间接效应和总效应各不相同。"考试内容"对 985 院校和 211 院校中本科生的学习策略没有直接效应，对地方本科院校中学生的学习策略有直接效应。"论文/报告写作"是所有课程学习评价中对三类院校学生学习策略直接效应最大的；"教师反馈"的次之；"成绩排名"对三类院校中学生学习策略的直接效应大于"课程学习评价方式的激励程度"。配对参数比较结果表明（详见附录四表 1）："论文/报告写作"和"教师反馈"对地方本科院校中学生学习策略的影响显著高于对 985 院校和 211 院校中学生学习策略的影响。这可能是因为地方本科院校中学生"学业表现得到教师及时的反馈"和在"论文/报告写作"中"与老师/同学反复讨论"显著高于 985 院校和 211 院校。

表 6-6　三类院校中课程学习评价对学生学习策略的效应与 SMC

变量	直接效应 985院校	直接效应 211院校	直接效应 地方本科	间接效应 985院校	间接效应 211院校	间接效应 地方本科	总效应 985院校	总效应 211院校	总效应 地方本科
评价方式的激励	.057	.042	.048	.164	.177	.16	.222	.219	.208
考试内容	—	—	.023	.04	.048	.052	.04	.048	.075
论文/报告写作	.313	.35	.369	.228	.206	.195	.541	.556	.564
教师反馈	.1	.141	.17	.134	.109	.13	.234	.25	.3
成绩排名	.075	.072	.068	.136	.112	.135	.211	.184	.203
SMC	.847	.855	.861						

注：985 院校 N=2156（加权后）；211 院校 N=3659（加权后）；地方本科院校 N=39111（加权后）。上述直接效应值均显著；间接效应值为标准化路径系数的乘积；总效应是直接效应值与间接效应值之和。SMC（多元相关系数的平方）为不同院校类型的"课程学习评价影响机制模型"解释潜变量"学习策略"变异量的多少。

从对学习策略的间接效应来看，三类院校中都是"论文/报告写作"的最大；其次是"课程学习评价方式的激励程度"；"成绩排名"的间接效应大于"教师反馈"的；"考试内容"的间接效应最小。从总效应来看，三类院校中也都是"论文/报告写作"的最大；其次是"教师反馈"；"课程学习评价方式的激励程度"大于"成绩排名"的；"考试内容"的总效应最小。相比同一评价情境对三类院校中学生学习策略的总效应可以看出，"课程学习评价方式的激励程度"和"成绩排名"这种需要学生自我理解的评价情境对985 院校中学生学习策略的总影响大于对其他院校中学生的影响；"论文/报告写作"和"教师反馈"对地方本科院校中学生学习策略的影响大于对其他院校学生的影响。这可能是由于 985 院校中学生的学习能力较高，在学习策略的运用方面不太需要老师的指导。地方本科院校中学生在学习策略的运用方面更需要老师的指导。

第三，三类院校中课程学习评价对"学习行为投入"的效应见表6-7。"课程学习评价影响机制模型"可以解释三类院校本科生"学习行为投入"变异量分别为：985院校87.1%，211院校90.1%，地方本科院校89.7%。不同的课程学习评价在三类院校中对"学习行为投入"既有直接效应，又有间接效应。其中，"考试内容"和"论文/报告写作"对985院校中学生学习行为投入没有显著的直接效应，对地方本科院校和211院校中学生学习行为投入产生一种负的直接效应。这可能是因为尽管三类院校中学生已经意识到强调独创性和综合性的"论文/报告写作"和强调理解运用的"考试内容"需要积极主动地投入，但在实际情形中，学生还不具备相应的程序性知识，不知道该如何去具体实践。另外，相比较而言，研究型大学中学生的理解力、批判反思能力可能会高于一般院校中的学生，所以对985院校中学生的学习行为投入没有显著的直接影响，对211院校和地方本科院校中学生学习行为投入的影响为负。尽管如此，"论文/报告写作"通过学习态度和学习策略对学习行为投入的间接影响仍是所有评价中最大的。对三类院校中学生学习行为投入直接效应最大的是"教师反馈"，"成绩排名"的次之。配对参数比较结果表明（详见附录四表1）："教师反馈"和"成绩排名"对985院校学生中学生学习行为投入的直接效应显著大于对211院校和地方本科院校。

除成绩排名外，其他评价情境对"学习行为投入"的间接效应大于直接效应，其中，"论文/报告写作"的间接效应最大；"教师反馈"对985院校中学生的间接效应大于"课程学习评价方式的激励程度"的间接效应；对211院校和地方本科院校中学生的间接效应小于"课程学习评价方式的激励程度"的间接效应；"成绩排名"对三类院校中学生学习行为投入的间接效应大于"考试内容"的间接效应。在对"学习行为投入"的总效应中，三类院校模型中"论文/报告写作"的最大；其次是"教师反馈"；985院校中"成绩排名"的总效应大于"课程学习评价方式的激励程度"的；211院校和地方本科院校中则是"课程学习评价方式的激励程度"的总效应大于"成绩排名"的；"考试内容"的总效应最小。相比同一评价情境对三类院校中学生学习行为投入的总效应可以看出："论文/报告写作"和"成绩排名"对985院校中学生学习行为投入的总效应较大；"课程学习评价方式的激励程度""考试内容"和"教师反馈"对211院校和地方本科院校中学生学习行为投入的总效应较大。

表6-7 三类院校中课程学习评价对学生学习行为投入的效应与SMC

变量	直接效应			间接效应			总效应		
	985院校	211院校	地方本科	985院校	211院校	地方本科	985院校	211院校	地方本科
评价方式的激励	.07	—	.063	.138	.236	.155	.208	.236	.218
考试内容	—	—	−.022	.03	.043	.066	.03	.043	.044
论文/报告写作	—	−.11	−.105	.416	.503	.5	.416	.393	.395
教师反馈	.174	.161	.153	.18	.222	.239	.354	.383	.392
成绩排名	.171	.158	.138	.069	.056	.06	.24	.214	.198
SMC	.871	.901	.897	—					

注：985院校N=2156（加权后）；211院校N=3659（加权后）；地方本科院校N=39111（加权后）。上述直接效应值均显著；间接效应值为标准化路径系数的乘积；总效应是直接效应值与间接效应值之和。SMC（多元相关系数的平方）为不同院校类型的"课程学习评价影响机制模型"解释潜变量"学习行为投入"变异量的多少。

第四，三类院校中课程学习评价对"学业成果"的效应见表6-8。"课程学习评价影响机制模型"可以解释三类院校本科生"学业成果"变异量分别为：985院校54.7%，211院校55.9%，地方本科院校55.4%。不同的课程学习评价对三类院校中学生学业成果的直接效应、间接效应和总效应各不相同。其中，三类院校中"课程学习评价方式的激励程度、考试内容和成绩排名"对本科生学业成果不存在直接效应；"教师反馈"只对211院校和地方本科院校中本科生学业成果有直接效应。"论文/报告写作"对三类院校中本科生的学业成果都有显著正向的直接效应。

表 6-8 三类院校中课程学习评价对学生学业成果的效应与 SMC

变量	直接效应 985院校	直接效应 211院校	直接效应 地方本科	间接效应 985院校	间接效应 211院校	间接效应 地方本科	总效应 985院校	总效应 211院校	总效应 地方本科
评价方式的激励	—	—	—	.18	.197	.183	.18	.197	.183
考试内容	—	—	—	.036	.047	.052	.036	.047	.052
论文/报告写作	.137	.125	.122	.216	.203	.208	.353	.328	.33
教师反馈	—	.033	.015	.145	.133	.156	.145	.166	.171
成绩排名	—	—	—	.144	.129	.141	.144	.129	.141
SMC	.547	.559	.554	—					

注：985院校 N=2156（加权后）；211院校 N=3659（加权后）；地方本科院校 N=39111（加权后）。上述直接效应值均显著；间接效应值为标准化路径系数的乘积；总效应是直接效应值与间接效应值之和。SMC（多元相关系数的平方）为不同院校类型的"课程学习评价影响机制模型"解释潜变量"学业成果"变异量的多少。

配对参数比较结果表明（详见附录四表1）："论文/报告写作"对985院校中学生学业成果的直接影响显著高于对211院校中学生学业成果的影响，对211院校中学生学业成果的直接影响显著高于对地方本科院校中学生学业成果的影响。这一方面可能是由于院校学生学习水平的差异，另一方面也可能是由于不同院校中"论文/报告写作"的要求不同导致的。

课程学习评价情境对学业成果的间接效应大于直接效应，也就是说课程学习评价情境主要通过影响学生的学习过程来影响最终的学业成果。课程学习评价对三类院校中本科生学业成果的总效应都是"论文/报告写作"最大；"课程学习评价方式的激励程度"次之；"教师反馈"和"成绩排名"分列第三和第四；"考试内容"最小。相比同一评价情境对三类院校中本科生学业成果的总效应可以看出："论文/报告写作"对985院校中学生学业成果的总影响较大；"课程学习评价方式的激励程度"对211院校中学生学业成果的总影响较大；"考试内容"和"教师反馈"对地方本科院校中学生学业成果的总影响较大；"成绩排名"对985院校和地方本科院校中学生学业成果的总影响较大。

第三节 课程学习评价的具体要素对三类院校学生学习的影响

前两节的研究不仅揭示了当今中国的本科生对课程学习评价这一教育情境的认识和理解因院校类型的不同而不同,更为重要的是对比分析了不同课程学习评价与三类院校学生学习态度、学习策略、学习行为投入和学业成果的关系,以及同一课程学习评价与三类院校学生学习过程和学业成果的关系。本节将进一步探究课程学习评价的具体要素影响三类院校中学生学习态度、学习策略、学习行为投入和学业成果的程度,以及这种程度在三类院校中的异同。

一、对比分析课程学习评价要素对三类院校中学生学习态度的影响

基于三类院校数据将 15 种具体评价要素作为自变量,控制学科、年级和性别这三种名义变量,对学习态度做多元线性回归分析,结果如表 6-9 所示。方差分析结果表明:三类院校的多元线性回归方程在 .001 水平上都是显著的,且拟合结果较好(985 院校:F=40.95;211 院校:F=77.294;地方本科院校:F=745.175)。共线性诊断结果表明:作为自变量的 15 种评价要素之间不存在共线性问题。从判定系数修正后的 R^2 来看,三类院校的回归模型分别可以解释学习态度变异量分别为:985 院校 31.3%,211 院校 33.5%,地方本科院校 32.1%。在三类院校回归模型中,对学习态度影响最大的是"成绩排名",其次是"个人独立完成的作业",第三是"教师反馈"。

三类院校中需背诵记忆的考试内容对学生学习态度的影响不显著,但需理解运用的考试内容对三类院校中学生学习态度的影响显著,且为正影响。其中,"不划范围/重点需理解运用的考试内容"对 985 院校学生学习态度的影响大于"划范围/重点需理解运用的考试内容"的影响;在地方本科院校中"划范围/重点需理解运用的考试内容"对学生学习态度的影

响大于"不划范围/重点需理解运用的考试内容"的影响；需理解运用的考试内容，无论划范围/重点与否，对211院校学生学习态度的影响程度相似。"论文/报告写作"中"和老师/同学反复讨论"对三类院校中学生学习态度的影响程度均高于"提出观点或想法并论证、广泛搜集并查阅资料、深入引证文献和数据"的影响。"课程学习评价方式的激励程度"中"个人独立完成的作业"对三类院校中学生学习态度的影响都高于"小组合作完成的作业"的影响。

表6-9 三类院校中具体课程学习评价要素对学习态度的多元线性回归分析结果

	预测变量	985院校	211院校	地方本科院校
课程学习评价方式的激励程度	考试	.051*	.062***	.036***
	论文	.069**	.017	.053***
	实验报告	.015	.028**	.017**
	个人独立完成作业	.146***	.163***	.166***
	小组合作完成作业	.09***	.107***	.084***
考试内容	划范围/重点且背诵记忆	.037	.023	.015**
	划范围/重点需理解运用	.067**	.092***	.101***
	不划范围/重点且背诵记忆	.012	.001	.007
	不划范围/重点需理解运用	.072***	.084***	.085***
论文/报告写作	提出观点并论证	.069**	.068***	.067***
	和老师/同学讨论	.093***	.119***	.096***
	搜集并查阅资料	.09*	.07***	.069***
	引证文献和数据	.056*	.066*	.035***
	成绩排名	.211***	.191***	.199***
	教师反馈	.127***	.114***	.134***
	F^a	40.95***	77.294***	745.175***
	修正 R^2	.313	.335	.321

注：[a] 上述四个回归模型的自由度均为22；*$p<.05$；**$p<.01$；***$p<.001$。受篇幅所限以及本研究重点在考察不同的评价情境对学习态度的影响，本表格中没有给出各名义变量的标准化系数值。

另外，本研究还旨在探明具体的评价要素对学生学习态度的影响在不同院校间是否存在差异。因此，需要比较三类院校中同一评价要素对学习态度影响的回归系数是否有显著差异。已有文献表明：直接比较不同子模型中的标准化回归系数的大小是不合理也是不正确的（Clogg, et al., 1995; Cohen, 1983; Paternoster, et al., 1998）。笔者根据科恩和帕特诺斯特等研究者提出的计算公式比较了三类院校中的回归系数。系数比较结果（详见附录五表 1）显示："教师反馈"对地方本科院校学生学习态度的影响显著高于对 985 院校和 211 院校的影响，对 985 院校学生学习态度的影响又显著高于对 211 院校的影响。"成绩排名"对 985 院校学生学习态度的影响显著高于对 211 院校和地方本科院校的影响。

二、对比分析课程学习评价要素对三类院校中学生学习策略的影响

基于三类院校数据将 15 种具体评价要素作为自变量，控制学科、年级和性别这三种名义变量，对学习策略做多元线性回归分析，结果如表 6-10 所示。方差分析结果表明：三类院校的多元线性回归方程在 .001 水平上都是显著的，且拟合结果较好（985 院校：F=59.956；211 院校：F=111.95；地方本科院校：F=1197.682）。共线性诊断结果表明：作为自变量的 15 种评价要素之间不存在共线性的问题。从判定系数修正后的 R^2 来看，三类院校的回归模型分别可以解释学习策略变异量分别为：985 院校 40.2%，211 院校 42.3%，地方本科院校 43.2%。

985 院校回归模型中，对学习策略影响最大的是"教师反馈"，其次是"在论文/报告写作中提出观点或想法并论证"，第三是"在论文/报告写作中深入引证文献和数据"；211 院校回归模型中，对学习策略影响最大的是"教师反馈"，其次是"在论文/报告写作中广泛搜集并查阅资料"，第三是"在论文/报告写作中和老师/同学反复讨论"；地方本科院校回归模型中，对学习策略影响最大的是"教师反馈"，其次是"在论文/报告写作中和老师/同学反复讨论"，第三是"在论文/报告写作中提出观点或想法并论证"。

从"考试内容"来看，211 院校和地方本科院校中"划范围/重点需理

解运用的考试内容"对学习策略的影响大于"不划范围/重点需理解运用的考试内容"的影响；985院校中"不划范围/重点需理解运用的考试内容"对学生学习策略的影响大于"划范围/重点需理解运用的考试内容"的影响。"成绩排名"对三类院校中学生学习策略均有显著的正影响。在"课程学习评价方式的激励程度"中，只有作业的激励程度对三类院校中学生学习策略有显著影响，且"个人独立完成作业的激励程度"的影响大于"小组合作完成作业的激励程度"的影响。

表6-10 三类院校中具体课程学习评价要素对学习策略的多元线性回归分析结果

	预测变量	985院校	211院校	地方本科院校
课程学习评价方式的激励程度	考试	-.028	-.023	-.006
	论文	.037	.01	.01
	实验报告	.01	.019	.023***
	个人独立完成作业	.097***	.11***	.086***
	小组合作完成作业	.066**	.065***	.071***
考试内容	划范围/重点且背诵记忆	.047	.021	.013**
	划范围/重点需理解运用	.079***	.11***	.111***
	不划范围/重点且背诵记忆	.0	.021	.033***
	不划范围/重点需理解运用	.11***	.09***	.095***
论文/报告写作	提出观点并论证	.149***	.129***	.138***
	和老师/同学讨论	.123***	.141***	.149***
	搜集并查阅资料	.14***	.15***	.119***
	引证文献和数据	.141***	.135***	.135***
	成绩排名	.067***	.046**	.052***
	教师反馈	.187***	.192***	.202***
	F^a	59.956***	111.95***	1197.682***
	修正R^2	.402	.423	.432

注：a 上述四个回归模型的自由度均为22；*p<.05；**p<.01；***p<.001。受篇幅所限以及本研究重点在考察不同的评价情境对学生学习策略的影响，本表格中没有给出各名义变量的标准化系数值。

系数比较结果显示（详见附录五表2）："划范围/重点需理解运用的考试内容"对地方本科院校中学生学习策略的影响显著高于对985院校中学生的影响。在"论文/报告写作"中"提出观点或想法并论证"对985院校中学生学习策略的影响显著高于对211院校中学生的影响；"和老师/同学反复讨论"对地方本科院校中学生学习策略的影响显著高于对985院校中学生的影响；"广泛搜集并查阅资料"对985院校中学生学习策略的影响显著高于对地方本科院校中学生的影响。"教师反馈"对地方本科院校中学生学习策略的影响显著高于对985院校中学生的影响。"成绩排名"对985院校学生学习策略的影响显著高于对211院校和地方本科院校的影响。

三、对比分析课程学习评价要素对三类院校中学生学习行为投入的影响

基于三类院校数据将15种具体评价要素作为自变量，控制学科、年级和性别这三种名义变量，对学习行为投入做多元线性回归分析，结果如表6-11所示。方差分析结果表明：三类院校的多元线性回归方程在.001水平上都是显著的，且拟合结果较好（985院校：F=82.487；211院校：F=148.937；地方本科院校：F=1514.105）。共线性诊断结果表明：作为自变量的15种评价要素之间不存在共线性的问题。从判定系数修正后的R^2来看，三类院校的回归模型分别可以解释学习行为投入变异量分别为：985院校48.1%，211院校49.4%，地方本科院校49.0%。

985院校回归模型中，对学习行为投入影响最大的是"教师反馈"，其次是"成绩排名"，第三是"在论文/报告写作中和老师/同学反复讨论"；211院校和地方本科院校回归模型中，对学习行为投入影响最大的是"教师反馈"，其次是"在论文/报告写作中和老师/同学反复讨论"和"成绩排名"。

表 6-11 三类院校中具体课程学习评价要素对学习行为投入的多元线性回归分析结果

预测变量		985 院校	211 院校	地方本科院校
课程学习评价方式的激励程度	考试	.003	.015	.004
	论文	.023	−.009	−.016
	实验报告	.001	.009	.037***
	个人独立完成作业	.112***	.097***	.107***
	小组合作完成作业	.068	.086***	.062***
考试内容	划范围/重点且背诵记忆	.027	.02	.005
	划范围/重点需理解运用	.056**	.066***	.072***
	不划范围/重点且背诵记忆	.009	.021	.041***
	不划范围/重点需理解运用	.076***	.074***	.08***
论文/报告写作	提出观点并论证	.103***	.093***	.101***
	和老师/同学讨论	.164***	.184***	.184***
	搜集并查阅资料	.107***	.093***	.08***
	引证文献和数据	.086***	.086***	.067***
	成绩排名	.208***	.182***	.179***
	教师反馈	.287***	.305***	.308***
	F^a	82.487***	148.937***	1514.105***
	修正 R^2	.481	.494	.49

注：[a] 上述四个回归模型的自由度均为 22；*p<.05；**p<.01；***p<.001。受篇幅所限以及本研究重点在考察不同的评价情境对学习行为投入的影响，本表格中没有给出各名义变量的标准化系数值。

"考试内容"中，"划范围/重点需理解运用的考试内容"对 985 院校和 211 院校中学生学习行为投入的影响小于"不划范围/重点需理解运用的考试内容"的影响；"划范围与不划范围/重点需理解运用的考试内容"对地方本科院校学生的学习行为投入的影响没有区别。"需背诵记忆的考试内容"只对地方本科院校学生学习行为投入有显著影响。"成绩排名"对三类院校中学生学习行为投入均有显著的正影响。"课程学习评价方式的激励程度"中只有作业的激励程度对三类院校中学生学习行为投入有显著影响，且三类院校中"个人独立完成作业的激励程度"对学习行为投入的影响大于"小组合作完成作业的激励程度"的影响。

系数比较结果显示（详见附录五表3）：在"论文/报告写作"中"和老师/同学反复讨论"对985院校中学生学习行为投入的影响显著低于对211院校和地方本科院校学生的影响；"教师反馈"对地方本科院校中学生学习行为投入的影响显著高于对985院校中学生学习行为投入的影响；"成绩排名"对985院校中学生学习行为投入的影响显著高于对211院校和地方本科院校中学生学习行为投入的影响。

四、对比分析课程学习评价要素对三类院校中学生学业成果的影响

基于三类院校数据将15种具体评价要素作为自变量，控制学科、年级和性别这三种名义变量，对学业成果做多元线性回归分析，结果如表6-12所示。方差分析结果表明：三类院校的多元线性回归方程在.001水平上都是显著的，且拟合结果较好（985院校：F=27.926；211院校：F=56.507；地方本科院校：F=521.479）。共线性诊断结果表明：作为自变量的15种评价要素之间不存在共线性的问题。从判定系数修正后的R^2来看，三类院校的回归模型分别可以解释学业成果变异量分别为：985院校23.5%，211院校26.8%，地方本科院校24.8%。

985院校回归模型中，对学业成果影响最大的是"教师反馈"，其次是"在论文/报告写作中深入引证文献和数据"和"广泛搜集并查阅资料"；211院校回归模型中，对学业成果影响最大的是"教师反馈"，其次是"在论文/报告写作中和老师/同学反复讨论"和"小组合作完成作业的激励程度"；地方本科院校回归模型中，对学业成果影响最大的是"教师反馈"，其

次是"在论文/报告写作中和老师/同学反复讨论",第三是"划范围/重点需理解运用的考试内容"。

表6-12 三类院校中具体课程学习评价要素对学业成果的多元线性回归分析结果

预测变量		985院校	211院校	地方本科院校
课程学习评价方式的激励程度	考试	−.011	.008	.01
	论文	.066**	.047*	.052***
	实验报告	−.007	−.009	.003
	个人独立完成作业	.068**	.08***	.071***
	小组合作完成作业	.087***	.119***	.089***
考试内容	划范围/重点且背诵记忆	.03	.031	.029***
	划范围/重点需理解运用	.066**	.086***	.095***
	不划范围/重点且背诵记忆	.013	.006	.009
	不划范围/重点需理解运用	.064**	.072***	.07***
论文/报告写作	提出观点并论证	.076**	.059*	.067***
	和老师/同学讨论	.1***	.121***	.111***
	搜集并查阅资料	.102***	.1***	.09***
	引证文献和数据	.108***	.108***	.089***
成绩排名		.068**	.05***	.072***
教师反馈		.126***	.131***	.131***
F^a		27.926***	56.507***	521.479***
修正 R^2		.235	.268	.248

注:[a] 上述四个回归模型的自由度均为22;*$p<.05$;**$p<.01$;***$p<.001$。受篇幅所限以及本研究重点在考察不同的评价情境对学业成果的影响,本表格中没有给出各名义变量的标准化系数值。

"考试内容"中,211院校和地方本科院校中"划范围/重点需理解运用的考试内容"对学生学业成果的影响大于"不划范围／重点需理解运用的考试内容"的影响；而"划范围／重点需理解运用的考试内容"和"不划范围／重点需理解运用的考试内容"对985院校学生学业成果的影响相近。只需背诵记忆的考试内容对三类院校中学生学业成果均没有显著影响。"成绩排名"对三类院校中学生学业成果均有显著的正影响。"课程学习评价方式的激励程度"中只有"作业"的激励程度对三类院校中学生学业成果有显著影响，且三类院校中"小组合作完成的作业"对学业成果的影响大于"个体独立完成的作业"的影响。

系数比较结果显示（详见附录五表4）：在"论文／报告写作"中"提出观点或想法并论证"对985院校中学生学业成果的影响显著高于对211院校中和地方本科院校中学生的影响；"和老师／同学反复讨论"对211院校中学生学业成果的影响显著高于对985院校中和地方本科院校中学生的影响。"成绩排名"对985院校和地方本科院校中学生学业成果的影响显著高于对211院校中学生的影响。

第四节 课程学习评价与三类院校中学生学习的关系

本章首先描述了三类院校中本科生对不同课程学习评价的认识；接着使用三类院校的数据与"课程学习评价影响机制模型"拟合，探究了课程学习评价与三类院校中学生学习的关系；最后深入分析了具体评价要素是如何影响三类院校学生的学习过程和学业成果的。主要研究结论及讨论如下：

一、"论文／报告写作"与三类院校中学生学习的关系

在"课程学习评价影响机制模型"中，对三类院校中学生学习影响最大的课程学习评价是"论文／报告写作"。其中，对学生学习态度的影响在211

院校和 985 院校中相似且均大于在地方本科院校中，对学习策略的影响在地方本科院校和 211 院校中相似且均大于在 985 院校中，对学习行为投入和学业成果的影响在 985 院校中大于在其他两类院校中。从这里可以看出，这可能是因为"论文/报告写作"需要学生个体具有一定的分析能力、批判性思维和较高的书面表达技能，而不同类型院校中的生源质量和师资力量的差异，也可能导致学生在这些方面的差异。相比而言，985 院校的学生能从"论文/报告写作"中获益更多。

将"论文/报告写作"分解为"提出观点或想法并论证""和老师/同学反复讨论""广泛搜集并查阅资料""深入引证文献和数据"等要素之后，控制其他评价情境和学科、年级、性别等名义变量，分别对学习态度、学习策略、学习行为投入和学业成果做回归分析。分析结果表明，这四个要素对学生的学习态度、学习策略、学习行为投入和学业成果都有显著的正影响。而且在"论文/报告写作"中对 985 院校和 211 院校中学生学习态度和学习行为投入影响最大的要素是"和老师/同学反复讨论"，对地方本科院校中学生学习过程和学业成果影响最大的要素也是"和老师/同学反复讨论"；对 985 院校中学生学习策略影响最大的要素是"提出观点或想法并论证"，对学业成果影响最大的要素是"深入引证文献和数据"；对 211 院校中学生学习策略影响最大的要素是"广泛搜集并查阅资料"。因此，各院校可以根据实际情况，在"论文/报告写作"中有所侧重。值得注意的是，在"论文/报告写作"中"和老师/同学反复讨论"对三类院校中学生学习行为投入的影响最大，这可能是因为"和老师/同学反复讨论"能够让学生更清楚地理解"论文/报告写作"的程序性知识，从而在这一评价情境中做得更好。

综上可以看出，"论文/报告写作"对三类院校中学生学习的影响最大。但是学生是如何理解三类院校中的"论文/报告写作"的呢？本书研究的调查数据显示：三类院校中只有不到 10% 的学生认为在"论文/报告写作"中非常强调"提出观点或想法并论证"；只有不到 5% 的学生认为在"论文/报告写作"中非常强调"和老师/同学反复讨论"，1/4 的学生认为从不强调"和老师/同学反复讨论"。三类院校中不到12%的学生认为在"论文/报告写作"中非常强调"深入引证文献和数据",45%的学生认为只是偶尔强调"深入引证文献和数据"。这样的"论文/报告写作"就很难避免流于形式、抄袭杜撰等不良现象的出现。而且三类院校的学生在"论文/报告写作"中也很少与"老师/同学反复讨论"。而在论文写作中,与师生的交流、讨论、分享等不仅有助于论文质量的提高,还可以让学生更为享受这一求知过程(Lindblom, et al., 2003)。

二、"教师反馈"与三类院校中学生学习的关系

在"课程学习评价影响机制模型"中,"教师反馈"除对985院校中学生的学业成果没有显著的直接影响之外,对三类院校中学生的学习态度、学习策略、学习行为投入和学业成果都有显著正向的影响。从总影响来看,"教师反馈"对地方本科院校中学生学习的影响最大。

多元回归分析的结果也表明:"教师反馈"对地方本科院校中学生的学习态度、学习策略、学习行为投入和学业成果的影响最大。这说明相比较985院校和211院校而言,地方本科院校中教师对学生的学业表现做出及时的反馈对学生学习过程和学业成果的影响更大。这可以从两个方面去解释:一方面地方本科院校中的学生需要教师更多的指导和反馈;另一方面,调查数据显示,地方本科院校中学生获得的教师反馈显著多于985院校和211院校。也就是说,有可能是因为地方本科院校中学生得到的教师反馈比较多,因而更好地影响和促进了学生的学习;而985院校和211院校中学生得到的教师反馈比较少,所以对学生学习的促进作用就比较小。国外专门针对高等教育领域中的"教师反馈"(Hattie & Timperley, 2007; Nicol, et al., 2004; Pokorny, et al., 2010; Rae, et al., 2008; Torrance, 2007; Weaver, 2006)的研究和国内关于二语教学和习得过程中"教师反馈"作用的研究[①]

[①] 笔者在"中国知网、万方数据资源系统和维普中文期刊数据库"等的搜索发现,国内关于教师反馈的研究只局限于二语的教学,特别是英语写作的教学当中。

(贝晓越，2009；郭清华，2004；王颖，2006）也指出，教师反馈对学生可以产生积极的影响。哈蒂和廷珀利的研究甚至还指出，对学生学业成果影响最大的因素是教师反馈，其效应值可以达到 .91；但是也并非所有的教师反馈都可以对学生学习产生积极的影响；能够产生积极效应的教师反馈包括强化性（reinforcement）的教师反馈、纠正性（corrective）的教师反馈、补救性（remediation）的教师反馈、诊断性（diagnoses）的教师反馈等。而带有奖励性（reward）的或者惩罚性（punishment）的教师反馈对学习产生的是一种消极的效应。因本书研究中只涉及教师反馈的时效性，没有涉及教师反馈的其他性质，所以不能对其及其影响进行深入的剖析。总体而言，对学生的学业表现进行及时的反馈可以促进三类院校中的学生更好地学习，尤其是对地方本科院校中学生学习的促进作用更大。

三、"考试内容""成绩排名"与三类院校中学生学习的关系

作为目前三类高校中主要的课程学习评价情境，"考试内容"和"成绩排名"虽然被大部分学生抱怨和批评，但本书研究发现"考试内容"和"成绩排名"在某种程度上都有利于学生的学习。相比之下，"成绩排名"的影响更大。其中，"成绩排名"对学习态度和学习行为投入的影响大于对学习策略和学业成果的影响。"成绩排名"对 985 院校中学生学习态度、学习策略和学习行为投入的影响显著高于对 211 院校和地方本科院校中学生学习的影响。这可能是因为，相比较 211 院校和地方本科院校，985 院校中的学生更为看重成绩排名的实际利益。在本调查的开放问题回答中发现：985 院校中有学生甚至提出可以在全校范围内进行排名，而且比较认可成绩排名和奖学金评定、出国等挂钩。但是成绩排名对学生学习的这种影响是让学生更为关注学习本身呢，还是更为关注分数、排名本身呢，还有待于深入的研究。

国外关于成绩利弊的研究兼有，认为有利的一方指出："只要在给成绩之前将规则和要求描述得很清楚，且该成绩只是用来促进学习和教学，而

不是被用来作为奖惩和选拔等排他性决策的唯一标准"(Scanlon, et al., 1998),那么"成绩在某种程度上就可以反映学生的学习动机、学习提高的程度和学生的努力质量"(Dwyer, 1998)。另外,成绩还承担着多种角色:成绩是决定一个学生能否毕业的基本依据;是向雇主或者研究生院证明学生学习质量的普遍形式;是师生之间沟通交流的主要内容;可以反映和区分学生的学业表现;更为重要的是,成绩影响学生学习的方式、内容、时间和精力的分配等方方面面(Walvoord, et al., 2009)。认为有弊的一方指出:"给出成绩的标准很模糊、很主观,这种成绩和学生的学业成果和个体发展之间没有实质性的关系(Yorke, 2007);成绩不能反映学生的能力;而使用成绩排名或者分等更是有害于学生的学习,不利于营造一种彼此合作、相互支持的学术氛围"(Pollio, et al., 1988)。不管怎样,成绩以及对成绩的使用都会对教和学产生重要的影响。因此,如果可能,高校应该确保师生可以围绕"成绩"对话,通过对话来更有效地促进而不是阻碍学生的学习,同时确保学生感兴趣的是学习而不是成绩。本次调查数据显示,目前三类高校中认为可以经常和任课老师讨论分数或作业的不到20%。另外,一个好的评分体系可以为学生、教师、大学、雇主等创造一个互赢的局面(Hu, 2005)。

"成绩排名"是基于什么呢?目前在高校中还主要是基于考试。其实,"考试"本身是中立的,是考试的内容被诟病,即学生普遍认为考试内容太偏重背诵记忆;考试内容历年不变,考前刷题即可获得高分等。多元线性回归分析结果表明:"需理解运用的考试内容"对学习的影响大于"需背诵记忆的考试内容"的影响。在985院校中"不划范围/重点需理解运用的考试内容"对学习态度和学习策略的影响较大;在211院校和地方本科院校中"划范围/重点需理解运用的考试内容"对学生学习态度和学习策略的影响较大;对三类院校中学习行为投入影响较大的是"不划范围/重点需理解运用的考试内容";对三类院校中学业成果影响较大的是"划范围/重点需理解运用的考试内容"。相比较其他评价情境,考试内容在"课程学习评价影响机制模型"中对三类院校学生学习过程和学业成果的影响都是最小的。

四、"课程学习评价方式的激励程度"与三类院校中学生学习的关系

已有研究指出,评价情境不仅通过具体的形式、要求和结果对学生学习产生影响,而且学生对各种评价情境的认识和理解也会对学生的学习产生影响(Birenbaum,1997;Van de Watering, et al., 2008)。本书研究发现在五种课程学习评价方式中,学生普遍认为"考试、个人独立完成的作业和小组合作完成的作业"对学习的激励程度要高于"论文和实验报告"对学习的激励程度。其中,"考试"对地方本科院校中学生学习的激励程度显著低于对985院校和211院校中学生的激励程度。这可能是因为地方本科院校中需背诵记忆的考试内容所占的比例较多,而需理解运用的考试内容较少。而只有需理解运用的考试内容才有助于学生进行自我反思,只有有助于学生进行自我反思的评价才能促进和提高学生的学习(Black, et al., 1998)。"论文"对985院校中学生学习的激励程度要显著高于对地方本科院校中学生学习的激励。

本章将五类课程学习评价方式的激励程度分别对学生学习过程和学业成果做多元线性回归分析,结果表明:总体上,"个人独立完成的作业和小组合作完成的作业"对三类院校中学生学习的影响大于"考试、论文和实验报告"的影响。且"个人独立完成的作业"对三类院校中学生学习过程的影响大于"小组合作完成的作业"的影响,但是对三类院校中学生学业成果影响较大的是"小组合作完成的作业"。这说明了团队合作对最终学业成果的意义。在"课程学习评价影响机制模型"中,从三类院校之间的比较来看,"课程学习评价方式的激励程度"对211院校学生学习态度和学业成果的影响较大,对985院校学生学习策略和学习行为投入的影响较大。

最后,三类院校的本科生对考试、论文、实验报告的认识影响了他们的学习,但是实际影响与学生的主观认识不一致。即三类院校的本科生都认为考试对学习的激励程度高于论文、实验报告对学习的激励,但是在结构方程模型和回归分析中,考试对学习的影响最小,论文/报告写作对学习的

影响最大。

综上，本章的研究对比分析了三类院校中本科生对课程学习评价的认识和理解，以及课程学习评价与学生学习过程和学业成果之间的关系。下一章将从学科视角分析不同学科学生是如何认识和理解课程学习评价情境的，以及课程学习评价与学生学习之间的关系如何，有何异同等。

第七章 基于学科分析课程学习评价与学生学习的关系

本章对比分析了不同学科本科生对课程学习评价的认识和理解，以及课程学习评价与学生学习之间的关系在不同学科间的异同，分析使用到的数据是从全国数据中分割出来的学科数据——文科、社科、理科和工科。

第一节 不同学科学生对课程学习评价的认识分析

一、不同学科学生对课程学习评价认识的描述统计结果

图 7-1 所示为不同学科学生对不同课程学习评价认识和理解的均值特征（其他描述统计结果详见附录三表 2）。在"课程学习评价方式的激励程度"中不同学科的学生普遍认为"考试、个人独立完成的作业和小组合作完成的作业"对学习的激励程度要高于"论文和实验报告"对学习的激励。所有学科的学生都认为"考试内容"中"划范围/重点"多于"不划范围/重点"，"需理解运用"多于"需背诵记忆"。所有学科的学生都认为"论文/报告写作"中对"广泛搜集并查阅资料"的强调多于"提出观点或想法并论证、和老师/同学反复讨论、深入引证文献和数据"等的强调。其中，"和老师/同学反复讨论"的均值最低，且文科学生认为在"论文/报告写作"中"和老师/同学反复讨论"的均值是所有课程学习评价中最低的。社科、理科和工科的学生认为"学业表现得到教师及时的反馈"的均值是所有课程学习评价

中最低的。总体上，所有学科学生都认为师生可以对话交流的课程学习评价远少于其他评价。

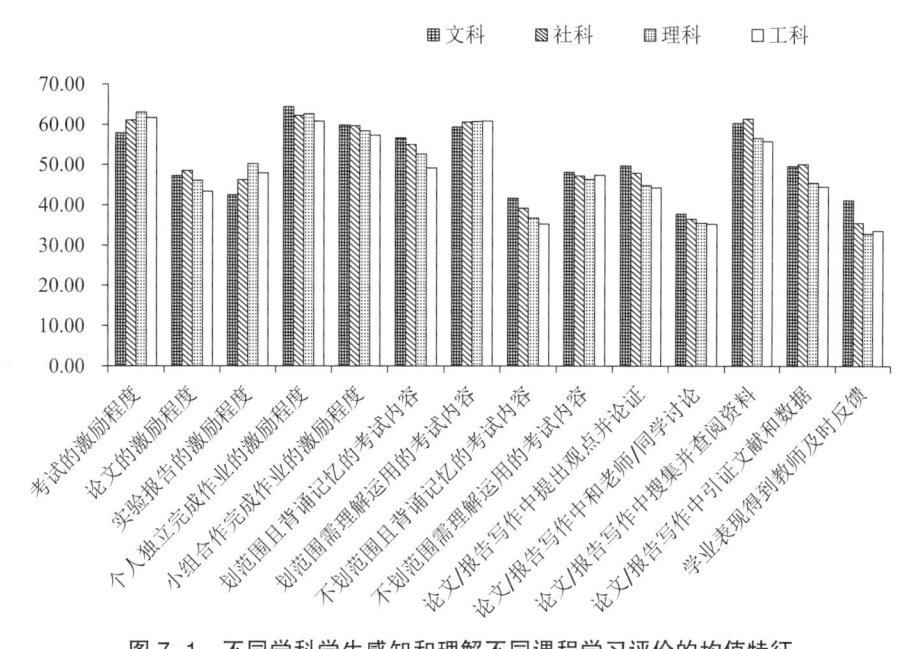

图 7-1 不同学科学生感知和理解不同课程学习评价的均值特征

二、不同学科学生对课程学习评价认识和理解的对比分析

本节使用方差分析比较不同学科的学生对课程学习评价认识和理解是否存在显著差异（结果详见表7-1）。方差分析结果表明：不同学科中"划范围/重点且背诵记忆（F=183.616）、划范围/重点需理解运用（F=8.989）、不划范围/重点且背诵记忆（F=137.627）、不划范围/重点需理解运用（F=5.859）"的考试内容在.001水平上都存在显著差异。事后均值的两两比较结果表明：需背诵记忆的考试内容无论划范围/重点与否，都是文科的最多，社科的次之，工科的最少。从需理解运用的考试内容来看，文科（M=59.38）划范围/重点需理解运用的考试内容显著少于其他学科的这种考试内容（社科：M=60.61；理科：M=60.76；工科：M=60.87）。相比之下，

文社科需背诵记忆的考试内容比理工科的多；工科的考试内容多偏理解运用。这和国外的研究不同，即文社科这一类弱范式学科更偏重批判理解，而理工科这一类强范式学科更偏重背诵记忆（Braxton，1995）。

表 7-1 显示：不同学科在"论文/报告写作"中强调"提出观点或想法并论证（F=108.813）""和老师/同学反复讨论（F=20.707）""广泛搜集并查阅资料（F=122.353）""深入引证文献和数据（F=119.538）"在 .001 水平上都有显著差异。事后均值的两两比较结果表明：文科（M=49.69）对"提出观点或想法并论证"的强调程度显著高于其他学科（社科：M=47.87；理科：M=44.83；工科：M=44.23）；社科对这一要素的强调又显著高于理科和工科。文科（M=37.76）对"和老师/同学反复讨论"的强调程度显著高于其他学科（社科：M=36.49；理科：M=35.50；工科：M=35.26）；社科对这一要素的强调又显著高于工科。社科（M=61.47）对"广泛搜集并查阅资料"的强调程度显著高于其他学科（文科：M=60.37；理科：M=56.61；工科：M=55.85）；文科对这一要素的强调又显著高于理科和工科。文科（M=49.58）和社科（M=50.08）对"深入引证文献和数据"的强调程度显著高于理科（M=45.45）和工科（M=44.49）。相比之下，文社科对"论文/报告写作"中四个要素的强调程度都显著高于理工科。这和国外的研究基本一致，即相比较理工科这类强范式学科，文社科这类弱范式学科更加注重学生的写作表达能力，师生之间的互动更多（Smart, et al., 2007）。

不同学科本科生"学业表现得到教师及时的反馈"存在显著差异（F=207.761，p<.001）。事后均值的两两比较结果表明：文科（M=41.14）学生的"学业表现得到教师及时的反馈"显著多于其他学科（社科：M=35.52；理科：M=32.85；工科：M=33.59）；社科学生的学业表现得到教师及时的反馈又显著多于理科和工科。总体上，文社科学生的学业表现获得的教师反馈多于理工科。这可能是因为文社科的范式所造成的，即文社科教师与学生的互动较多，理工科教师更为强调自己的权威性（Brint, et al., 2012；Smart,

表 7-1 不同学科的学生对不同评价情境认识的比较分析结果

	变量名称	F 值	文 VS. 社	文 VS. 理	文 VS. 工	社 VS. 理	社 VS. 工	理 VS. 工
课程学习评价方式的激励程度	考试 a	38.666***	-3.191***	-5.166***	-3.79***	-1.976***	-0.6	1.376*
	论文 a	81.291***	-1.286**	1.16	3.864***	2.447***	5.15***	2.703***
	实验报告 a	122.003***	-3.722***	-7.698***	-5.402***	-3.976***	-1.68***	2.296***
	个人独立完成作业 a	36.722***	2.214***	1.781***	3.612***	-0.433	1.398***	1.831***
	小组合作完成作业 a	23.968***	0.161	1.456**	2.519***	1.295*	2.359***	1.064*
考试内容	划范围/重点且背诵记忆 a	183.616***	1.65***	4.107***	7.557***	2.456***	5.906***	3.45***
	划范围/重点需理解运用 a	8.989***	-1.236**	-1.381**	-1.487***	-0.145	-0.251	-0.106
	不划范围/重点且背诵记忆 a	137.627***	2.452***	4.924***	6.356***	2.472***	3.904***	1.432***
	不划范围/重点需理解运用 a	5.859***	0.9	1.79***	0.711	0.889	-0.189	-1.078*
论文/报告写作	提出观点并论证 a	108.813***	1.817***	4.855***	5.459***	3.038***	3.641***	0.604
	和老师/同学讨论 a	20.707***	1.276***	2.266***	2.505***	0.99	1.229***	0.239
	搜集并查阅资料 a	122.353***	-1.096**	3.769***	4.522***	4.865***	5.619***	0.753
	引证文献和数据 a	119.538***	-0.498	4.133***	5.096***	4.631***	5.594***	0.963
	教师反馈 a	207.761***	5.621***	8.292***	7.551***	2.671***	1.93***	-0.741

注：下标字母 a 的变量违反了方差齐性假设，故使用 Tamhane's T2 法做事后比较。*p<.05；**p<.01；***p<.001。

et al., 2007)。

表 7-1 显示，五种课程学习评价方式对不同学科学生学习的激励程度在 .001 水平上都存在显著差异（考试：F=38.666；论文：F=81.291；实验报告：F=122.003；个人独立完成的作业：F=36.722；小组合作完成的作业：F=23.968）。事后均值的两两比较结果表明："考试"对文科学生学习的激励程度（M=57.88）显著低于对其他学科学生的激励（社科：M=61.07；工科：M=61.67；理科：M=63.04），对理科学生学习的激励程度显著高于对社科和工科学生的激励，即"考试"对文科学生的激励程度最低，对理科学生的激励程度最高。"论文"对社科（M=48.49）学生学习的激励程度显著高于对其他学科学生的激励（文科：M=47.20；工科：M=43.34；理科：M=46.04），对工科学生学习的激励程度显著低于对其他学科学生的激励，即"论文"对工科学生的激励程度最低，对社科学生的激励程度最高。"实验报告"对文科（M=42.50）学生学习的激励程度显著低于对其他学科学生（社科：M=46.22；理科：M=50.20；工科：M=47.90）的激励，对理科学生的激励程度显著高于对其他学科学生的激励，对工科学生的激励程度又显著高于对社科学生的激励，即"实验报告"对文科学生的激励程度最低，对理科学生的激励程度最高。"个人独立完成的作业"对文科（M=64.43）学生学习的激励程度显著高于对其他学科学生的激励（社科：M=62.21；理科：M=62.65；工科：M=60.82），对工科学生学习的激励程度显著低于对其他学科学生的激励，即"个人独立完成的作业"对工科学生的激励程度最低，对文科学生的激励程度最高。"小组合作完成的作业"对文科（M=59.86）和社科（M=59.70）学生学习的激励程度显著高于对理科（M=58.40）和工科（M=57.34）学生学习的激励，对工科学生学习的激励显著低于对其他学科学生的激励，即"小组合作完成的作业"对工科学生的激励程度最低。

第二节 "课程学习评价影响机制模型"在不同学科中的对比

本节将使用 AMOS18.0 软件中的"多群组同时分析"程序进一步验证"课程学习评价影响机制模型"是否也适合于不同学科的学生群体,即评估本研究所构建的课程学习评价与学生学习的假设模型在不同学科群体间是否相等或参数是否具有不变性。如果多群组的结构方程模型分析结果表明"课程学习评价影响机制模型"在不同学科群体间是合适且可以被接受的,那么该假设模型具有跨学科的群组效度。这样,我们就可以从学科视角去对比分析课程学习评价对学生学习的影响。

一、"课程学习评价影响机制模型"与不同学科数据的拟合情况

表 7-2 为不同学科多群组结构方程模型分析的整体适配度摘要表,由表可知:"课程学习评价影响机制模型"与文科、社科、理科和工科的多群组数据拟合较好。由于四类学科中的样本量均超过了 200,所以卡方值及其显著性检验就不再作为模型拟合的主要参考。从模型拟合的其他适配指标来看,模型的绝对适配指标、增值适配指标和简约适配指标都达到了结构方程模型整体适配的标准,这表示该模型具有跨学科的群组效度。本书研究提出的理论结构模型在不同学科群体间具有恒等性。

四类学科多群组结构方程模型中潜变量对指标变量的标准化回归系数(即因子载荷)的变化幅度详见表 7-3。四类学科模型中各潜变量对指标变量的因子载荷都大于 .50,且变化幅度均不大。配对参数比较结果表明(详见附录四表 2):"课程学习评价影响机制模型"中所有潜变量对指标变量的因子载荷在四类学科中没有显著差异。这说明本研究选择的潜变量和指标变量在不同学科群体之间具有同等性,其测量模型具有组间不变性的性质。

表 7-2　不同学科多群组结构方程模型分析的整体适配度摘要表

指标	χ^2值	p	df	GFI	AGFI	RMSEA	NFI	CFI	PNFI
标准[①]	越小越好	>.05	≥0	>.90	>.90	<.05	>.90	>.90	>.50
模型	4371.48	0	200	.986	.970	.022	.981	.981	.539

注：文科：N=9268（加权后）；社科：N=9516（加权后）；理科：N=7114（加权后）；工科：N=17349（加权后）。

表 7-3　不同学科中各潜变量对指标变量的因子载荷

潜变量		指标变量	文科	社科	工科	理科
学习态度	→	学习状态	.696	.690	.692	.689
学习态度	→	学习动机	.745	.735	.749	.750
学习策略	→	元认知策略	.747	.746	.75	.754
学习策略	→	认知策略	.638	.629	.631	.630
学习行为投入	→	课下投入	.834	.830	.843	.844
学习行为投入	→	课上投入	.770	.753	.766	.760
学业成果	→	自我认识	.732	.735	.742	.746
学业成果	→	能力成果	.795	.79	.788	.785
学业成果	→	认知成果	.870	.866	.860	.866

注：文科：N=9268（加权后）；社科：N=9516（加权后）；工科：N=17349（加权后）；理科：N=7114（加权后）。以上因子载荷值均显著。

上述对理论结构模型和测量模型的比较分析表明，"课程学习评价影响机制模型"适合于从学科视角分析课程学习评价与学生学习的关系。但是否某些特定的路径在不同学科子样本中也具有同样的因果结构不变性呢？表7-4所示为不同学科模型中潜变量之间不显著的路径假设。所有模型中"课程学习评价方式的激励程度、考试内容和成绩排名"对学业成果都没有显著的直接影响；"课程学习评价方式的激励程度"对文科和社科学生的学习行

[①] 结构方程模型中整体适配度的统计量介绍和标准详见《结构方程模型——AMOS的操作与应用》。

为投入没有显著的直接影响；"考试内容"对社科学生的学习策略和学习行为投入、对理科学生的学习行为投入没有显著的直接影响；"教师反馈"对文科学生的学业成果没有显著的直接影响。

表 7-4 不同学科中变量间不显著的路径

模型类型	模型中不显著的路径
总模型	课程学习评价方式的激励程度、考试内容和成绩排名→学业成果；学习策略→学业成果；学习态度→学习行为投入
文科	课程学习评价方式的激励程度→学习行为投入、学业成果；教师反馈、考试内容、成绩排名→学业成果
社科	考试内容→学习策略、学习行为投入、学业成果；课程学习评价方式的激励程度→学习行为投入、学业成果；成绩排名→学业成果
理科	考试内容→学习行为投入、学业成果；课程学习评价方式的激励程度、成绩排名→学业成果
工科	课程学习评价方式的激励程度、考试内容和成绩排名→学业成果

注：以上路径之间的系数值在 .05 水平上均不显著。

无论从模型的测量角度来看，还是从模型的整体适配度来看，本书研究提出的"课程学习评价影响机制模型"与不同学科的数据拟合较好。其中，模型中所选指标变量的题项在不同学科类型群体间具有同等性，即测量模型具有组间不变性的特点。模型中的理论/因子结构在不同学科群体中是恒等的，即结构模型具有组间同等性的特点。不同学科中路径假设的不同正好可以说明不同学科类型及其学生群体各自的特征。因此，接下来将对比分析评价情境对不同学科学生学习态度、学习策略、学习行为投入和学业成果的直接效应、间接效应和总效应。

二、课程学习评价与不同学科学生学习的关系分析

第一，不同学科中课程学习评价对"学习态度"的效应详见表7-5。"课程学习评价影响机制模型"可以解释不同学科本科生"学习态度"变异量分

别为：文科 39.6%，社科 39.7%，工科 42.3%，理科 37.4%。所有评价情境对"学习态度"都只有直接效应，没有间接效应。其中，对文科和社科学生学习态度影响最大的课程学习评价为"论文/报告写作"，其次是"课程学习评价方式的激励程度"；对工科和理科学生学习态度影响最大的是"课程学习评价方式的激励程度"，其次是"论文/报告写作"。除文科[①]之外，"成绩排名"对其他所有学科学习态度的影响大于"教师反馈"的影响。影响四类学生学习态度最小的课程学习评价是"考试内容"。配对参数比较结果表明（详见附录四表2）："论文/报告写作"对理科学生学习态度的影响显著低于对其他学科学生的影响；"课程学习评价方式的激励程度"对文科学生学习态度的影响显著低于对其他学科学生的影响；"教师反馈"对文科学生学习态度的影响显著高于对其他学科学生的影响；"成绩排名"和"考试内容"对理工科学生学习态度的影响显著高于对文社科学生的影响。

表 7-5[②] 不同学科模型中课程学习评价对学习态度的效应与 SMC

	直接效应				间接效应				总效应			
	文科	社科	工科	理科	文科	社科	工科	理科	文科	社科	工科	理科
成绩排名	.193	.196	.216	.211	—	—	—	—	.193	.196	.216	.211
评价方式的激励	.242	.284	.306	.285	—	—	—	—	.242	.284	.306	.285
教师反馈	.2	.182	.181	.195	—	—	—	—	.2	.182	.181	.195
论文/报告写作	.32	.315	.294	.258	—	—	—	—	.32	.315	.294	.258
考试内容	.076	.06	.086	.084	—	—	—	—	.076	.06	.086	.084
SMC	.396	.397	.423	.374	—							

---

① "教师反馈"对文科学生学习态度的影响大于"成绩排名"的影响。
② 表 7-5 至 7-12 中各学科的样本量均为文科：N=9268（加权后）；社科：N=9516（加权后）；工科：N=17349（加权后）；理科：N=7114（加权后）。上述直接效应值均在 .05 水平上显著。SMC（多元相关系数的平方）为不同学科的"学生评价影响机制模型"解释各潜变量变异量多少的指征。

第二，不同学科中课程学习评价对"学习策略"的效应详见表7-6。"课程学习评价影响机制模型"可以解释不同学科本科生"学习策略"变异量分别为：文科84.2%，社科86.3%，工科87.2%，理科86.7%。不同的课程学习评价情境在不同学科中对学生"学习策略"的直接效应、间接效应和总效应各不相同。其中，所有学科中对学生学习策略总效应最大的评价情境是"论文/报告写作"，且直接效应大于间接效应；"论文/报告写作"对文科学生学习策略的总效应大于对社科学生学习的总效应，对社科学生学习的总效应又大于对理工科学生学习的总效应。

表7-6 不同学科模型中课程学习评价对学习策略的效应与SMC

	直接效应				间接效应				总效应			
	文科	社科	工科	理科	文科	社科	工科	理科	文科	社科	工科	理科
成绩排名	.073	.077	.092	.083	.119	.133	.149	.145	.192	.21	.241	.228
评价方式的激励	.031	.041	.05	.064	.13	.151	.165	.142	.161	.192	.215	.206
教师反馈	.167	.123	.127	.126	.119	.123	.125	.132	.286	.246	.252	.258
论文/报告写作	.395	.359	.355	.379	.19	.213	.202	.174	.585	.572	.557	.553
考试内容	.02	.014	.032	.019	.045	.041	.059	.057	.065	.055	.084	.075
SMC	.842	.863	.872	.867	—								

"教师反馈"对不同学科学生学习策略的总效应仅次于"论文/报告写作"，且对文科学生学习策略的总效应最大，对理工科学生的总效应次之，对社科学生的总效应最小。"教师反馈"对文科学生学习策略的直接效应大于间接效应，对社科、理科、工科学生学习策略的直接效应和间接效应相近。

"成绩排名"对四类学科中学生学习策略的总效应次于"教师反馈"，且对所有学科的间接效应远大于直接效应。"成绩排名"对学习策略的总效应在理工科中大于文社科。

"课程学习评价方式的激励程度"对四类学科中学生学习策略的总效应都次于"成绩排名",且间接效应远大于直接效应。其对学习策略的总效应在工科中最大,理科中次之,文科中最小。

"考试内容"对所有学科学生学习策略的直接效应、间接效应和总效应都最小,且对所有学科学生学习策略的间接效应大于直接效应。"考试内容"对学习策略的总效应在工科中最大,理科中次之,社科中最小。

配对参数比较结果表明(详见附录四表2):"论文/报告写作"和"教师反馈"对文科学生学习策略的直接影响显著高于对其他学科学生学习策略的影响。"论文/报告写作"对理科学生学习策略的影响显著高于对社科和工科学生学习策略的影响。

第三,不同学科模型中课程学习评价对"学习行为投入"的效应详见表7-7。"课程学习评价影响机制模型"可以解释不同学科本科生"学习行为投入"变异量分别为:文科89.6%,社科87.9%,工科88.2%,理科91.1%。不同的课程学习评价情境在不同学科模型中对"学习行为投入"的直接效应、间接效应和总效应各不相同。其中,"教师反馈"对文社科学生学习行为投入的直接效应大于"成绩排名"。"成绩排名"对理工科学生学习行为投入的直接效应大于"教师反馈"。"论文/报告写作"和"考试内容"对学习行为投入产生一种负向的直接效应。配对参数比较结果表明(详见附录四表2):"成绩排名"对文科学生学习行为投入的直接效应显著低于对其他学科学生学习行为投入的直接效应。"教师反馈"对文科学生学习行为投入的直接效应显著高于对其他学科学生的直接效应。

从总效应来看,影响四类学科学生学习行为投入最大的是"论文/报告写作",其次是"教师反馈"。所有学科模型中"论文/报告写作"和"教师反馈"对学习行为投入的间接效应远大于直接效应。相比之下,"论文/报告写作"和"教师反馈"对文社科学生学习行为投入的影响大于对理工科学生的影响。

表 7-7　不同学科模型中课程学习评价对学习行为投入的效应与 SMC

	直接效应				间接效应				总效应			
	文科	社科	工科	理科	文科	社科	工科	理科	文科	社科	工科	理科
成绩排名	.109	.135	.157	.152	.048	.042	.068	.066	.157	.177	.225	.218
评价方式的激励	.013	.006	.032	.04	.104	.129	.139	.117	.117	.136	.171	.156
教师反馈	.168	.157	.142	.13	.24	.21	.216	.223	.408	.367	.358	.353
论文/报告写作	−.114	−.082	−.097	−.131	.54	.489	.479	.501	.427	.406	.382	.37
考试内容	−.019	−.003	−.008	−.008	.071	.047	.072	.068	.052	.044	.064	.06
SMC	.896	.879	.882	.911	—							

"成绩排名"对所有学科学生学习行为投入的总影响次于"教师反馈"的总影响，且对理工科的影响大于对文社科的影响。这和国外的研究结果一致，即"理工科这类强范式的学科在给学生打分时的标准比较严苛，相比较而言也更为公平，因此对学生的促进作用更强"（Johnson，2003；Scanlon，et al.，1998）。"成绩排名"对四类学科学生学习行为投入的间接效应小于直接效应。

"课程学习评价方式的激励程度"对所有学科学生学习行为投入的总影响仅大于"考试内容"的总影响，且对理工科的影响大于对文社科的影响。其影响的间接效应远大于直接效应。

"考试内容"对所有学科学生学习行为投入的总影响最小，且对理工科的影响大于对文社科的影响。这和国外的研究基本一致，即"强范式的学科在评价学生的学习时常选择考试这种方式，认为考试能更好地考查学生掌握知识的程度"（Brint，et al.，2012）。另外，"考试内容"对学习行为投入的间接效应大于直接效应，且为负的直接效应。这可能是因为中国特有的考试传统以及学生在进入大学之前就已经养成了被动地应对考试的习惯。因此，越是需理解运用的考试内容越容易对学生学习行为产生负面影响（Tang, et al., 1996）。

第四，不同学科模型中课程学习评价对"学业成果"的效应详见表7-8。"课程学习评价影响机制模型"可以解释不同学科本科生"学业成果"变异量分别为：文科54.9%，社科57.1%，工科55.3%，理科55.5%。不同的课程学习评价情境在不同学科模型中对"学业成果"的直接效应、间接效应和总效应各不相同。其中，"成绩排名、课程学习评价方式的激励程度和考试内容"对所有学科模型中的学业成果都没有显著的直接效应；"论文/报告写作"对所有学科模型中的学业成果都产生一种正向的直接效应；"教师反馈"只对社科、理科和工科模型中的学业成果产生一种正向的直接效应。配对参数比较结果表明（详见附录四表2）："论文/报告写作"对文社科学生学业成果的直接效应显著高于对理工科学生的直接效应。

表7-8 不同学科模型中课程学习评价对学业成果的效应与SMC

	直接效应				间接效应				总效应			
	文科	社科	工科	理科	文科	社科	工科	理科	文科	社科	工科	理科
成绩排名	—	—	—	—	.128	.123	.139	.141	.138	.123	.139	.141
评价方式的激励	—	—	—	—	.147	.198	.201	.189	.147	.198	.201	.189
教师反馈	—	.04	.023	.04	.177	.117	.118	.122	.177	.157	.141	.162
论文/报告写作	.123	.136	.102	.109	.245	.221	.211	.209	.368	.357	.313	.318
考试内容	—	—	—	—	.037	.031	.05	.056	.037	.031	.05	.056
SMC	.549	.571	.553	.555	—								

从总效应来看，影响各学科学生学业成果最大的是"论文/报告写作"，且对文社科学生的总效应大于对理工科学生的总效应。总体上，"论文/报告写作"对各学科学生学业成果的间接效应大于直接效应。

"课程学习评价方式的激励程度"对社科、理科和工科学生学业成果的总效应仅次于"论文/报告写作",且对社工科学生的总效应大于对文理科学生的总效应。"课程学习评价方式的激励程度"对所有学科学生学业成果的影响只有间接效应,没有直接效应。

"教师反馈"对文科学生学业成果的总效应仅次于"论文/报告写作",且对文科学生的总效应大于对其他学科学生的效应。另外,"教师反馈"对所有学科学生学业成果的间接效应都大于直接效应。

"成绩排名"对所有学科学生学业成果的总效应仅大于"考试内容",且对理工科的效应大于对文社科的效应。另外,"成绩排名"对所有学科学生学业成果只有间接效应,没有直接效应。"考试内容"对所有学科学生学业成果的总效应最小,且对理工科的效应大于对文社科的效应,同时这种评价情境对各学科学生学业成果均没有直接效应。

第三节 课程学习评价的具体要素对四类学科学生学习的影响

前两节的研究不仅揭示了不同学科学生对课程学习评价这一评价情境的认识和理解各有侧重,更为重要的是对比分析了不同课程学习评价对不同学科学生学习态度、学习策略、学习行为投入和学业成果的关系,以及同一课程学习评价与不同学科学生学习过程和学业成果的关系。本节将进一步探究课程学习评价的具体要素影响不同学科学生学习态度、学习策略、学习行为投入和学业成果的程度,以及这种程度在不同学科中的异同。

一、对比分析课程学习评价要素对四类学科学生学习态度的影响

基于四类学科数据将 15 种具体评价要素作为自变量，控制院校类型、年级和性别这三种名义变量，对学习态度做多元线性回归分析，结果如表 7-9 所示。方差分析结果表明：四类学科的多元线性回归方程在 .001 水平上是显著的，且拟合结果较好（文科：F=185.181；社科：F=184.724；理科：F=140.925；工科：F=391.949）。共线性诊断结果表明：作为自变量的 15 种评价要素之间不存在共线性的问题。从判定系数修正后的 R^2 来看，四类学科的回归模型分别可以解释学习态度变异量分别为：文科 31.6%，社科 30.3%，理科 30.8%，工科 33.8%。

四类学科回归模型中，对学习态度影响最大的是"成绩排名"，其次是"个人独立完成的作业"，第三是"教师反馈"。

在考试内容中，"需背诵记忆的考试内容"对所有学科的学习态度都没有显著影响。需理解运用的考试内容对四类学科中学生学习态度都有显著影响，且"划范围/重点需理解运用的考试内容"对应用类的社工科学生学习态度的影响大于"不划范围/重点需理解运用的考试内容"，但是二者对文理科学生学习态度的影响差别不大。"论文/报告写作"中，对除社科外的学生学习态度影响最大的要素是"和老师/同学反复讨论"。对社科学生学习态度而言，"提出观点或想法并论证"的影响最大。"课程学习评价方式的激励程度"中"个人独立完成的作业"对四类学科学生学习态度的影响都高于"小组合作完成的作业"的影响。

四类学科中不同评价情境系数比较结果显示（详见附录五表 5）："个人独立完成作业的激励程度"对文社科学生学习态度的影响显著高于对理工科学生的影响；"小组合作完成作业的激励程度"对理工科学生学习态度的影响显著高于对文社科学生的影响。在"考试内容"中"不划范围/重点需理解运用的考试内容"对理工科学生学习态度的影响显著高于对文社科学生的影响。在"论文/报告写作"中"和老师/同学反复讨论"对社科学生学习

态度的影响显著低于对其他学科学生的影响;"提出观点或想法并论证"对工科学生学习态度的影响显著低于对文社科学生的影响。"成绩排名"对工科学生学习态度的影响显著高于对其他学科学生的影响。

表 7-9 四类学科中具体课程学习评价情境对学习态度的多元线性回归分析结果

	预测变量	文科	社科	理科	工科
课程学习评价方式的激励程度	考试	.03**	.047***	.054***	.034***
	论文	.022	.048***	.064***	.063***
	实验报告	.011	.006	.02**	.029***
	个人独立完成作业	.176***	.169***	.152***	.158***
	小组合作完成作业	.076***	.072***	.085***	.093***
考试内容	划范围/重点且背诵记忆	.001	.005	.014	.01
	划范围/重点需理解运用	.087***	.099***	.095***	.102***
	不划范围/重点且背诵记忆	.02	.002	.019	.004
	不划范围/重点需理解运用	.082***	.071***	.093***	.089***
论文/报告写作	提出观点并论证	.086***	.088***	.063***	.051***
	和老师/同学讨论	.102***	.081***	.106***	.104***
	搜集并查阅资料	.068***	.077***	.06***	.071***
	引证文献和数据	.031*	.051***	-.001	.051***
	成绩排名	.192***	.187***	.194***	.212***
	教师反馈	.138***	.131***	.135***	.126***
	F^a	185.181***	184.724***	140.925***	391.949***
	修正 R^2	.316	.303	.308	.338

注:[a] 上述四个回归模型的自由度均为 21; *p<.05; **p<.01; ***p<.001。受篇幅所限以及本研究重点在考察不同的评价情境对学习态度的影响,本表格中没有给出各名义变量的标准化系数值。

二、对比分析课程学习评价要素对四类学科学生学习策略的影响

基于四类学科数据将 15 种具体评价要素作为自变量,控制院校类型、年级和性别这三种名义变量,对学习策略做多元线性回归分析,结果如表 7-10 所示。方差分析结果表明:四类学科的多元线性回归方程在 .001 水平上是显著的,且拟合结果较好(文科:F=329.004;社科:F=293.237;理科:F=246.624;工科:F=568.603)。共线性诊断结果表明:作为自变量的 15 种评价要素之间不存在共线性的问题。从判定系数修正后的 R^2 来看,四类学科的回归模型分别可以解释学习策略变异量分别是:文科 45.2%,社科 40.9%,理科 43.8%,工科 42.5%。

文科回归模型中对学习策略影响最大的是"教师反馈",其次是"论文/报告写作"中"和老师/同学反复讨论"和"提出观点或想法并论证";社科回归模型中对学习策略影响最大的是"教师反馈",其次是"论文/报告写作"中"提出观点或想法并论证",第三是"论文/报告写作"中"深入引证文献和数据";理科回归模型中对学习策略影响最大的是"教师反馈",其次是"论文/报告写作"中"和老师/同学反复讨论",第三是"论文/报告写作"中"广泛搜集并查阅资料";工科回归模型中对学习策略影响最大的是"教师反馈",其次是"论文/报告写作"中"和老师/同学反复讨论"和"深入引证文献和数据"。

四类学科中"划范围/重点需背诵记忆的考试内容"对学生学习策略的影响不显著,"不划范围/重点需背诵记忆的考试内容"对四类学科学生学习策略均有显著的影响。"划范围/重点需理解运用的考试内容"对四类学科学生学习策略的影响大于"不划范围/重点需理解运用的考试内容"的影响。

在"课程学习评价方式的激励程度"中,作业对学生学习策略的影响大于其他评价方式的影响。在文科、社科和理科模型中,"个人独立完成的作业"对学习策略的影响大于"小组合作完成的作业"的影响,而在工科模型中则

是"小组合作完成的作业"对学习策略的影响大于"个人独立完成的作业"的影响。

表7-10 四类学科中具体课程学习评价情境对学习策略的多元线性回归分析结果

	预测变量	文科	社科	理科	工科
课程学习评价方式的激励程度	考试	.02	.001	.018	.002
	论文	−.012	.012	−.008	.015
	实验报告	.02	.02	.033**	.03**
	个人独立完成作业	.1***	.106***	.087***	.078***
	小组合作完成作业	.053***	.044***	.075***	.086***
考试内容	划范围/重点且背诵记忆	.017	.014	.019	.013
	划范围/重点需理解运用	.122***	.109***	.119***	.11***
	不划范围/重点且背诵记忆	.021*	.026**	.048***	.032***
	不划范围/重点需理解运用	.09***	.077***	.106***	.101***
论文/报告写作	提出观点并论证	.151***	.154***	.129***	.128***
	和老师/同学讨论	.158***	.134***	.157***	.145***
	搜集并查阅资料	.094***	.129***	.136***	.127***
	引证文献和数据	.146***	.139***	.102***	.141***
	成绩排名	.041***	.038***	.063***	.062***
	教师反馈	.212***	.197***	.197***	.193***
	F^a	329.004***	293.237***	246.624***	568.603***
	修正 R^2	.452	.409	.438	.425

注：[a] 上述四个回归模型的自由度均为21；*$p<.05$；**$p<.01$；***$p<.001$。受篇幅所限以及本研究重点在考察不同的评价情境对学生学习策略的影响，本表格中没有给出各名义变量的标准化系数值。

"论文/报告写作"中"和老师/同学反复讨论"对文科、理科和工科学生学习策略的影响高于其他三个要素的影响。对社科学生学习策略而言,"论文/报告写作"中"提出观点或想法并论证"的影响高于其他三个要素的影响。

四类学科中不同评价情境系数比较结果显示（详见附录五表6）："个人独立完成的作业"对文社科学生学习策略的影响显著高于对理工科学生的影响。"小组合作完成的作业"对理工科学生学习策略的影响显著高于对文社科学生的影响。在"考试内容"中"不划范围/重点需理解运用的考试内容"对理工科学生学习策略的影响高于对文社科学生的影响。在"论文/报告写作"中"提出观点或想法并论证"对理工科学生学习策略的影响显著低于对文社科学生的影响；"和老师/同学反复讨论"对社科学生学习策略的影响显著低于对其他学科学生的影响；"广泛搜集并查阅资料"对文科学生学习策略的影响显著低于对其他学科学生的影响；"深入引证文献和数据"对理科学生学习策略的影响显著低于对其他学科学生的影响。"成绩排名"对理工科学生学习策略的影响显著高于对文社科学生的影响。"教师反馈"对文科学生学习策略的影响显著高于对其他学科学生的影响。

三、对比分析课程学习评价要素对四类学科学生学习行为投入的影响

基于四类学科数据将15种具体评价要素作为自变量,控制院校类型、年级和性别这三种名义变量,对学习行为投入做多元线性回归分析,结果如表7-11所示。方差分析结果表明：四类学科的多元线性回归方程在.001水平上是显著的,且拟合结果较好（文科：F=377.562；社科：F=379.109；理科：F=296.42；工科：F=764.853）。共线性诊断结果表明：作为自变量的15种评价要素之间不存在共线性的问题。从判定系数修正后的R^2来看,四类学科的回归模型解释学习行为投入的变异量分别为：文科48.6%,社科47.3%,理科48.4%,工科49.9%。文科回归模型中,对学习行为投入影响最大的是"教师反馈",其次是"论文/报告写作"中"和老师/同学反复讨

论",第三是"成绩排名";理工科回归模型中,对学习行为投入影响最大的是"教师反馈",其次是"成绩排名",第三是"论文/报告写作"中"和老师/同学反复讨论"。

表 7-11　不同学科中具体课程学习评价情境对学习行为投入的多元线性回归分析结果

预测变量		文科	社科	理科	工科
课程学习评价方式的激励程度	考试	.016	.01	−.003	−.003
	论文	−.022	−.018	−.032	−.03
	实验报告	.015	.005	.066***	.041***
	个人独立完成作业	.116***	.103***	.11***	.096***
	小组合作完成作业	.064***	.071***	.046***	.083***
考试内容	划范围/重点且背诵记忆	.016	.004	.008	.009
	划范围/重点需理解运用	.07***	.077***	.069***	.067***
	不划范围/重点且背诵记忆	.04***	.021*	.044***	.042***
	不划范围/重点需理解运用	.08***	.052***	.082***	.07***
论文/报告写作	提出观点并论证	.118***	.113***	.099***	.086***
	和老师/同学讨论	.191***	.185***	.181***	.189***
	搜集并查阅资料	.096***	.082***	.076***	.08***
	引证文献和数据	.05***	.086***	.059***	.075***
成绩排名		.143***	.182***	.186***	.197***
教师反馈		.31***	.305***	.305***	.303***
F^a		377.562***	379.109***	296.42***	764.853***
修正 R^2		.486	.473	.484	.499

注:[a] 上述四个回归模型的自由度均为 21;*p<.05;**p<.01;***p<.001。受篇幅所限以及本研究重点在考察不同的评价情境对学习行为投入的影响,本表格中没有给出各名义变量的标准化系数值。

"考试内容"中"划范围/重点且背诵记忆的考试内容"对四类学科中学生学习行为投入的影响均不显著;"不划范围/重点且背诵记忆的考试内容"对四类学科中学生学习行为投入的影响均显著。"课程学习评价方式的激励程度"中"作业"对学习行为投入的影响大于其他课程学习评价方式的影响;其中四类学科中"个人独立完成的作业"对学习行为投入的影响大于"小组合作完成的作业"。

四类学科中不同评价情境系数比较结果显示(详见附录五表7):"个人独立完成的作业"对文科学生学习行为投入的影响显著高于对工科学生的影响;"小组合作完成的作业"对工科学生学习行为投入的影响显著高于对文科学生的影响。"不划范围/重点需理解运用的考试内容"对社科学生学习行为投入的影响显著低于对其他学科学生的影响。在"论文/报告写作"中"提出观点或想法并论证"对工科学生学习行为投入的影响显著低于对文社科学生的影响;"广泛搜集并查阅资料"对文科学生学习行为投入的影响显著高于对其他学科学生的影响;"深入引证文献和数据"对社科学生学习行为投入的影响显著高于对其他学科学生的影响。"成绩排名"对文科学生学习行为投入的影响显著低于对其他学科学生的影响,对工科学生学习行为投入的影响显著高于对其他学科学生的影响。

四、对比分析课程学习评价要素对四类学科学生学业成果的影响

基于四类学科数据将15种具体评价要素作为自变量,控制院校类型、年级和性别这三种名义变量,对学业成果做多元线性回归分析,结果如表7-12所示。方差分析结果表明:四类学科的多元线性回归方程在.001水平上显著,且拟合结果较好(文科:F=147.38;社科:F=133.834;理科:F=103.282;工科:F=254.918)。共线性诊断结果表明:作为自变量的15种评价要素之间不存在共线性的问题。从判定系数修正后的R^2来看,四类学科的回归模型分别可以解释学业成果变异量分别为:文科26.9%,社科

23.9%，理科 24.5%，工科 24.9%。

表 7-12　不同学科中具体课程学习评价情境对学业成果的多元线性回归分析结果

预测变量		文科	社科	理科	工科
课程学习评价方式的激励程度	考试	−.017	.005	.018	.019
	论文	.019	.058***	.072***	.065***
	实验报告	−.007	−.006	.008	.006
	个人独立完成作业	.076***	.08***	.056***	.067***
	小组合作完成作业	.086 ***	.088***	.074***	.114***
考试内容	划范围/重点且背诵记忆	.033**	.034**	.027*	.029***
	划范围/重点需理解运用	.092***	.099***	.103***	.082***
	不划范围/重点且背诵记忆	.02	.01	.025	.003
	不划范围/重点需理解运用	.063***	.06***	.077***	.073***
论文/报告写作	提出观点并论证	.077***	.096***	.042	.058***
	和老师/同学讨论	.11***	.086***	.116***	.124***
	搜集并查阅资料	.067***	.084***	.09***	.108***
	引证文献和数据	.121***	.081***	.079***	.087***
成绩排名		.068***	.068***	.073***	.076***
教师反馈		.137***	.137***	.138***	.12***
F^a		147.38***	133.834***	103.282***	254.918***
修正 R^2		.269	.239	.245	.249

注：[a] 上述四个回归模型的自由度均为 21；*p<.05；**p<.01；***p<.001。受篇幅所限以及本研究重点在考察不同的评价情境对学业成果的影响，本表格中没有给出各名义变量的标准化系数值。

文科回归模型中对学业成果影响最大的是"教师反馈"，其次是"论文/报告写作"中"深入引证文献和数据"，第三是"小组合作完成的作业"；社科回归模型中对学业成果影响最大的是"教师反馈",其次是"划范围/重点需理解运用的考试内容",第三是"论文/报告写作"中"提出观点或想法并论证";理科回归模型中对学业成果影响最大的是"教师反馈",其次是"论文/报告写作"中"和老师/同学反复讨论",第三是"划范围/重点需理解运用的考试内容";工科回归模型中对学业成果影响最大的是"论文/报告写作"中"和老师/同学反复讨论",其次是"教师反馈",第三是"论文/报告写作"中"广泛搜集并查阅资料"。

"考试内容"中,"不划范围/重点需背诵记忆的考试内容"对四类学科中学生学业成果均没有显著影响;"划范围/重点且背诵记忆的考试内容"对四类学科中学生学业成果均有显著影响;四类学科中"划范围/重点需理解运用的考试内容"对学业成果的影响大于"不划范围/重点需理解运用的考试内容"的影响。"成绩排名"对四类学科中学生学业成果均有显著的正影响。"课程学习评价方式的激励程度"中只有"作业"对四类学科中学生学业成果均有显著影响;且"小组合作完成的作业"对文科、理科和工科学生学业成果的影响大于"个体独立完成的作业"的影响。"论文/报告写作"对理工科学生学业成果影响最大的要素是"和老师/同学反复讨论",影响最小的是"提出观点或想法并论证";对文科学生学业成果影响最大的是"深入引证文献和数据",对社科学生学业成果影响最大的是"提出观点或想法并论证"。

四类学科中不同评价情境系数比较结果显示(详见附录五表8):"个体独立完成的作业"对文社科学生学业成果的影响显著高于对理工科学生的影响;"小组合作完成作业的激励程度"对工科学生学业成果的影响显著高于对其他学科学生的影响。"考试内容"中"不划范围/重点需理解运用的考试内容"对理工科学生学业成果的影响大于对文社科学生的影响。"论文/报告写作"中"提出观点或想法并论证"对文社科学生学业成果的影响显著高于对理工科学生的影响;"和老师/同学反复讨论"对社科学生学业成果的影响显著低于对其他学科学生的影响;"广泛搜集并查阅资料"对理工科学生学业成果的影响要高于对文社科学生的影响;"深入引证文献和数据"对文科学生学业成果的影响显著高于对其他学科学生的影响。"教师反馈"对工科学生学业成果的影响显著低于对其他学科学生的影响。

第四节 课程学习评价与不同学科学生学习的关系

本章首先描述了四类学科本科生对课程学习评价的认识;接着使用四类学科的数据与"课程学习评价影响机制模型"拟合,探究了课程学习评价与不同学科学生学习的关系;最后深入分析每一种评价的具体要素是如何影响不同学科学生的学习过程和学业成果的。主要研究结论及讨论如下:

一、"论文/报告写作"与四类学科学生学习的关系

在"课程学习评价影响机制模型"中,对四类学科学生学习过程和学业成果影响最大的都是"论文/报告写作"。其中,"论文/报告写作"对文社科学生学习的影响大于对理工科学生的影响。这可能是因为"论文/报告写作"更符合文社科这一类弱范式学科的教学和人才培养的特性。因为弱范式学科更为强调学生批判性和创新性思维能力的培养,注重学生的口头和书面表达;相反,强范式学科更强调学生动手能力的培养,注重学生对方法和原则的实际运用(Braxton, 1995; Hativa, 1997)。

将"论文/报告写作"的四个要素分别对四类学科本科生的学习过程和学业成果做回归分析。结果表明:四个要素对学生的学习态度、学习策略、学习行为投入和学业成果都有显著的正影响。其中,对文科、理科和工科学生学习态度、学习策略、学业成果影响最大的要素和对四类学科学生学习行为投入影响最大的要素都是"和老师/同学反复讨论"。对社科学生学习态

度、学习策略和学业成果影响最大的要素是"提出观点或想法并论证"。但实际上,四类学科的学生普遍认为在"论文/报告写作"中对"广泛搜集并查阅资料"这一低层次要求的强调程度要高于对"提出观点或想法并论证"和"和老师/同学反复讨论"的强调。因此,如果想真正通过"论文/报告写作"来检验和促进学生的学习,就不应仅是注重"广泛搜集并查阅资料",还应强调在"论文/报告写作"中"和老师/同学反复讨论"的基础上提出自己的观点并论证。

二、"教师反馈"与四类学科学生学习的关系

在"课程学习评价影响机制模型"中,除对文科学生的学业成果没有显著的直接影响之外,"教师反馈"对四类学科学生的学习态度、学习策略、学习行为投入和学业成果都有显著正向的直接影响。和其他学科相比,"教师反馈"对文科学生学习态度、学习策略的直接影响最大;对社科学生学习行为投入的直接影响最大。这可能和文社科学生的学业表现获得的教师反馈较多有关,尽管布拉克斯顿的研究表明,教师就学生的学业表现给予及时反馈的这一教学实践在学科范式内没有显著差异(Braxton, et al., 1998)。但在本次调查中发现,四类学生获得的教师反馈都比较少。

三、"考试内容""成绩排名"与四类学科学生学习的关系

在"课程学习评价影响机制模型"中,尽管"考试内容"和"成绩排名"对四类学科学生的学业成果均没有显著的直接效应,但这二者对学生的学习过程均有显著的直接效应,并且通过学习态度、学习策略和学习行为投入对学业成果产生间接效应。相比之下,"成绩排名"的影响大于"考试内容"的影响。其中,"成绩排名"对工科学生学习过程和学业成果的总影响大于对其他学科学生的总影响。这和国外的研究结果比较一致,即强范式学科中教师的给分标准比较严格和公平,比较符合学生的努力情况,能够很好地激发学生的学习动力,更能表现学生的努力质量(Johnson, 2003; Scanlon, et al., 1998)。而控制了院校类型、年级和性别之后的多元线性回归分析也证明：相比较而言,"成绩排名"对工科学生学习过程和学业成果的影响要大于对其他学科学生的影响。

在"课程学习评价影响机制模型"中"考试内容"对四类学科学生的学习过程和学业成果影响最小。"考试内容"对理工科学生学习过程和学业成果的总影响要大于对文社科学生的总影响。这和国外的研究结果一致，即强范式的学科在评价学生的学习时常选择考试这种方式，认为考试能更好地考查学生掌握知识的程度（Brint, et al., 2012）。将考试内容分为四种类型之后的多元线性回归分析结果表明：所有学科中都是"需理解运用的考试内容"比"需背诵记忆的考试内容"对学生学习的影响较大。结合描述统计结果：文社科中需背诵记忆的考试内容多于理工科，而理工科中需理解运用的考试内容多于文社科。这可以说明为什么"考试内容"对理工科学生学习的影响大于对文社科学生的影响。

四、"课程学习评价方式的激励程度"与四类学科学生学习的关系

首先，本研究发现"考试"对文社科学生学习的激励程度低于对理工科学生学习的激励；"论文"对文社科学生的激励程度高于对理工科学生的激励程度。这可能就是因为"考试内容"对理工科学生学习的正面影响大于对文社科学生的影响；"论文/报告写作"对文社科学生学习的正面影响大于对理工科学生的影响。其次，在"课程学习评价影响机制模型"中，"课程学习评价方式的激励程度"对四类学科中工科学生学习的影响最大，对文科学生学习的影响最小。分解"课程学习评价方式的激励程度"中的要素对四类学科学生的学习过程和学业成果做多元回归分析，结果发现："作业"对四类学科学生的影响大于其他课程学习评价方式的影响，其中四类学科中"个人独立完成的作业"对学习过程的影响大于"小组合作完成的作业"的影响；"小组合作完成的作业"对学业成果的影响大于"个人独立完成的作业"的

影响。相比较而言,"个人独立完成的作业"对文社科学生学习的影响大于对理工科学生的影响,而描述统计结果也表明:文社科学生认为"个人独立完成的作业"对学习的激励程度很高;"小组合作完成的作业"对理工科学生学习的影响大于对文社科学生的影响,但是描述统计结果表明:"小组合作完成的作业"对理工科学生学习的激励程度低于对文社科学生的激励。"实验报告"只对理工科学生的学习过程有显著影响;描述统计结果也表明,实验报告对理工科学生学习的激励程度显著高于对文科学生的激励。最后需要指出的是,四类学科的本科生对考试、论文、实验报告和小组合作完成作业的认识影响他们的学习,但是实际影响与主观认识不一致。四类学科的学生都认为"考试"对学习的激励程度高于"论文、实验报告"对学习的激励,但是在结构方程模型和回归分析中,"考试"对学习的影响最小,"论文/报告写作"对学习的影响最大。"小组合作完成的作业"对理工科学生学习的激励程度低于对文社科学生的激励,但是"小组合作完成的作业"对理工科学生学习的影响大于对文社科学生的影响。

综上,本章的研究对比分析展示了四类学科中本科生对课程学习评价的认识和理解,以及课程学习评价与学生学习过程和学业成果之间的关系。下一章将从年级视角分析不同年级学生是如何认识和理解课程学习评价的,以及课程学习评价与学生学习之间的关系如何,有何异同等。

第八章 基于年级分析课程学习评价与学生学习的关系

本章对比分析了不同年级学生对课程学习评价的认识和理解，以及课程学习评价与学生学习之间的关系在不同年级间的异同，分析使用到的数据是从全国数据中分割出来的年级数据：大一、大二、大三、大四。

第一节 不同年级学生对课程学习评价的认识分析

一、不同年级学生对课程学习评价认识的描述统计结果

本节首先使用描述统计分析了不同年级本科生对课程学习评价的认识和理解。图 8-1 所示为不同年级间学生对不同评价情境认识和理解的均值特征（其他描述统计结果详见附录三表 3）。由图 8-1 可知，在"课程学习评价方式的激励程度"中，大一、大二和大三学生普遍认为"考试、个人独立完成的作业和小组合作完成的作业"对学习的激励程度要高于"论文和实验报告"对学习的激励程度；大四学生则认为"论文、个人独立完成的作业和小组合作完成的作业"对学习的激励程度要高于"考试和实验报告"对学习的激励程度。所有年级的"考试内容"中"划范围/重点的考试内容"多于"不划范围/重点的考试内容"，"需理解运用的考试内容"多于"需背诵记忆的考试内容"。"论文/报告写作"中对"广泛搜集并查阅资料"的强调高于"提出观点或想法并论证、和老师/同学反复讨论、深入引证文献和数

据"等,其中,"和老师/同学反复讨论"的均值最低。大一、大二和大三学生"学业表现得到教师及时反馈"的均值是所有评价情境中最低的。总体上,所有年级学生都认为师生共同参与的课程学习评价很少。

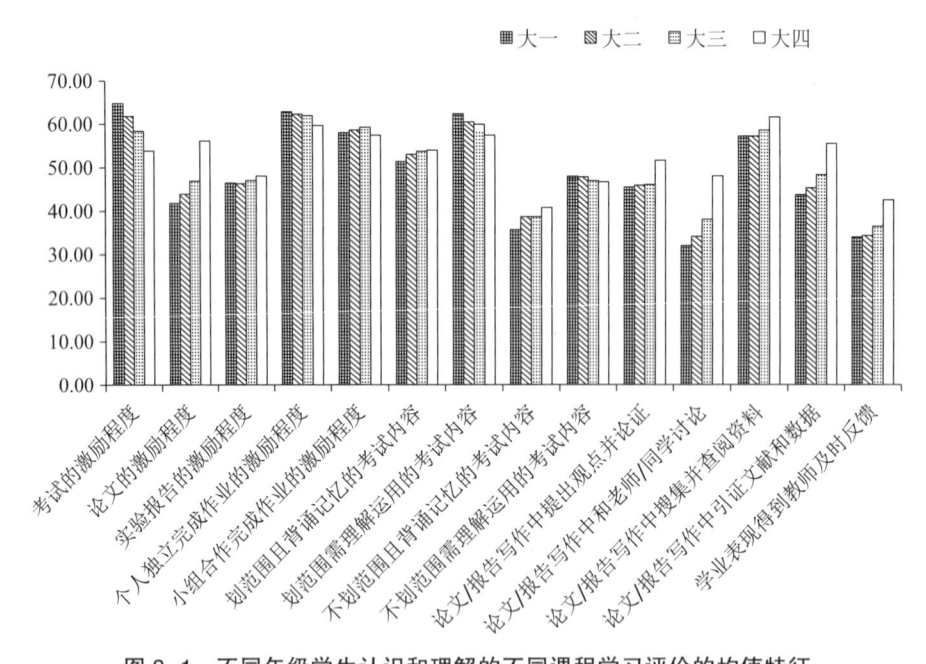

图 8-1 不同年级学生认识和理解的不同课程学习评价的均值特征

二、对比分析不同年级学生对课程学习评价的认识和理解

本节使用方差分析比较不同年级本科生对课程学习评价的认识和理解是否存在显著差异(结果详见表 8-1)。其中,不同年级中"划范围/重点且背诵记忆的考试内容"($F=15.434$)、"划范围/重点需理解运用的考试内容"($F=49.203$)、"不划范围/重点且背诵记忆的考试内容"($F=47.587$)在 .001 水平上有显著差异。"不划范围/重点需理解运用的考试内容"在不同年级间没有显著差异($F=4.323$,$p>.05$)。事后均值的两两比较结果表明:大一年级中"划范围/重点且背诵记忆的考试内容"($M=69.98$)显著少于其他年

级的这种考试内容（大二：M=71.88；大三：M=72.58；大四：M=73.64），大四年级这种考试内容显著多于其他年级。大一年级中"划范围/重点需理解运用的考试内容"（M=85.37）显著多于其他年级的这种考试内容（大二：M=83.66；大三：M=83.18；大四：M=80.63），大四年级这种考试内容显著少于其他年级。大一年级"不划范围/重点且背诵记忆的考试内容"（M=51.24）显著少于其他各年级的这种考试内容（大二：M=55.13；大三：M=55.22；大四：M=58.09），大四年级这种考试内容显著多于其他年级。上述三种考试内容在大二和大三年级没有显著差异。

表8-1显示：不同年级在"论文/报告写作"中强调"提出观点或想法并论证（F=66.916）""和老师/同学反复讨论（F=452.283）""广泛搜集并查阅资料（F=34.074）""深入引证文献和数据（F=206.391）"在.001水平上存在显著差异。事后均值的两两比较结果表明：大四年级（M=51.60）对"提出观点或想法并论证"的强调程度显著高于其他年级（大一：M=45.48；大二：M=45.90；大三：M=46.06）。大四年级（M=48.04）对"和老师/同学反复讨论"的强调程度显著高于其他年级（大一：M=31.97；大二：M=34.08；大三：M=38.09）；大一年级对这一要素的强调显著低于其他年级；大二年级的强调又显著低于大三年级。大四年级（M=61.54）对"广泛搜集并查阅资料"的强调程度显著高于其他年级（大三：M=58.55；大二：M=57.15；大一：M=57.19）；大三年级对这一要素的强调又显著高于其他两个年级。大四年级（M=55.48）对"深入引证文献和数据"的强调程度显著高于其他年级（大一：M=43.74；大二：M=45.30；大三：M=48.32）；大一年级对这一要素的强调显著低于其他年级；大二年级的强调又显著低于大三年级。总体上，大四年级的"论文/报告写作"更加强调上述四个要素。

不同年级"学生的学业表现能否得到教师及时的反馈"存在显著差异（F=133.32，$p<.001$），见表8-1。事后均值的两两比较结果表明：大四学生的学业表现得到教师及时的反馈（M=42.55）显著多于其他年级（大一：M=33.97；大二：M=34.29；大三：M=36.46）；大三学生的学业表现得到教

师及时的反馈又显著多于大一和大二。总体上，高年级学生的学业表现获得的教师反馈较多。这可能是随着年级的升高，师生之间的互动也越来越频繁。而且国内外的研究也都指出，随着年级的升高，师生间的互动也更为频繁，学业表现得到及时的反馈也更多（Pokorny, et al., 2010；清华大学课题组，2012）。另外，早在20世纪80年代，美国高等教育领域中的研究者就通过研究指出，及时就学生的学业表现进行反馈是本科教育有效教学的实践之一（Chickering, et al., 1987）。但是相比之下，教师反馈对低年级学生的影响会更大（Reason, et al., 2006）。

表8-1显示，五种课程学习评价方式对不同年级学生学习的激励程度在.001水平上都存在显著差异（考试：$F=137.204$；论文：$F=297.839$；实验报告：$F=4.925$；个人独立完成的作业：$F=14.915$；小组合作完成的作业：$F=6.09$）。事后均值的两两比较结果表明："考试"对大一学生学习的激励程度（$M=64.84$）显著高于对其他年级学生的激励（大二：$M=61.77$；大三：$M=58.36$；大四：$M=53.82$），对大四学生学习的激励程度显著低于对其他年级学生的激励，对大三学生的激励又显著低于对大二学生的激励。即"考试"对大四学生学习的激励程度最低，对大一学生学习的激励程度最高。"论文"对大四学生学习的激励程度（$M=56.12$）显著高于对其他年级学生的激励（大一：$M=41.79$；大二：$M=43.93$；大三：$M=46.89$），对大一学生学习的激励程度显著低于对其他年级学生的激励，对大二学生的激励又显著低于对大三学生的激励，即"论文"对大一学生学习的激励程度最低，对大四学生学习的激励程度最高。"实验报告"对大四学生学习的激励程度（$M=48.06$）显著高于对其他年级学生的激励（大一：$M=46.45$；大二：$M=46.31$；大三：$M=47.04$）。"个人独立完成的作业"对大四学生学习的激励程度（$M=59.63$）显著低于对其他年级学生的激励（大一：$M=62.80$；大二：$M=62.23$；大三：$M=61.89$）。"小组合作完成的作业"对大三学生学习的激励程度（$M=59.24$）显著高于对大一（$M=58$）和大四（$M=57.42$）学生学习的激励。

总体上，随着年级的升高，考试对学生学习的激励程度越来越小。这可

表8-1　不同年级的学生对不同评价情境认识的比较分析结果

	变量名称	F值	均值差 大一 VS. 大二	大一 VS. 大三	大一 VS. 大四	大二 VS. 大三	大二 VS. 大四	大三 VS. 大四
课程学习评价方式的激励程度	考试	137.204***	3.065***	6.477***	11.017***	3.412***	7.953***	4.541***
	论文	297.839***	-2.139***	-5.098***	-14.329***	-2.96***	-12.19***	-9.23***
	实验报告	4.925***	0.133	-0.597	-1.619**	-0.73	-1.751***	-1.021
	个人独立完成作业 a	14.915***	0.571	0.912	3.174***	0.342	2.604***	2.262***
	小组合作完成作业	6.09***	-0.588	-1.233**	0.584	-0.645	1.172	1.817***
考试内容	划范围/重点且背诵记忆	15.434***	-1.666***	-2.366***	-2.617***	-0.7	-0.95	-0.251
	划范围/重点需理解运用	49.203***	1.858***	2.419***	4.895***	0.561	3.037***	2.476***
	不划范围/重点且背诵记忆	47.587***	-2.954***	-2.971***	-5.056***	-0.017	-2.102***	-2.085***
	不划范围/重点需理解运用	4.323**	0.151	0.99*	1.296*	0.839	1.145	0.306
论文/报告写作	提出观点并论证	66.916***	-0.426	-0.584	-6.12***	-0.158	-5.694***	-5.536***
	和老师/同学讨论	452.283***	-2.104***	-6.113***	-16.065***	-4.009***	-13.961***	-9.952***
	搜集并查阅资料	34.074***	0.037	-1.362***	-4.354***	-1.399***	-4.391***	-2.992***
	引证文献和数据	206.391***	-1.558***	-4.578***	-11.736***	-3.021***	-10.178***	-7.158***
	教师反馈	133.32***	-0.323	-2.488***	-8.579***	-2.164***	-8.256***	-6.092***

注：下标字母 a 的变量违反了方差齐性假设，故使用 Tamhane's T2 法做事后比较。*p<.05；**p<.01；***p<.001。

能是因为高年级学生的考试内容越来越偏背诵记忆。而随着年级的升高，论文和实验报告对学生的激励程度越来越大。因为高年级学生在"论文/报告写作"中更为强调"提出观点或想法并论证、和老师/同学反复讨论、广泛搜集并查阅资料、深入引证文献和数据"这四个要素。

第二节 "课程学习评价影响机制模型"在不同年级中的对比

本节将使用 AMOS18.0 软件中的"多群组同时分析"程序进一步验证"课程学习评价影响机制模型"是否也适合于不同年级的学生群体，即评估本书研究所构建的课程学习评价与学生学习的假设模型在不同年级群体间是否相等或参数是否具有不变性。如果多群组的结构方程模型分析结果表明"课程学习评价影响机制模型"在不同年级间是合适且可以被接受的，那么该假设模型就具有跨年级的群组效度。这样，我们就可以从年级视角对比分析课程学习评价对学生学习的影响了。

一、"课程学习评价影响机制模型"与不同年级数据的拟合情况

表 8-2 为不同年级多群组结构方程模型分析的整体适配度摘要表，由表可知："课程学习评价影响机制模型"与大一、大二、大三和大四的多群组数据拟合较好。由于四个年级中的样本量均超过了 200，所以卡方值及其显著性检验就不再作为模型拟合的主要参考。从模型拟合的其他适配指标来看，模型的绝对适配指标、增值适配指标和简约适配指标都达到了结构方程模型整体适配的标准，这表示该模型具有跨年级的群组效度。本书研究提出的理论结构模型在不同年级群体间具有恒等性。

表 8-2 不同年级多群组结构模型分析的整体适配度摘要表

指标	χ^2值	p	df	GFI	AGFI	RMSEA	NFI	CFI	$PNFI$
标准	越小越好	>.05	≥0	>.90	>.90	<.05	>.90	>.90	>.50
模型	5016.453	0	200	.984	.967	.023	.979	.98	.538

注：大一 N=13445（加权后）；大二 N=12677（加权后）；大三 N=12705（加权后）；大四 N=6092（加权后）。

不同年级模型中各潜变量对指标变量的标准化回归系数（即因子载荷）的变化详见表 8-3。总体而言，四个年级的模型中各潜变量对指标变量的因子载荷都大于 .50。配对参数比较结果表明（详见附录四表 3）："课程学习评价影响机制模型"中所有潜变量对指标变量的因子载荷在四个年级中没有显著差异。这说明本书研究选择的潜变量和指标变量在不同年级群体之间具有同等性，其测量模型具有组间不变性的性质。

表 8-3 不同年级中各潜变量对指标变量的因子载荷

潜变量		指标变量	大一	大二	大三	大四
学习态度	→	学习状态	.689	.698	.699	.69
学习态度	→	学习动机	.75	.765	.768	.745
学习策略	→	元认知策略	.757	.763	.749	.752
学习策略	→	认知策略	.612	.625	.628	.63
学习行为投入	→	课下投入	.83	.834	.836	.841
学习行为投入	→	课上投入	.772	.771	.771	.765
学业成果	→	自我认识	.75	.759	.755	.763
学业成果	→	能力成果	.87	.865	.872	.868
学业成果	→	认知成果	.796	.789	.79	.785

注：大一 N=13445（加权后）；大二 N=12677（加权后）；大三 N=12705（加权后）；大四 N=6092（加权后）。以上因子载荷值均显著。

上述对理论结构模型和测量模型的比较分析表明,"课程学习评价影响机制模型"适合于从年级视角分析课程学习评价与学生学习的关系。但是否某些特定的路径在不同年级中也具有同样的因果结构不变性呢？表 8-4 所示为不同年级的模型中不显著的潜变量之间的路径假设。"课程学习评价方式的激励程度、考试内容和成绩排名"对所有年级学生的学业成果都没有显著的直接影响。"考试内容"与大一、大二学生学习行为投入，与大二、大三、大四学生学习策略之间没有显著的直接影响。"教师反馈"与大一、大二、大三学生学业成果之间没有显著的直接影响。"课程学习评价方式的激励程度"与大四学生学习行为投入之间没有显著的直接影响。

表 8-4 不同年级中变量间不显著的路径

模型类型	模型中不显著的路径
总模型	课程学习评价方式的激励程度、考试内容和成绩排名→学业成果；学习策略→学业成果；学习态度→学习行为投入
大一	考试内容→学习行为投入、学业成果；教师反馈、课程学习评价方式的激励程度、成绩排名→学业成果
大二	考试内容→学习策略、学习行为投入、学业成果；课程学习评价方式的激励程度、教师反馈、成绩排名→学业成果
大三	考试内容→学习策略、学业成果；课程学习评价方式的激励程度、教师反馈、成绩排名→学业成果
大四	考试内容→学习策略、学业成果；课程学习评价方式的激励程度→学习行为投入、学业成果；成绩排名→学业成果

注：大一 N=13445（加权后）；大二 N=12677（加权后）；大三 N=12705（加权后）；大四 N=6092（加权后）。以上路径假设的系数值在 .05 水平上均不显著。

总体上，无论从模型的测量角度来看，还是从模型的整体适配度来看，本研究提出的"课程学习评价影响机制模型"与不同年级的数据拟合较好。其中，模型中所选指标变量的题项在不同年级群体间具有同等性，即测量模型具有组间不变性的特点。模型中的理论／因子结构在不同年级群体中是恒等的，即结构模型具有组间同等性的特点；不同年级中路径假设的不同正好可以说明不同年级学生群体各自的特征。因此，接下来将对比分析课程学习评价对不同年级学生学习态度、学习策略、学习行为投入和学业成果的直接、间接和总效应。

二、课程学习评价与不同年级学生学习的关系分析

第一，不同年级中课程学习评价对"学习态度"的效应详见表 8-5。"课程学习评价影响机制模型"可以解释不同年级本科生"学习态度"变异量分别为：大一 39.4%，大二 42.8%，大三 38.5%，大四 44.3%。所有的课程学习评价情境在不同年级模型中对学生的学习态度都只有直接效应，没有间接效应。对大一学生学习态度影响最大的课程学习评价是"课程学习评价方式的激励程度"，"论文/报告写作"的效应次之，且"教师反馈"的效应大于"成绩排名"的效应。在其他年级中对学习态度影响最大的课程学习评价是"论文/报告写作"，"课程学习评价方式的激励程度"的效应次之，且"成绩排名"的效应大于"教师反馈"的效应。另外，所有年级中"考试内容"对学习态度的效应最小。

配对参数比较结果表明（详见附录四表 3）："课程学习评价方式的激励程度"对大一学生学习态度的直接影响显著高于对其他年级学习态度的直接影响；对大二的直接影响又显著高于对大三和大四学生的。"论文/报告写作"对大四学生学习态度的直接影响显著高于对其他年级学生学习态度的直接影响；对大三的直接影响又显著高于对大二的；对大二学生学习态度的直接影响显著低于对其他年级的。"教师反馈"对大一、大四学生学习态度的直接影响显著低于对大二和大三学生的直接影响。"考试内容"对大一学生学习态度的直接影响显著低于对其他年级学生学习态度的直接影响。"成绩排名"对大一学生学习态度的直接影响显著低于对其他年级学生学习态度的直接影响。总体上，和其他年级相比，只有"课程学习评价方式的激励程度"对学生学习态度的影响在大一年级中较大；其他课程学习评价对学习态

度的影响在大一年级中都较小。

表 8-5[①] 不同年级模型中课程学习评价对学习态度的效应与 SMC

	直接效应				间接效应				总效应			
	大一	大二	大三	大四	大一	大二	大三	大四	大一	大二	大三	大四
成绩排名	.177	.206	.221	.215	—	—	—	—	.177	.206	.221	.215
评价方式的激励	.324	.28	.241	.254	—	—	—	—	.324	.28	.241	.254
教师反馈	.182	.204	.212	.184	—	—	—	—	.182	.204	.212	.184
论文/报告写作	.289	.278	.308	.362	—	—	—	—	.289	.278	.308	.362
考试内容	.036	.096	.103	.085	—	—	—	—	.036	.096	.103	.085
SMC	.394	.428	.385	.443	—							

第二，不同年级中课程学习评价对"学习策略"的效应详见表 8-6。"课程学习评价影响机制模型"可以解释不同年级本科生"学习策略"变异量分别为：大一 83.6%，大二 88.7%，大三 85.1%，大四 86.1%。所有课程学习评价在不同年级中对学生学习策略的直接效应、间接效应和总效应因路径之间假设的不同而不同。从总效应来看，对所有年级学生学习策略影响最大的是"论文/报告写作"，且"论文/报告写作"对低年级学生学习策略的总影响高于对高年级学生学习策略的总影响；对所有年级中学生学习策略的直接效应大于间接效应。"教师反馈"对所有年级中学生学习策略的总效应仅次于"论文/报告写作"，且对低年级学生学习策略的总影响低于对高年级学

---

① 表 8-5 至表 8-12 中各学科的样本量均为大一 N= 13445（加权后）；大二 N= 12677（加权后）；大三 N= 12705（加权后）；大四 N= 6092（加权后）。上述直接效应值均在 .05 水平上显著。SMC（多元相关系数的平方）为不同学科的"学生评价影响机制模型"解释各潜变量变异量多少的指征。

生的总影响，对大四学生学习策略的影响最大。这一方面可能是前述研究指出的高年级学生得到的教师反馈显著多于低年级学生得到的；另一方面可能是因为低年级学生还未能很好地理解教师反馈的内容，因此不能产生像对高年级学生那样的影响。"课程学习评价方式的激励程度"对所有年级学生学习策略的总影响排第三，且对低年级学生学习策略的总影响高于对高年级学生学习策略的总影响；对所有年级学生学习策略的间接效应大于直接效应。"成绩排名"对所有年级中学生学习策略的总影响仅高于"考试内容"，且对大二、大三年级学生学习策略的总影响高于对大一、大四学生学习策略的总影响，对大四学生学习策略的影响最低。"成绩排名"对所有年级学生学习策略的间接效应大于直接效应。"考试内容"对所有年级学生学习策略的总影响最小，对大三学生学习策略的总影响最大。"考试内容"只对大一学生学习策略有显著的直接效应，对其他年级都是通过学习态度产生一种间接效应。前述的描述统计结果指出，大一学生认为考试对学习的激励程度最大。

表 8-6 不同年级模型中课程学习评价对学习策略的效应与 SMC

	直接效应				间接效应				总效应			
	大一	大二	大三	大四	大一	大二	大三	大四	大一	大二	大三	大四
成绩排名	.065	.07	.07	.051	.108	.14	.14	.145	.173	.21	.21	.196
评价方式的激励	.05	.054	.044	.028	.189	.173	.17	.172	.239	.227	.214	.2
教师反馈	.122	.102	.151	.228	.106	.143	.135	.124	.229	.245	.286	.353
论文/报告写作	.397	.39	.371	.25	.193	.201	.209	.245	.59	.591	.58	.495
考试内容	.026	—	—	—	.022	.065	.083	.062	.048	.065	.083	.062
SMC	.836	.887	.851	.861	—								

配对参数结果表明（详见附录四表 3）："论文/报告写作"对大四学生学习策略的直接效应显著低于对其他年级学生的直接效应。"教师反馈"对

大四学生学习策略的直接效应显著高于对其他年级学生的直接效应,对大三学生学习策略的直接效应又显著高于对大一和大二的直接效应。"成绩排名"对大四学生学习策略的直接效应显著低于对其他年级的直接效应。

第三,不同年级中课程学习评价对"学习行为投入"的效应详见表8-7。"课程学习评价影响机制模型"可以解释不同年级本科生"学习行为投入"变异量分别为:大一91%,大二88.4%,大三90%,大四89.4%。所有课程学习评价在不同年级中对学生学习行为投入的直接效应、间接效应和总效应因路径之间假设的不同而不同。其中,"论文/报告写作"对除大三外的其他年级学生学习行为投入的总影响最大,对低年级学生学习行为投入的总影响大于对高年级学生的总影响,且对所有年级学生学习行为投入的间接效应大于直接效应。

尽管"论文/报告写作"对所有年级学生学习行为投入的直接效应为负,但是配对参数比较结果表明(详见附录四表3),对高年级学生学习行为投入的负面影响要显著低于低年级学生。这可能是随着年级的升高,学生对"论文/报告写作"理解的深入、实践的增加等,这种负面影响也会逐渐减弱。"教师反馈"对所有年级中学生学习行为投入的总效应仅次于"论文/报告写作"。"教师反馈"对低年级学生学习行为投入的总影响低于对高年级学生学习行为投入的总影响,对大四学生学习行为投入的影响最大。"教师反馈"对学习行为投入的间接效应大于直接效应。对大一、大二和大四年级学生学习行为投入直接效应最大的是"教师反馈"。"成绩排名"对大二、大三和大四年级学生学习行为投入的总影响排第三,对大一学生学习行为投入的总影响排第四。"成绩排名"对高年级学生学习行为投入的总影响高于对低年级学生的总影响,对大一学生学习行为投入的直接效应小于间接效应,对其他年级学生学习行为投入的直接效应大于间接效应。也就是说,"成绩排名"对大二、大三和大四学生行为投入的影响主要是通过学习态度和学习策略间接产生的。"课程学习评价方式的激励程度"对大二、大三和大四年级学生学习行为投入的总影响排第四,对大一年级学生学习行为投入的总影响则排第三。"课程学习评价方式的激励程度"对所有年级学生学习行为投入的间接效应大于直接效应,且对大四学生学习行为投入没有直接效应。"考试内容"对所有年级学生学习行为投入的总影响最小,且对大四学生学习行为投入的总影响最小,并只对大三和大四学生学习行为投入产生一种负面的直接效应,对大一、大二年级学生没有显著的直接影响。也就是说,对于低年级学生来说,考什么对其学习行为的投入积极与否没有关系;对于高年级来说,由于他们熟悉了考试的内容,对其反而产生的是一种消极的影响。前述的描述统计结果指出,随着年级的升高,考试对学生学习的激励程度越来越小。因为低年级学生认为需理解运用的考试内容比较多;相反,高年级学生认为需背诵记忆的考试内容比较多。

表 8-7　不同年级模型中课程学习评价对学习行为投入的效应与 SMC

	直接效应				间接效应				总效应			
	大一	大二	大三	大四	大一	大二	大三	大四	大一	大二	大三	大四
成绩排名	.082	.146	.158	.138	.101	.061	.062	.081	.183	.207	.22	.219
评价方式的激励	.023	.021	.014	—	.185	.119	.109	.124	.208	.14	.123	.124
教师反馈	.138	.173	.145	.159	.221	.21	.294	.303	.358	.384	.439	.463
论文/报告写作	−.123	−.117	−.084	−.052	.532	.525	.491	.421	.409	.408	.407	.369
考试内容	—	—	−.014	−.03	.045	.057	.054	.05	.045	.057	.04	.019
SMC	.91	.884	.9	.894	—							

配对参数结果表明(详见附录四表3):"教师反馈"对大二学生学习行为投入的直接效应显著高于对其他年级学生学习行为投入的直接效应。"成绩排名"对大一学生学习行为投入的直接效应显著低于对其他年级学生学习行为投入的直接效应。

第四,不同年级课程学习评价对"学业成果"的效应详见表8-8。"课程学习评价影响机制模型"可以解释不同年级本科生"学业成果"变异量分别为：大一 54.6%，大二 56.8%，大三 54.3%，大四 58.3%。"成绩排名、课程学习评价方式的激励程度和考试内容"对所有年级学生的学业成果没有显著的直接效应；"教师反馈"只对大四年级学生的学业成果有显著的直接效应。所有课程学习评价都是通过学习态度、学习策略和学业成果等学习过程对最终的学业成果产生间接效应。从总效应来看，"论文／报告写作"对四个年级学生学业成果的影响最大，且对低年级学生学业成果的影响小于对高年级学生的影响。对学业成果影响排第二的是"课程学习评价方式的激励程度"，对低年级学生学业成果的影响大于对高年级学生学业成果的影响，且对大一的影响最大。对所有年级学生学业成果影响排第三和第四的分别是"教师反馈"和"成绩排名"，且都对高年级学生学业成果的影响较大。对四个年级学生学业成果影响最小的是"考试内容"，且对大一学生学业成果的影响最小。

表 8-8 不同年级模型中课程学习评价对学业成果的效应与 SMC

	直接效应				间接效应				总效应			
	大一	大二	大三	大四	大一	大二	大三	大四	大一	大二	大三	大四
成绩排名	—	—	—	—	.108	.119	.151	.138	.108	.119	.151	.138
评价方式的激励	—	—	—	—	.207	.193	.185	.18	.207	.193	.185	.18
教师反馈	—	—	—	.054	.148	.139	.154	.086	.148	.139	.154	.14
论文／报告写作	.094	.105	.116	.118	.216	.207	.229	.238	.31	.312	.345	.356
考试内容	—	—	—	—	.025	.064	.065	.065	.025	.064	.065	.065
SMC	.546	.568	.543	.583	—								

第三节 课程学习评价的具体要素对不同年级学生学习的影响

前两节的研究不仅揭示了不同年级学生对课程学习评价这一评价情境的认识和理解各有侧重,更为重要的是对比分析了不同课程学习评价对不同年级学生学习态度、学习策略、学习行为投入和学业成果的关系,以及同一课程学习评价与不同年级学生学习过程和学业成果的关系。本节将进一步探究课程学习评价的具体要素影响不同年级学生学习态度、学习策略、学习行为投入和学业成果的程度,以及这种程度在不同年级中的异同。

一、对比分析课程学习评价要素对不同年级学生学习态度的影响

基于四个年级数据将 15 种具体评价要素作为自变量,控制院校类型、学科类型和性别这三种名义变量,对学习态度做多元线性回归分析的结果详见表 8-9。方差分析结果表明:四个年级的多元线性回归方程在 .001 水平上都是显著的,且拟合结果较好(大一:F=268.859;大二:F=287.184;大三:F=227.375;大四:F=136.165)。共线性诊断结果表明:作为自变量的 15 种评价要素之间不存在共线性的问题。从判定系数修正后的 R^2 来看,四个年级的回归模型分别可以解释学习态度变异量分别为:大一 32.3%、大二 34.4%、大三 29.6%、大四 34.7%。大一年级回归模型中,对学习态度影响最大的是"个人独立完成的作业",其次是"成绩排名",第三是"教师反馈"。大二和大三年级回归模型中,对学习态度影响最大的是"成绩排名",其次是"个人独立完成的作业",第三是"教师反馈"。大四年级回归模型中,对学习态度影响最大的是"成绩排名",其次是"教师反馈",第三是"个人独立完成的作业"。

表 8-9 不同年级中具体课程学习评价情境对学习态度的多元线性回归分析结果

	预测变量	大一	大二	大三	大四
课程学习评价方式的激励程度	考试	.057***	.067*	.045***	.046***
	论文	.046***	.065***	.031**	.066***
	实验报告	.013	.006	.046***	.011
	个人独立完成作业	.188***	.183***	.141***	.123***
	小组合作完成作业	.098***	.087***	.066***	.112***
考试内容	划范围/重点且背诵记忆	.016	.03	.017	.022
	划范围/重点需理解运用	.075***	.117***	.096***	.053***
	不划范围/重点且背诵记忆	.019	.005	.001	.017
	不划范围/重点需理解运用	.058***	.106***	.106***	.11***
论文/报告写作	提出观点并论证	.063***	.063***	.072***	.076***
	和老师/同学讨论	.113***	.106***	.075***	.078***
	搜集并查阅资料	.062***	.069***	.076***	.078***
	引证文献和数据	.033**	.027**	.073***	.092***
成绩排名		.179***	.2***	.214***	.201***
教师反馈		.117***	.138***	.135***	.139***
F^a		268.859***	287.184***	227.375***	136.165***
修正 R^2		.323	.344	.296	.347

注：[a] 上述四个回归模型的自由度均为 21；*p<.05；**p<.01；***p<.001。受篇幅所限以及本研究重点在考察不同的评价情境对学习态度的影响，本表格中没有给出各名义变量的标准化系数值。

"考试内容"中"需背诵记忆的考试内容"对四个年级学生的学习态度都没有显著影响；"划范围/重点需理解运用的考试内容"对低年级学生学习态度的影响大于"不划范围/重点需理解运用的考试内容"的影响；"不划范围/重点需理解运用的考试内容"对高年级学生学习态度的影响大于"划范围/重点需理解运用的考试内容"的影响。"论文/报告写作"中，对大一、大二学生学习态度影响最大的要素是"和老师/同学反复讨论"，影响最小的要素是"深入引证文献和数据"。这说明本科低年级阶段的"论文/报告写作"应重在思想、规则等的交流，而不是学术的深度。对高年级学生学习态度而言，四个要素的影响程度基本一致。相比之下，对大四学生学习态度影响最大的要素是"深入引证文献和数据"。"课程学习评价方式的激励程度"中，"作业"对四个年级学生学习态度的影响大于其他课程学习评价方式的影响；且"个人独立完成的作业"对四个年级学习态度的影响大于"小组合作完成的作业"的影响。

不同年级间同一系数比较结果显示（详见附录五表9）："划范围/重点需理解运用的考试内容"对大四学生学习态度的影响显著低于对其他年级学生的影响，对大一学生的影响显著低于对大二、大三学生的影响。"不划范围/重点需理解运用的考试内容"对大一学生学习态度的影响显著低于对其他年级学生的影响。"论文/报告写作"中"提出观点或想法并论证、广泛搜集并查阅资料以及深入引证文献和数据"对高年级学生学习态度的影响显著高于对低年级学生的影响。"和老师/同学反复讨论"对大一、大二学生学习态度的影响显著高于对大三、大四学生的影响。"个人独立完成的作业"对大一、大二学生学习态度的影响显著高于对大三、大四学生的影响；"小组合作完成的作业"对大一、大四学生学习态度的影响显著高于对大三学生的影响。"成绩排名"对大一学生学习态度的影响显著低于对其他年级学生的影响。

二、对比分析课程学习评价要素对不同年级学生学习策略的影响

基于四个年级数据将15种具体评价要素作为自变量，控制院校类型、学科类型和性别这三种名义变量，对学习策略做多元线性回归分析的结果，见表8-10。方差分析结果表明：四个年级的多元回归方程在.001水平上都是显著的，且拟合结果较好（大一：F=392.825；大二：F=428.84；大三：F=412.05；大四：F=213.734）。共线性诊断结果表明：作为自变量的15种评价要素之间不存在共线性的问题。从判定系数修正后的R^2来看，四个年级的回归模型分别可以解释学习策略变异量分别为：大一41.1%，大二43.9%，大三43.1%，大四45.5%。大一回归模型中，对学习策略影响最大

的是"教师反馈",其次是"论文/报告写作"中"和老师/同学反复讨论",第三是"论文/报告写作"中"深入引证文献和数据";大二年级回归模型中,对学习策略影响最大的是"论文/报告写作"中"和老师/同学反复讨论",其次是"教师反馈",第三是"论文/报告写作"中"提出观点或想法并论证";大三和大四年级回归模型中,对学习策略影响最大的是"教师反馈",其次是"论文/报告写作"中"引证文献和数据",第三是"论文/报告写作"中"提出观点或想法并论证"。

表 8-10 不同年级中具体课程学习评价情境对学习策略的多元线性回归分析结果

	预测变量	大一	大二	大三	大四
课程学习评价方式的激励程度	考试	-.008	-.017	-.015	.021
	论文	.013	.015	.012	-.011
	实验报告	.012	.019*	.019*	.011
	个人独立完成作业	.118***	.102***	.063***	.044**
	小组合作完成作业	.076***	.051***	.067***	.11***
考试内容	划范围/重点且背诵记忆	.026**	.011	.009	.002
	划范围/重点需理解运用	.098***	.111***	.108***	.128***
	不划范围/重点且背诵记忆	.023**	.034***	.024**	.045***
	不划范围/重点需理解运用	.093***	.093***	.105***	.076***
论文/报告写作	提出观点并论证	.13***	.142***	.15***	.142***
	和老师/同学讨论	.151***	.177***	.13***	.086***
	搜集并查阅资料	.124***	.127***	.125***	.11***
	引证文献和数据	.133***	.131***	.137***	.129***
	成绩排名	.042***	.05***	.062***	.061***
	教师反馈	.175***	.175***	.212***	.267***
	F^a	392.825***	428.84***	412.05***	213.734***
	修正 R^2	.411	.439	.431	0.455

注:[a] 上述四个回归模型的自由度均为 21;*p<.05;**p<.01;***p<.001。受篇幅所限以及本研究重点在考察不同的评价情境对学生学习策略的影响,本表格中没有给出各名义变量的标准化系数值。

四种"考试内容"中"划范围/重点且背诵记忆的考试内容"只对大一学生学习策略有显著的影响;"不划范围/重点且背诵记忆的考试内容"对四个年级学生学习策略均有显著正影响,其影响小于"需理解运用的考试内容"的影响。"需理解运用的考试内容"中"划范围/重点的"对四个年级学生学习策略的影响大于"不划范围/重点的"影响。"论文/报告写作"中"和老师/同学反复讨论"对大一和大二学生学习策略的影响最大;"提出观点或想法并论证"对大三、大四学生学习策略的影响最大。"课程学习评价方式的激励程度"中,"作业"对所有年级学生学习策略的影响大于其他课程学习评价方式的影响;且"个人独立完成的作业"对低年级学生学习策略的影响大于"小组合作完成的作业"的影响;"小组合作完成的作业"对高年级学生学习策略的影响大于"个人独立完成的作业"的影响。

不同年级间同一系数比较结果显示(详见附录五表10):"划范围/重点需理解运用的考试内容"对大四学生学习策略的影响显著高于对其他年级学生的影响。"论文/报告写作"中"和老师/同学反复讨论"对大二学生学习策略的影响显著高于对其他年级学生的影响,对大一学生的影响显著高于对大三学生的影响,对大四学生的影响显著低于对其他年级的影响。这说明"和老师/同学反复讨论"对低年级学生,尤其是大二学生的影响较大。因为相对大一学生对"论文/报告写作"的初始认知和大三、大四学生对"论文/报告写作"的熟悉程度,大二是学生接触"论文/报告写作"的过渡阶段。因此,在大二年级的"论文/报告写作"中更要鼓励和强调师生的沟通交流。"课程学习评价方式的激励程度"中"个人独立完成的作业"对大一、大二学生学习策略的影响显著高于对大三、大四学生的影响;"小组合作完成的作业"对大四学生学习策略的影响显著高于对其他年级学生的影响。"成绩排名"对大三学生学习策略的影响显著高于对大一学生的影响。"教师反馈"对大四学生学习策略的影响显著高于对其他年级的影响,对大三学生的影响显著高于对大一、大二学生的影响。

三、对比分析课程学习评价要素对不同年级学生学习行为投入的影响

基于四个年级数据将 15 种具体评价要素作为自变量，控制院校类型、学科类型和性别这三种名义变量，对学习行为投入做多元线性回归分析的结果，见表 8-11。方差分析结果表明：四个年级的多元线性回归方程在 .001 水平上都是显著的，且拟合结果较好（大一：F=519.788；大二：F=537.008；大三：F=505.06；大四：F=270.118）。共线性诊断结果表明：作为自变量的 15 种评价要素之间不存在共线性的问题。从判定系数修正后的 R^2 来看，四个年级的回归模型分别可以解释学习行为投入变异量分别为：大一48%，大二49.5%，大三48.3%，大四51.4%。在大一和大二年级回归模型中，对学习行为投入影响最大的是"教师反馈"，其次是"论文/报告写作"中"和老师/同学反复讨论"，第三是"成绩排名"。在大三和大四年级回归模型中，对学习行为投入影响最大的是"教师反馈"，其次是"成绩排名"，第三是"论文/报告写作"中"提出观点或想法并论证"。

四种"考试内容"中，"划范围/重点且背诵记忆的"对所有年级学生学习行为投入没有显著影响；"不划范围/重点且背诵记忆的"对四个年级学生学习行为投入均有显著影响，且对大四学生的影响最大；两种"需理解运用的考试内容"对四个年级学生学习行为投入的影响比较相近。"论文/报告写作"中对大一、大二、大三学生学习行为投入影响最大的要素是"和老师/同学反复讨论"；对大四学生学习行为投入影响最大的要素是"提出观点或想法并论证"。"课程学习评价方式的激励程度"中"作业"对学习行为投入的影响大于其他课程学习评价方式的影响；且"个人独立完成的作业"对大一、大二、大三学生学习行为投入的影响大于"小组合作完成的作业"的影响，"小组合作完成的作业"对大四学生学习行为投入的影响大于"个人独立完成的作业"的影响。

表 8-11　不同年级中具体课程学习评价情境对学习行为投入的多元线性回归分析结果

预测变量		大一	大二	大三	大四
课程学习评价方式的激励程度	考试	.02**	−.016	−.012	−.017
	论文	−.015	.005	−.003	−.031
	实验报告	.019	.032*	.038***	.02
	个人独立完成作业	.13***	.112***	.099***	.063***
	小组合作完成作业	.075***	.063***	.05***	.072***
考试内容	划范围/重点且背诵记忆	.01	.012	.002	.002
	划范围/重点需理解运用	.059***	.071***	.065***	.05***
	不划范围/重点且背诵记忆	.021**	029***	.038***	.082***
	不划范围/重点需理解运用	.06***	.081***	.074***	.057***
论文/报告写作	提出观点并论证	.088***	.089***	.12***	.127***
	和老师/同学讨论	.215***	.189***	.111***	.091***
	搜集并查阅资料	.096***	.084***	.077***	.068***
	引证文献和数据	.066***	.084***	.068***	.067***
成绩排名		.156***	.186***	.197***	.188***
教师反馈		.282***	.306***	.329***	.369***
F^a		519.788***	537.008***	505.06***	270.118***
修正 R^2		.48	.495	.483	.514

注：[a] 上述四个回归模型的自由度均为 21；*p<.05；**p<.01；***p<.001。受篇幅所限以及本研究重点在考察不同的评价情境对学习行为投入的影响，本表格中没有给出各名义变量的标准化系数值。

不同年级间同一系数比较结果显示（详见附录五表 11）："不划范围/重点且背诵记忆的考试内容"对大四学生学习行为投入的影响显著高于对其他年级的影响。"不划范围/重点需理解运用的考试内容"对大二学生学习行为投入的影响显著高于对大一和大四学生的影响。"论文/报告写作"中"和老师/同学反复讨论"对大四学生学习行为投入的影响显著低于对其他年级学生的影响，对大一学生的影响显著高于对其他年级学生的影响；"提出观点或想法并论证"对高年级学生学习行为投入的影响显著高于对低年级学生的影响；"广泛搜集并查阅资料"对低年级学生学习行为投入的影响显著高于对高年级学生的影响。"课程学习评价方式的激励程度"中"个人独立完成的作业"对大四学生学习行为投入的影响显著低于对其他年级学生的影响，对大三学生的影响显著低于对大二和大一学生的影响。"成绩排名"对大一学生学习行为投入的影响显著低于对其他年级学生的影响。"教师反馈"对大四学生学习行为投入的影响显著高于对其他年级学生的影响，对大一学生的影响显著低于对其他年级学生的影响。

四、对比分析课程学习评价要素对不同年级学生学业成果的影响

基于四个年级数据将 15 种具体评价要素作为自变量，控制院校类型、学科类型和性别这三种名义变量，对学业成果做多元线性回归分析的结果，见表 8-12。方差分析结果表明：四个年级的多元线性回归方程在 .001 水平上都是显著的，且拟合结果较好（大一：F=181.56；大二：F=187.892；大三：F=165.797；大四：F=93.106）。共线性诊断结果表明：作为自变量的 15 种评价要素之间不存在共线性的问题。从判定系数修正后的 R^2 来看，四个年级的回归模型分别可以解释学业成果变异量分别为：大一 24.3%，大二 25.5%，大三 23.4%，大四 26.6%。

大一年级回归模型中，对学业成果影响最大的是"论文/报告写作"中"和老师/同学反复讨论"，其次是"教师反馈"，第三是"论文/报告写作"中"个人独立完成的作业"；大二年级回归模型中，对学业成果影响最大的是"教师反馈"，其次是"论文/报告写作"中"和老师/同学反复讨论"，第三是"论文/报告写作"中"深入引证文献和数据"；大三和大四年级回归模型中，对学业成果影响最大的是"教师反馈"，其次是"论文/报告写作"中"广泛搜集并查阅资料"。

表 8-12　不同年级中具体课程学习评价情境对学业成果的多元线性回归分析结果

预测变量		大一	大二	大三	大四
课程学习评价方式的激励程度	考试	.026**	.0	−.005	.011
	论文	.035***	.047***	.069***	.069***
	实验报告	.01	−.01	.026*	−.002
	个人独立完成作业	.089***	.074***	.051***	.045**
	小组合作完成作业	.01***	.089***	.086***	.118***
考试内容	划范围/重点且背诵记忆	.025**	.043***	.024**	.015*
	划范围/重点需理解运用	.08***	.097***	.106***	.089***
	不划范围/重点且背诵记忆	.032***	.005	.000	.014
	不划范围/重点需理解运用	.065***	.081***	.094***	.085***
论文/报告写作	提出观点并论证	.063***	.079***	.061***	.067***
	和老师/同学讨论	.138***	.115***	.081***	.078***
	搜集并查阅资料	.084***	.07***	.108***	.131***
	引证文献和数据	.01***	.103***	.081***	.095***
成绩排名		.065***	.064***	.069***	.077***
教师反馈		.129***	.132***	.143***	.14***
F^a		181.56***	187.892***	165.797***	93.106***
修正 R^2		.243	.255	.234	.266

注：[a] 上述四个回归模型的自由度均为 22；*p<.05；**p<.01；***p<.001。受篇幅所限以及本研究重点在考察不同的评价情境对学业成果的影响，本表格中没有给出各名义变量的标准化系数值。

　　四种"考试内容"中"不划范围/重点且背诵记忆的考试内容"只对大一学生学业成果有显著影响；"划范围/重点且背诵记忆的考试内容"对四个年级学生学业成果均有显著影响，但其影响均小于"需理解运用的考试内容"的影响。"需理解运用的考试内容"中"划范围/重点"对四个年级学生学业成果的影响大于"不划范围/重点"的影响。"论文/报告写作"中对低年级学生学业成果影响最大的要素是"和老师/同学反复讨论";对高年级学生学业成果影响最大的要素是"广泛搜集并查阅资料"。"课程学习评价方式的激励程度"中,"作业"对所有年级学生学业成果的影响大于其他课程学习评价方式的影响,"小组合作完成的作业"对四个年级学生学业成果的影响大于"个人独立完成的作业"的影响。

不同年级间同一系数比较结果显示(详见附录五表12):"不划范围/重点需理解运用的考试内容"对大一学生学业成果的影响显著低于对其他年级学生的影响,这可能是因为大一学生自主学习能力低于其他年级的学生。"论文/报告写作"中"和老师/同学反复讨论"对大一学生学业成果的影响显著高于对其他年级的影响,对大二学生的影响显著高于对大三和大四学生的影响;"广泛搜集并查阅资料"对高年级学生学业成果的影响要高于对低年级学生的影响。"课程学习评价方式的激励程度"中"个人独立完成的作业"对低年级学生学业成果的影响显著高于对高年级学生的影响;"小组合作完成的作业"对大四学生学业成果的影响显著高于对其他年级学生的影响。

第四节 课程学习评价与不同年级学生学习的关系

本章首先描述了不同年级中学生对不同课程学习评价的认识;接着使用四个年级的数据与"课程学习评价影响机制模型"拟合,探究了课程学习评价与不同年级学生学习的关系;最后深入分析了具体评价要素是如何影响不同年级学生的学习过程和学业成果的。主要研究结论及讨论如下:

一、"论文/报告写作"与四个年级学生学习的关系

在"课程学习评价影响机制模型"中,"论文/报告写作"对四个年级学生学习过程和学业成果的影响最大。其中,"论文/报告写作"对低年级

学生学习态度和学业成果的影响低于对高年级学生的影响；对低年级学生学习策略、学习行为投入的影响高于对高年级的影响。这可能是因为低年级刚刚接触"论文/报告写作"这种评价方式，所以会积极寻找各种学习策略并投入其中。而随着年级的升高，"论文/报告写作"越来越多，学生对这种评价情境的认识和理解也越来越深，故对高年级学生学习态度和学业成果的影响较大。另外，尽管"论文/报告写作"对所有年级学习行为投入的直接效应为负，但是相对而言，对高年级学生学习行为投入的负面影响要显著低于对低年级学生的影响。

将"论文/报告写作"的四个要素分别对学习态度、学习策略、学习行为投入和学业成果做多元线性回归，分析结果表明：四个要素对学生的学习态度、学习策略、学习行为投入和学业成果都有显著的正影响。其中，"和老师/同学反复讨论"对低年级学生学习过程和学业成果的影响都较大。"提出观点或想法并论证"对高年级学生学习行为投入的影响较大；也就是说，随着年级的升高，只有"提出观点或想法并论证"这类高阶任务才能让学生更加积极地投入到学习当中。"广泛搜集并查阅资料"对大一和大三学生学习投入的影响较大，对高年级学生学业成果的影响较大。因此，如果想通过"论文/报告写作"来促进不同年级学生的学习，就应该在低年级强调"和老师/同学反复讨论"，即重在和学生进行沟通、对话，告诉他们如何进行学术性的写作等。高年级就重在强调在"论文/报告写作"中通过广泛搜集并查阅资料提出观点或想法并通过深入引证文献和数据来论证。

二、"教师反馈"与四个年级学生学习的关系

在"课程学习评价影响机制模型"中，"教师反馈"对所有年级学生学习的影响仅次于"论文/报告写作"。年级之间相比发现："教师反馈"对大二、大三年级学生学习态度影响较大，对大三、大四年级学生学习策略、学习行为投入和学业成果影响较大。这一方面可能是前述描述统计结果表明的，高年级学生得到的教师反馈显著多于低年级学生得到的；另一方面可能

是因为低年级学生还未能很好地理解教师反馈的内容，因此不能产生像对高年级学生那样的影响。而且研究指出，书面反馈比口头反馈更难理解，尤其是对于那些刚进入一种比较复杂的学术领域的初学者而言，理解教师的反馈、评论等都需要一个过程（Ivanic，et al.，2000）。再加之，在评价过程中，评价的标准本身包含清晰的（explict）和默会的（tacit）两套知识体系。教师可能会对普遍的评价标准赋予一些默会的理解（Rust，et al.，2003）。这对于低年级学生来说，也是不容易理解的。

三、"考试内容""成绩排名"与四个年级学生学习的关系

在"课程学习评价影响机制模型"中，尽管"考试内容"和"成绩排名"对四个年级学生学业成果均没有显著的直接效应，但二者均通过学习过程对学业成果产生间接效应。相比之下，"成绩排名"的影响大于"考试内容"的影响。"成绩排名"对高年级学生学习态度、学习行为投入和学业成果的总影响大于对低年级学生的总影响。一方面可能是因为随着年级的升高，学生越来越意识到成绩排名的实际功效——评奖学金、保研、出国申请等；另一方面也可能是因为认识到学习本身的意义。不管怎样，这在某种程度上印证了德怀尔的研究，即成绩在某种程度上可以反映学生的学习动机、学习提高的程度、学生的努力质量（Dwyer，1998），同时反过来也能够促进学生的学习（Hu，2005；Kuncel，et al.，2005）。

"考试内容"在"课程学习评价影响机制模型"中对学生学习过程和学业成果影响最小，且对大二、大三和大四年级的学习策略，对大一、大二学生的学习行为投入（对大三、大四学生的学习行为投入为显著的负效应），对所有年级的学业成果等没有显著的直接效应。这可能是前述的描述统计结果指出的，随着年级的升高，学生认为考试对学生学习的激励程度越来越小，而且低年级学生认为"需背诵记忆的考试内容"比较少，"划范围/重点需理解运用的考试内容"比较多；相反，高年级学生认为"需背诵记忆的考试内容"多于"需理解运用的考试内容"。因此，这样的考试内容就更不

能促进高年级学生积极地投入到学习当中。

控制院校类型、学科、性别及其他具体的评价要素，四种"考试内容"对学生学习过程和学业成果的多元线性回归结果表明："需理解运用的考试内容"对四个年级学生学习过程和学业成果的影响均大于"需背诵记忆的考试内容"。在"理解运用的考试内容"中，"划范围/重点"比"不划范围/重点"对学生的学习过程与成果影响更大。

四、"课程学习评价方式的激励程度"与四个年级学生学习的关系

随着年级的升高，学生对不同评价方式的理解也在发生着变化。这种理解上的变化会对学生的学习和成果产生一定的影响。首先，"考试"对低年级学生学习的激励程度高于对高年级学生的激励程度。"论文"对高年级学生学习的激励程度高于对低年级学生的激励程度。"实验报告"对大四学生学习的激励程度最高。"个人独立完成的作业"对大四学生学习的激励程度最低。"小组合作完成的课程作业"对大三学生学习的激励程度较高。多元线性回归分析结果表明：学生理解的"考试"只对所有年级学生的学习态度、大一年级的学习行为投入和学业成果有显著的影响。"论文"只对所有年级学生的学习态度、学业成果有显著影响，且对高年级学生学业成果的影响大于对低年级学生的影响。"实验报告"只对大三学生的学习过程和学业成果和大二学生的学习策略和学习行为投入有显著影响。"个人独立完成的作业"对所有年级学生学习过程和学业成果都有显著影响，且对低年级学生学习过程和学业成果的影响大于对高年级学生的影响。"小组合作完成的作业"对所有年级学生学习过程和学业成果都有显著影响，且对大一、大四年级学生学习过程和学业成果的影响大于对大二、大三年级学生的影响。

在"课程学习评价影响机制"模型中，"课程学习评价方式的激励程度"对大四学生的学习行为投入和所有年级的学业成果没有直接影响。从总效应来看，"课程学习评价方式的激励程度"对高年级学生学习过程和学业成果的影响低于对低年级学生的影响，对大一学生学习过程和学业成果的影响最大。

最后，四个年级学生对考试、论文的认识影响他们的学习，但是实际影

响与主观认识不一致。四个年级的学生都认为考试对学习的激励程度高于论文、实验报告对学习的激励，但是在结构方程模型和回归分析中，"考试"对学习的影响最小，"论文/报告写作"对学习的影响最大。

综上，本章的研究对比分析和展示了四个年级学生对课程学习评价的认识和理解，以及课程学习评价与学生学习过程和学业成果之间的关系。不同年级的学生对不同课程学习评价的认识和理解有差异，且不同年级中课程学习评价对学生学习过程和学业成果的影响既有共同之处，也有其独特性。

第九章　课程学习评价：为学而评

如果想探究教育系统中的真理，我们就必须从评价入手。

（Rowntree，1987）

　　本书在分析国际高等教育领域中本科阶段课程学习评价的本质、理念、实践、作用等的基础上，聚焦于中国本科教育中的课程学习评价。从学生的视角分析了中国本科教育中课程学习评价的现状，探究了课程学习评价对不同学生群体学习过程和学业成果的影响。引言和前两章的内容旨在说明本书选题的意义和国际高等教育领域中本科阶段课程学习评价的实践和研究现状。第三章基于已有研究分析了课程学习评价与教育教学和学生学习之间的关系，为后五章定量研究奠定了基础。第四章介绍了定量研究使用的分析框架、调查工具、数据收集和分析方法等。第五章至第八章使用第四章的概念框架和数据，围绕我国本科教育中课程学习评价与学生学习过程和学业成果的关系这一核心研究主题，描述了我国本科教育中课程学习评价的现状；在使用结构方程模型分析"课程学习评价影响机制模型"与调查数据拟合的基础上，又结合多元线性回归对比分析了不同课程学习评价对不同群体学生学习过程和学业成果的影响。本章将再次返回到本书引言中对终身学习理念的分析，基于终身学习视角对本书的主要发现进行总结和讨论，并在此基础上从理念、制度和实践层面对我国本科教育中课程学习评价的改革提出建议，以确保本科教育中的课程学习评价能够促进学生的终身学习。

第一节　本科教育中的课程学习评价能否促进学生的学习

学生学习与发展不仅是教育质量的核心，更是教育中的"黑匣子"。作为探究"黑匣子"重要方式的课程学习评价已经成为当今欧美等发达国家高等教育实践和研究领域中最热的关键词之一。教育史上课程学习评价活动由来已久，但现代意义上的本科课程学习评价体系则是西方发达国家为应对高等教育大众化情境下涌现的问题，围绕学生学习体验与教育质量关系进行的系统研究而形成的。目前西方发达国家为"促进学生的学习与发展，提高院校教育效能"，在教育系统内部已经构建起包括院校、专业和课堂等多个层面的学生学习评价体系。围绕课程学习评价开展的实践改进和学术研究不只是一种"时尚潮流"，不会随着时间的流逝而逐渐消失。只要我们还想了解本科教育的效果如何以及达成这种效果的过程是否得当、大学期间本科生在哪些方面有所成长和收获等，课程学习评价就是必不可少的（Astin, 1991; Bok, 2008; Pascarella, et al., 2005）。随着终身学习理念的深入渗透、本科教育中教学范式从以教为中心逐渐过渡到以学为中心，课程学习评价就要从对学生学了什么的总结和监督，转变为对学生的学习进行引导和改进；课程学习评价不仅要说明学生学了什么，还要说明学生是如何学的（Barr, et al., 1995）。另外，已有研究表明，课程学习评价，无论是具体的评价实践还是围绕这种实践形成的一种评价情境，对学生的影响都要大于具体教学内容对学生的影响（Biggs, et al., 1999; Brown, et al., 2008; Gibbs, 1999）。

本书首先全方位解析了西方高等教育领域中现代意义上课程学习评价的发展脉络、理论范式、核心概念以及其在高等教育发展中的意义和价值，旨在为我国正在进行的课程学习评价研究和改革实践提供新的视角和理念。研究强调：评价只是达成教育目的的手段而非目的本身；课程学习评价的作用在于其反馈、促进和引导学习的功能；建立"教—学—评"一体化，以评促教、以评促学的制度是中国现阶段高等教育改革与发展的当务之急。

其次，本书在解析国外高等教育课程学习评价的基础上，借鉴并拓展了国外关于课程学习评价的分析框架，构建出"课程学习评价影响机制模型"，为探究我国本科教育课程学习评价与大学生学习关系提供了更为精细的设计，也在一定程度上填补了国内高等教育课程学习评价研究在影响机制上的空白。

最后，本书在分析我国本科教育中课程学习评价的现状以及学生如何理解课程学习评价的基础上，使用结构方程模型、多元线性回归分析深入探究了课程学习评价与学生学习过程和学业成果之间的关系，以及这种关系是否因学生群体的不同而不同。

一、"课程学习评价影响机制模型"的适用性

研究基于自我系统发展过程理论、高等教育情境中的学习模型和学生应对测验的学习策略采纳模型，构建了"课程学习评价影响机制模型"（详见第四章的图4-1），使用AMOS18.0软件将2011年全国抽样高校的调查数据和该初始模型进行适配和修正之后与2011年的调查数据拟合很好。这说明"课程学习评价影响机制模型"可以用于分析中国本科教育中课程学习评价与学生学习过程和学业成果之间的关系。为了进一步验证该模型在不同群体数据中的适用性程度，本研究又将"课程学习评价影响机制模型"分别与不同院校类型、不同学科和不同年级学生群体的数据进行拟合分析。结果表明该模型具有跨群组效度，且能够体现出群体特征，可以用于描述课程学习评价与不同群体学生的学习过程和学业成果间的关系。

二、师生对话的评价更能促进学生学习

本研究发现，在中国本科教育中，师生可以进行对话的课程学习评价即

"教师反馈"和需要和老师/同学反复讨论的"论文/报告写作"即对学生学习态度、学习策略、学习行为投入和学业成果的影响都很大。

从院校比较的视角来看,"教师反馈"对地方本科院校中学生的学习过程和学业成果影响最大。这可以从两个方面去解释:一方面可能是因为地方本科院校中的学生需要教师更多的指导和反馈;另一方面,本研究的调查数据显示,地方本科院校中学生获得的教师反馈确实多于985院校和211院校中学生获得的教师反馈。也就是说,有可能是因为地方本科院校中学生得到的教师反馈比较多,因而更好地影响和促进了学生的学习。"论文/报告写作"中"和老师/同学反复讨论"对211院校中学生学习态度和学业成果影响最大,对地方本科院校中学生学习策略影响最大,对985院校中学生学习行为投入影响最大。

从学科比较的视角来看,"教师反馈"对文社科学生学习过程和学业成果的影响大于对理工科学生的影响。这一方面可能正如调查数据显示的:文社科学生的学业表现获得的教师反馈较多;另一方面可能是和学科范式有关,即文社科这类弱范式学科更为鼓励教师和学生之间的互动,强调通过互动来培养学生的批判分析思维。

从年级比较的视角来看,"教师反馈"对高年级学生学习过程和学业成果的影响大于对低年级学生的影响。这一方面可能是因为高年级学生得到的教师反馈显著多于低年级的;另一方面可能是因为低年级学生还未能很好地理解教师反馈的内容,因此不能产生像对高年级学生那样的影响。而且有研究指出,书面反馈比口头反馈更难理解,尤其是对于那些刚进入一种比较复杂的学术领域的初学者而言,理解教师的反馈、评论等都需要一个过程(Ivanic, et al., 2000)。再加之,在评价过程中,评价标准本身包含清晰的(explict)和默会的(tacit)两套知识体系。教师可能会对普遍的评价标准赋予一些默会的理解(Rust, et al., 2003)。这对于低年级学生来说,也是不容易理解的。在"论文/报告写作"中"和老师/同学反复讨论"对低年级学生学习过程和学业成果的影响比较大。但事实上调查数据显示,低年级学生在"论文/报告写作"中"和老师/同学反复讨论"显著低于高年级学生。

总体上，师生可以进行对话的课程学习评价对学生学习过程和学业成果的影响比没有师生对话的课程学习评价的影响大。而且国外的研究也证明了这一点。在 100 多个影响学生学习的因素中，将学校的影响作为基准，"教师反馈"的影响是学校影响的 2 倍，位列影响学生学习和学业成就所有因素的第 5 位（Hattie & Timperley，2007）。但是在中国的高等教育实践中，一方面教师反馈相对而言并不常见，另一方面即使有教师反馈，一半以上的学生也认为他们跟老师之间很难进行真正的对话。具体是因为学校制度安排不到位，还是学生自身的原因，抑或是中国师道尊严的传统导致的，还有待于进一步的研究。

三、"考试"对学生学习的影响最小但仍可以促进他们的学习

本研究发现，从考试内容来看，目前本科教育中"划范围/重点的考试内容"多于"不划范围/重点的考试内容"，"需理解运用的考试内容"多于"需背诵记忆的考试内容"。从考试与学生学习的关系来看，"划范围/重点的考试内容"和"需理解运用的考试内容"对学生学习的影响大于"不划范围/重点的考试内容"和"需背诵记忆的考试内容"的影响。总体上来说，相比其他课程学习评价，考试对学生学习过程和学业成果的影响程度最低。因此，从这个角度来看，我们似乎就可以理解学生们为什么对那种不得不为了考试而进行的学习深恶痛绝了。其实，国外早就有研究指出，要从考试文化转向评价文化，因为考试是以牺牲学生的学习兴趣来达到出题者的目的，在这样一种考试文化中培养出来的学生就只是一群拥有证书的庸人（Wiggins，1993）。不过也有研究指出，考试运用得当，不要"考试至上"，那么考试就可以促进学生学习——考试不仅可以测量知识掌握的多寡，而且对于改善记忆能力和提高学习效率有很大的好处（Roediger, et al., 2006）；考试频率的增加可以促进学生的学习投入，有助于对知识的运用；相比较考试的不足，考试的正面效应足以让这一实践在所有层次的教育中立足，并有

助于教育目标的达成（Einstein, et al., 2012; Roediger, et al., 2006）。而且本研究也发现，60%的学生认为考试对学习有中等程度以上的激励作用。另外，考试对不同学生群体学习过程和学业成果的影响也各有侧重。

从院校比较的视角来看，"考试内容"对地方本科院校中学生学习过程和学业成果的影响较大。从学科比较的视角来看，"考试内容"对理工科学生学习过程和学业成果的影响较大。这和国外的研究一致，即强范式的学科在评价学生的学习时常选择考试这种方式，认为考试能更好地考查学生掌握知识的程度（Brint, et al., 2012）。从年级比较的视角来看，"考试内容"对大一学生学习过程和学业成果的影响较小。

综上，如果想让考试发挥更大的引导和促进学生学习的作用，那么就应该多一些理解运用的考试内容。而且在出题的过程中要考虑学科、年级等学生特征。这样才可以避免学生只要在"考前突击几天，刷刷题"就可以通过考试甚至拿到高分。这类突击刷题的考试也确实很难被学生认同并接受，对学生学习的影响最小。

四、"论文/报告写作"最能促进学生的学习

我国本科教育中"论文/报告写作"对不同群体学生学习过程和学业成果的影响程度最高。这可能是因为"论文/报告写作"这种评价方式相对于客观性的考试而言，更具情境性，更能展示学生对知识的综合理解程度、分析技能、写作技能等；有助于学生语言的发展、知识的构建、理解的深刻和批判性思维能力的提高等（Covic, et al., 2008）。但是反过来，"论文/报告写作"也要求学生具备一定的综合理解能力、分析能力和写作技能等，因此，"论文/报告写作"对不同学生群体学习过程和学业成果的影响各不相同。

从院校比较的视角来看，总体上985院校的学生能从"论文/报告写作"中获益更多。另外，"论文/报告写作"中"和老师/同学反复讨论""提出观点或想法并论证""深入引证文献和数据"和"广泛搜集并查阅资料"四

个要素对不同院校中学生学习过程和学业成果的影响也不同。其中,"和老师/同学反复讨论"是影响三类院校中学生学习态度和学习行为投入最大的要素,且是影响地方本科院校中学生学习策略最大的要素;"广泛搜集并查阅资料"是影响211院校中学生学习策略最大的要素,"提出观点或想法并论证"是影响985院校中学生学习策略最大的要素。"和老师/同学反复讨论"是影响地方本科院校和211院校中学生学业成果最大的要素,"深入引证文献和数据"是影响985院校中学生学业成果最大的要素。

从学科比较的视角来看,总体上"论文/报告写作"对文社科学生学习过程和学业成果的影响高于对理工科学生的影响。因为"论文/报告写作"更为符合文社科这一类弱范式学科的教学和人才培养的特性,弱范式学科更为强调学生批判性和创新性思维能力的培养,注重学生的口头和书面表达;相反,强范式学科更强调学生动手能力的培养,注重学生对方法和原则的实际运用(Braxton,1995;Hativa,1997)。从"论文/报告写作"的四个要素来看,"和老师/同学反复讨论"是对文科、理科和工科学生学习态度、学习策略、学业成果,以及对四类学科学生学习行为投入影响最大的要素;"提出观点或想法并论证"是对社科学生学习态度、学习策略和学业成果影响最大的要素。

从年级比较的视角来看,总体上"论文/报告写作"对高年级学生学习态度和学业成果的影响高于对低年级学生的影响;对低年级学生学习策略、学习行为投入的影响高于对高年级的影响。因为低年级学生刚刚接触"论文/报告写作"这种评价方式,所以会积极寻找各种学习策略并投入其中。而随着年级的升高,"论文/报告写作"越来越多,学生对这种评价的认识和理解也越来越深,故对高年级学生学习态度和学业成果的影响较大。从"论文/报告写作"的四个要素来看,"和老师/同学反复讨论"和"广泛搜集并查阅资料"对低年级学生学习过程和学业成果的影响大于对高年级学生的影响;"提出观点或想法并论证"和"深入引证文献和数据"对高年级学生学习过程和学业成果的影响大于对低年级学生的影响。因此,如果想通过"论

文 / 报告写作"来促进不同年级学生的学习，就应该在低年级强调"和老师 / 同学反复讨论"，即重在和学生进行沟通、对话，告诉他们如何进行学术性的写作等。而在高年级段的"论文 / 报告写作"中应重点强调通过广泛搜集并查阅资料提出观点或想法并通过深入引证文献和数据来论证。

尽管如此，令人担忧的是，在本次调查的开放题中，有一些同学抱怨"论文 / 报告写作"流于形式甚至出现杜撰、抄袭等不良现象。而且本次的数据调查还发现，只有41.6%的学生认为在"论文 / 报告写作"中"提出观点或想法并论证"是必需的，只有42.9%的学生认为在"论文 / 报告写作"中需要"深入引证文献和数据"，50.6%的学生认为在"论文 / 报告写作"中可以偶尔"和老师 / 同学反复讨论"。从上面这些调查数据可以看出，我国本科教育中"论文 / 报告写作"确实还存在改进的空间。

五、"成绩排名"通过作用于学生的学习态度影响其学习行为

本研究发现在我国目前的本科教育中，"成绩排名"对学生的学习过程和学业成果均可以产生一种显著正向的影响，尤其是对学生学习态度的影响最大。但是这种影响是让学生为了分数而学习还是为了学习本身而学习还需要进一步的探究。"成绩排名"的目的是将学生分为三六九等，然后据此制定奖惩、选拔等排他性的决策还是作为刺激和促进学生更好地学习呢？如果目的是前者，那么成绩排名就会像哈佛学院前院长李维斯指出的，抹杀学生努力的意义以及追求公正的信心，进而演变成为一场勾心斗角的厮杀，从而培养出"暴民"（Lewis，2006）。其实，"只要在给成绩之前将规则和要求描述清楚，且该成绩只是用来促进学习和教学，而不是被用来作为奖惩和选拔等排他性决策的唯一标准"（Scanlon, et al., 1998），那么"成绩在某种程度上就可以反映学生的学习动机、学习提高的程度和学生努力的质量（Dwyer，1998）。而且成绩还承担着多种角色：成绩是决定一个学生能否毕业的基本依据；是向雇主或者研究生院证明学生学习质量的普遍形式；是师生之间沟通交流的主要内容；成绩影响学生学习方式、内容、时间和精力分

配等的方方面面"（Walvoord, et al., 2009）。另外，"成绩排名"对不同学生群体的影响也各不一样。

从院校比较的视角来看，"成绩排名"对985院校中学生的学习过程——学习态度、学习策略和学习行为投入的影响显著高于对211院校和地方本科院校中学生学习的影响。这可能是因为，相比较211院校和地方本科院校，985院校中的学生更为看重成绩排名的实际利益。而且在开放性的调查中发现：985院校中有学生甚至提出可以在全校范围内进行排名，而且比较认可成绩排名和奖学金评定、出国等挂钩。从对学业成果的影响来看，"成绩排名"对985院校和地方本科院校中学生学业成果的影响显著高于对211院校中学生的影响。

从学科比较的视角来看，"成绩排名"对理工科学生的学习过程和学业成果的影响大于对其他学科学生的影响。这和国外的研究比较一致，即强范式学科中教师的给分标准比较严格和公平，比较符合学生的努力情况，能够很好地激发学生的学习动力，更能表现学生的努力质量（Johnson, 2003; Scanlon, et al., 1998）。

从年级比较的视角来看，"成绩排名"对高年级学生学习态度、学习行为投入和学业成果的总影响大于对低年级学生的影响。这一方面可能是因为随着年级的升高，学生越来越意识到成绩排名的实际功效——评奖学金、保研、出国申请等；另一方面也可能是因为认识到学习本身的意义。

六、评价对学生学习的激励程度与学生对评价的看法呈复杂关系

已有研究指出，课程学习评价不仅通过其具体的形式、要求和结果对学生学习产生影响，而且学生对各种课程学习评价的认识和理解会对学生的学习产生影响（Birenbaum, 1997; Van de Watering, et al., 2008）。本研究也发现，我国本科生对课程学习评价的认识影响学生的学习过程和学业成果，但是实际影响和学生的主观认识并不完全一致。具体情况如下：

学生们普遍认为"考试"对学习的激励程度要高于"论文和实验报告"

对学习的激励，而且"论文和实验报告"对学习的激励最小。从三者与学生学习关系的分析可以看出，相比较其他课程学习评价，"考试"对所有学生学习过程和学业成果的影响最小；"论文/报告写作"对学生学习过程和学业成果的影响最大。从学科的视角来看"作业"对学习的影响发现，虽然工科学生认为"小组合作完成的作业"对学习的激励程度低于对文社科学生的激励，但是"小组合作完成的作业"对工科学生学习过程和学业成果的影响程度要高于对文科学生的影响。因此，尽管学生对评价的认识确实影响学生的学习过程和学业成果，但是这种认识和评价对学生学习的实际影响并不完全吻合。所以我们应该理性地对待学生对目前正在使用的评价的判断。

第二节　本科教育中课程学习评价的改革路径

本研究对我国大学本科教学改革，特别是对课程学习评价体系的改革具有以下三方面的启示：

一、认识评价对学生学习的重要影响，将课程学习评价建基于新型教育理念

基于终身学习理念、建构主义学习观、本科教育中教学范式的转变，"我们应当重新考虑本科教育中学生的学习，充分利用大学中的所有资源为所有学生提供教育，并使得每一个学生都得到全面发展"（Keeling，2004）。这种学习观要求一种可以整合学生体验去理解和支持学生学习与发展的新的评价理念与方法。而新的评价理念和方法呼吁教育的转型，将学生置于学习和评价体验的中心，使得课程学习评价成为学生自己的一种非常独特的人生记录。这种学习观和新的评价理念呼吁一种新型教育理念，即将原本被分开思

考的，并认为是彼此独立的学生学习和教师教学整合到一起。

自从评价运动在西方发达国家高等教育领域兴起之后，就被赋予了多重内涵、意义和目的。或许正是因为有了这种具备多重内涵、意义和目的的课程学习评价，它们的高等教育质量，特别是人才培养的质量才享誉全球。目前中国大学中课程学习评价往往流于形式，没有真正地关注学生的学习与发展，大学中的政策制定者、教师等相关人员应当首先意识到评价对学生学习与发展的重要性。这种重要性不应该只体现在期中、期末的考试中，也不应该只体现在成绩排名和最后的毕业论文中，而是要体现在学生学习的过程中。

本研究的初始访谈和开放题调查发现，尽管三分之一的学生抱怨和讨厌目前院校中使用的评价方式，但是这种抱怨和讨厌并不意味着学生认为大学期间应该取消对他们学习的评价。学生接受对他们的考评，并且指出如果没有考试等对他们学习的考评，他们的学习会更盲目。他们之所以对目前的评价方式产生了一种消极的，甚至是无所谓的消极情绪，是因为目前的评价方式太重结果、与实际利益的关系过于紧密，以至于他们不得不为了考试而考试、为了考试而学习。而且在被评价的过程中，学生与教师、学生与学生之间是对立的、抵触的。学生认为教师就是针对特定情境中自己的一次表现给出一个成绩。这个成绩不仅代表学生半学期或者一学期努力的程度，还代表了学生知识获得和能力提高等多方面的情况。而且大部分教师也没有在评价或者给出成绩之前，告知学生标准是什么，在评价结束之后，也不会与学生沟通交流为什么他的成绩是 B，而不是 A，他们在哪些方面表现很好，哪些方面还有待于进一步的改进等。因为成绩决定奖惩甚至决定未来的就业和升学，学生和学生之间就是一种竞争对立关系，也不可能通过自我评价和同伴评价来进行反思。

怎样才能改变学生对评价的消极情绪，如何才能改变师生、生生的这种对立抵触关系呢？学生无能为力，教师可以有所作为，但是制度引导更为重要。只有院校中自上而下的相关人员都认识和理解了评价是引导和促进学生学习的重要手段，而不是最终的教育目的，并制定相应的评价制度，激励教师和学生都积极主动地参与到评价当中，共同探讨和明晰评价的标准，尝试多种评价方式，评价才能发挥其正向作用。

二、构建以学为中心，强调对话与反馈的"教—学—评"一体化制度

"重视和强调学生的学习，让学生学会学习，让学习者自己构建学的意义"正在成为当今社会各界关注的重心（朗沃斯等，2006）。在西方发达国家高等教育领域中，一种教学理念的大转变正在发生，即从以教为核心的理念转变为以学为核心的理念。这一系列的转变也引发了课程学习评价的变革。美国高等教育协会于1996年在评价论坛上专门发布了评价学生学习的原则：课程学习评价本身不是目的，而是改进教育的手段；课程学习评价始于教育目的；课程学习评价只有在清晰明确的目标指导下才能有效实施；课程学习评价只有在反映学习的多维性、整合性等复杂特性的时候才是最有效的；课程学习评价关注学习的结果，但更要重视学习的过程；只有连续不断的而非一次性的评价才能对学生学习产生影响；只有院校中不同群体的人都参与到评价中，课程学习评价的改进作用才能凸显；只有关注人人都重视的问题，评价才是有意义的；只有整合院校中的所有资源，重视评价的对话和反馈，评价才有可能发挥最佳作用（AAHE，1996）。在这种情形下，构建以学生为中心，强调对话和交流的"教—学—评"一体化的制度体系成为必需。

在我国高等教育普及化的情形下，是不是有必要强调和构建以学生为中心的"教—学—评"一体化的制度体系呢？答案是肯定的。为切实有效地提升人才培养质量，高等学校必须坚持人才培养在大学教育中的核心地位和基础地位，从上至下，从理念到制度，牢固树立并践行"以学为中心"的本科教育观及教育评价理念。所谓"以学为中心"，包括"以学生为中心"和"以学习为中心"两层含义，强调注重学生的体验、学习和发展，关注学生学习增值与本科教学的质量。高等院校内部要通过多种宣传方式促使管理

者、教师、学生在思想上认同"以学为中心"的教育理念与文化，并愿意为之努力。这就要求高等院校要重视本科教学，重视学生学习的增值过程，深化教育教学改革。为此，院校要把教育资源配置和工作的着力点集中到强化本科教学和学生的学习上来；要制定学生学习情况监测标准，带领相关部门持续实施大学生学习情况调查与监测，并及时将调查结果公之于众，以此提高管理者、教师和学生对本科教学和学生学习的重视度；要完善本科教育教学制度，通过物质和精神奖励，激发教师对待本科教学的积极性和工作热情，促使其加大在本科教学和学生学习上的投入；要帮助学生树立科学合理的学习观，促使学生端正学习动机，保持积极的学习态度，改进学习策略和学习行为。在此基础上，以促进学生的学习与发展为目标，院校内部各个群体和组织一起商讨、制定相关制度，共同行动，为学生创设和提供一个自由开放、独立探索的良好学习成长环境。

基于评价是学生学习体验的核心，那么在学生心中评价其实体现的就是院校设置的课程和教师的教学，学生要根据评价去规划自己的学习。一个与教学结合得很好的评价体系能够更好地预测学生学习的努力程度和学业成就。因为学生可能逃课或者上课前不做任何准备，但是他们会确保参与所有的评价活动，完成所有的评价任务。

评价不仅指向学生的学习，还指向教师的教学和院校的课程设计。评价在基于反馈、对话等激发和挑战学习者去更好地学习的同时教师也可以根据评价反馈的学生学习信息去改进自己的教学。院校亦可以根据这些反馈信息去调整和改进课程设计、人才培养计划等。因为教师教学、院校的课程设计和人才培养的核心都是学生的学习与发展，所以基于评价学生的信息改进教师教学、课程设计和人才培养计划会更有针对性。

基于教育目的和人才培养目标，管理者、教师和学生三者需共同参与到评价标准、评价过程、评价任务的设计过程中。这样管理者就可以认识到评价不是为了给学生分等，评价的结果不应该和学习之外的利益挂钩；教师则可以意识到评价应该促进学生的学习，而且评价的信息也可以用来改进教学；学生则通过参与评价的过程充分理解、认可评价的标准、过程和任务。在提高学生自评和他评能力的同时引导学生学会评价、学会反思，达到以评促学的目的。这样就能真正激发和调动学生学习的积极性、主动性和自觉性，帮助学生学会独立思考，培养学生的批判思维，促进学生形成有效学习和发展的能力，从而提升本科教育质量。

另外，尽管本研究显示高校目前使用的评价对学生的学习过程和学业成果都有某种程度上的正向影响，但是高校中的学生对目前正在使用的评价很不满意，持一种消极甚至是否定的态度。为什么会出现这种情况呢？结合前述的分析，很可能是因为目前评价的引导功能发生了偏差，评价不是促进学生学习的手段而成为了学生学习的目的。如果高校想促进学生的学习，提高人才培养的质量进而提高高等教育的质量，那么强调和构建以学生为中心的"教—学—评"一体化的制度体系就是必需的和迫切的。

三、改进现有评价方式，有效引导和促进学生的学习与发展

通过调查和基于调查数据的研究分析，本书研究认为目前的课程学习评价方式也并非一无是处。事实上，方法本身无所谓优劣，关键是看使用者的目的何在。

首先，本研究发现对所有学生学习影响最大的是"论文/报告写作"。但是在实际的教育教学中，"论文/报告写作"这一考查形式主要针对的是文社科和高年级学生群体。而且在"论文/报告写作"中也只是特别强调"广泛搜集并查阅资料"这一低阶标准，"提出观点或想法并论证"和"深入引证文献与数据"这些高阶标准还没有受到重视。另外，在"论文/报告写作"中如果能更好地和老师/同学反复讨论则能够让学生更好地理解"论文/报告写作"的规则要求，更能够促进学生的学习。因此，院校一方面可以进一步增加"论文/报告写作"这一评价的比重，加强"论文/报告写作"的训练；另一方面也可以通过强调和引导教师与学生针对"论文/报告写作"进行有针对性的讨论，实现高阶标准的达成，从而更好地促进学生的学习与发展。

其次，强调和认识教师反馈的重要性。哈蒂等研究者已经指出，在 100 多个影响学生学习的因素中，如果将学校的影响作为基准，"教师反馈"的影响是学校影响的 2 倍，并位列影响学生学习和学业成就因素中的第 5 位（Hattie & Timperley，2007）。但是本次调查发现，五分之一的学生从来没有得到过教师的反馈，一半以上的学生认为自己只是偶尔得到过教师的反馈。因此，院校可以从制度设计等多方面去促进教师给予学生更多的反馈。而且借鉴国外的研究和实践，需要明晰教师反馈的条件、内容，以及反馈中的对话功能。另外，教师和院校也可以从评价学生的过程中做出有针对性的改进。

再次，增加理解运用的考试内容，弱化成绩排名的功利性目的。本研究发现与"需背诵记忆的考试内容"相比，"需理解运用的考试内容"更能促进学生的学习。因此，院校、教师等可以在以后的考试中，多增加一些需理解运用的考试内容。另外，本研究发现"成绩排名"对学生的学习过程和学业成果都产生的是一种显著的正向影响。国外研究指出，教师对考试、成绩的理解以及考试的频率、方式等都会对学生的学习过程和学业成果产生影响。如果学生感受到教师教学的目的是考试、成绩，那么学生的学习就是成绩导向的；如果学生认为教师教学是让学生更好地学习，那么学生的学习就是学习导向的（Crooks，1988；Pollio，et al.，2000）。所以，院校、教师和学生三方要搞清楚其目的是指向何方，厘清"考试"和"成绩排名"在达到相应目的中的地位和作用。

最后，值得强调的是，尽管目前中国本科教育中的课程学习评价也有多元化的迹象，但是正如笔者呼吁的，课程学习评价不能只是局限在课程层面使用多种渠道和多种方法对学生进行评价，还要在院校内部营造一种评价文化的氛围，从管理人员到教师、学生都要形成一种评价文化的意识，意识到评价对学生的学习与发展、对教师的教学与发展、对院校的教育质量与未来发展的重要性。反过来，也只有在全校范围内营造和形成一种评价的氛围——通过评价了解学生到底在大学阶段是如何学习的，在哪些方面有了进步和成长，在哪些方面还有待于进一步完善，课程层面的评价才能真正多元化。只有这样的评价才能揭示现实和理想之间的差距，帮助学生改进，提高人才培养质量和院校教育质量，进而提高高等教育的整体水平。

第三节　本书的不足与展望

从博士研究生期间开始实施这项研究到现在书稿的出版，一晃 12 年过去了。这期间，国家政策发生了很多重大变化，我也从一名博士研究生成长为一名高校教师。本书研究中涉及不同类型的院校政策也已被新政策取代。我曾慎重地自我质疑并咨询了导师、博士论文毕业答辩的专家和相关研究领域的专家：这个研究成果是否还有出版的价值？令人欣慰和振奋的是，所有人的答案均是肯定的。这是对这项成果的肯定，也是对这个研究方向的肯定，更是我决定将成果出版的原因。希望这项研究成果的出版，能给同行及高等教育领域的相关人员带来些许价值。

本研究选题"评价与学生的学习"是目前我国本科教育中正在关注的核心主题，是一系列质量保障和教育评价政策的热点，是我国建设一流本科教育成败与否的关键所在。虽然"985 工程"和"211 工程"的部分建设文件被废止了，但是社会各界的确基于这两类工程建设对我国大学进行了分类。不同类别的院校在师资队伍、学生背景、学科建设等方面各有自己的独特性。从研究的角度分析不同类型院校使用的课程学习评价方式对学生学习产生的影响仍具有重要的价值。

尽管如此，本书中关于定量研究部分仍然存在以下几方面的不足：

第一，本书研究中的数据均来自《中国大学生学习与发展追踪研究调查问卷 2011》，但是该问卷并不是专门针对研究"课程学习评价和学生学习关系"设计的。因此，关于课程学习评价更为详细和丰富的内容（比如学生到底喜欢什么样的评价、评价标准是什么、如何评分、评价中学生是否了解评价的目标、师生在评价中的角色等信息）的缺失导致研究分析不够深入、明晰。

第二，虽然本书研究基于模型分群体考察了课程学习评价对不同院校、不同学科、不同年级学生学习过程和学业成果的影响，但是在考察每一类群体时，均没有控制其他背景信息。虽然本研究在使用多元线性回归分析课程学习评价与每一类群体学习关系的时候控制了一些背景性因素，但是这种分析仍然不能充分说明当受相同自变量影响时两个或两个有内在联系的果变量之间的潜在关系。

第三，定量研究更多是在于揭示现象，而非解释现象。所以，本书定量研究中对"为什么"的解释仍有待更进一步研究的验证和讨论。

综上，鉴于评价与学生学习、教师教学、专业培养质量和院校教育质量的重要性，未来围绕该主题的研究可以从以下几个方面进一步细化、深入：首先，从学生、教师和管理者的角度着手进行系列访谈，使用质性研究方法分析当今中国本科教育中管理者、师生理解的课程学习评价的现状及其应有之意和实际之意，更深刻地理解我国高等教育普及化情境下，本科教育中课程学习评价之意义、目的、使命、方法等，构建"教—学—评"一体的实践框架。在此基础上，编制关于课程学习评价和学生学习的量表。其次，在研究设计中要关注群体的特质，比如可以针对同一院校类型中不同学生群体进行嵌套研究，或者针对同一学科类型中不同学生群体进行嵌套研究等，这样的研究会更深入。最后，还可以有针对性地开展案例和叙事研究。

参考文献

〔美〕安德森等编著，皮连生主译：《学习、教学和评估的分类学——布卢姆教育目标分类学修订版（简缩本）》，华东师范大学出版社2008年版，第3～10页。

贝晓越：《写作任务的练习效应和教师反馈对不同外语水平学生写作质量和流利度的影响》，《现代外语》2009年第4期。

〔美〕布卢姆等著，罗黎辉等译：《教育目标分类学：认知领域》，华东师范大学出版社1989年版。

陈竹、周凯：《211院校师生互动最差》，《中国青年报》2012年5月30日。

〔英〕德兰迪著，黄建如译：《知识社会中的大学》，北京大学出版社2010年版，第86页。

〔法〕福柯著，刘北成、杨远婴译：《规训与惩罚》，生活·读书·新知三联书店2007年版。

郭芳芳：《大学中以GPA为主导的考试文化和以过程为主导的评价文化》，《江苏高教》2012年第3期。

郭芳芳、史静寰：《区域认证中的学生评价："奉子成婚"抑或"天作之合"？——美国高等教育质量保障机制研究》，《外国教育研究》2012年第10期。

郭清华：《中国大学生眼中的有效教师反馈》，华东师范大学硕士学位论文，2004年。

和学新、任庆月：《论政治学视野下的课程评价观》，《现代教育论丛》2015年第5期。

〔英〕朗沃斯著，沈若慧等译：《终身学习在行动：21世纪的教育变革》，中国人民大学出版社2006年版，第17、24、33、45、53、63、74、82、90、99、109、119、129、138、143、148、155、162、168、182页。

刘晖、李嘉慧：《中国高等教育质量保障体系的完型》，《教育研究》2019年第11期。

罗斯、罗燕、岑逾豪：《清华大学和美国大学在学习过程指标上的比较：一种高等教育质量观》，《清华大学教育研究》2008年第2期。

罗燕、罗斯、岑逾豪：《国际比较视野中的高等教育测量——NSSE-China工具的开发：

文化适应与信度、效度报告》,《复旦教育论坛》2009 年第 5 期。

罗燕、史静寰、涂冬波:《清华大学本科教育学情调查报告 2009——与美国顶尖研究型大学的比较》,《清华大学教育研究》2009 年第 5 期。

清华大学课题组:《本科教育怎么样?》,《光明日报》2012 年 6 月 19 日。

邱皓政、林碧芳:《结构方程模型的原理与应用》,中国轻工业出版社 2009 年版,第 3~6,15,64~78,82~97,137~145,160~162,174~177,231~241,258~261,271~301 页。

王颖:《教师反馈对中国大学生英语作文作用的实证研究》,山东大学博士学位论文,2006 年。

吴明隆:《结构方程模型——AMOS 的操作与应用》,重庆大学出版社 2009 年版,第 1~71,212~262,306~437 页。

〔美〕詹姆斯·杜德斯达、弗瑞斯·沃马克著,刘济良译:《美国公立大学的未来》,北京大学出版社 2006 年版,第 27 页。

AAHE. (1996). *Principles of Good Practice for Assessing Student Learning*. Washington, DC: Assessment Forum: American Association for Higher Education.

Abro, S., Cupor, J. (2013). Consistent course assessment model. In ASEE. 2013 ASSE ANNUAL CONFERENCE. Atlanta, GA. JUN, 23~26.

Ahmad K., Ali M., Zainudin S. (2011). An improved course assessment measurement for analyzing learning outcomes performance using Rasch model. *Procedia-Social and Behavioral Sciences*, 18, 442~449.

Aiken, L. (2002). Psychological Testing and Assessment. *Massachusetts: Allyn & Bacon*, 1~3,14.

Anaya, G. (1999). College Impact on Student Learning: Comparing the Use of Self-reported Gains, Standardized Test Scores, and College Grades. *Research in Higher Education,* 40 (5), 499~526.

Andrich, D. (2002). A Framework Relating Outcomes Based Education and the Taxonomy of Educational Objectives. *Studies in Educational Evaluation*, 28 (1), 35~59.

Appleton, J., Christenson, S. & Furlong, M. (2008). Student Engagement with School: Critical Conceptual and Methodological Issues of the Construct. *Psychology in the Schools*, 45 (5),

369~386.

Appleton, J., Christenson, S., Kim, D. & Reschly, A. (2006). Measuring Cognitive and Psychological Engagement: Validation of the Student Engagement Instrument. *Journal of School Psychology*, 44 (5), 427~445.

Argyris, C., Putnam, R. & Smith, D. (1985). *Action Science: Concepts, Methods and Skills for Research and Intervention.* San Francisco: Jossey-Bass.

Arum, R., Roksa, J. & Velez, M. (2010). *Learning to Reason and Communicate in College: Initial Report of Findings from the CLA Longitudinal Study*. New York: Social Science Research Council.

Astin, A. (1984). Student Involvement: A Developmental Theory for Higher Education. *Journal of College Student Personnel,* 25 (4), 297~308.

Astin, A. (1991). *Assessment for Excellence: The Philosophy and Practice of Assessment and Evaluation in Higher Education.* New York: Rowman & Littlefield Publishers.

Baeten, M., Dochy, F. & Struyven, K. (2008). Students' Approaches to Learning and Assessment Preferences in A Portfolio-based Learning Environment. *Instructional Science*, 36 (5), 359~374.

Bagozzi, R. & Yi, Y. (1988). On the Evaluation of Structural Equation Models. *Journal of the Academy of Marketing Science*, 16 (1), 74~94.

Bandalos, D. & Finney, S. (2001). Item Parceling Issues in Structural Equation Modeling. In Bandalos, D. & Finney, S., *New Developments and Techniques in Structural Equation Modeling* (pp. 269~296). Lawrence Erlbaum.

Bangert-Drowns, R., Kulik, J. & Kulik, C. (1991). Effects of Frequent Classroom Testing. *The Journal of Educational Research*, 85 (2), 89~99.

Barkley, E. (2010). *Student Engagement Techniques: A Handbook for College Faculty.* San Francisco: Jossey-Bass.

Barr, R. & Tagg, J. (1995). From Teaching to Learning: A New Paradigm for Undergraduate. *Change*, 27 (6), 12~25.

Bemstein, B. (1977). *Class, Codes and Control. Towards a Theory of Educational Transmission.*

London: Routledge and Kegan Paul.

Bennett, W. (1984). *To Reclaim A Legacy: A Report on the Humanities in Higher Education.* National Endowment for the Humanities.

Bernstein, B. (1981). Codes, Modalities and the Process of Cultural Reproduction: A Model. *Language in Society*, 10 (3), 327~363.

Biggs, J. & Tang, C. (1999). *Teaching for Quality Learning at University.* Buckingham: Open University Press.

Biggs, J. (1979). Individual Differences in Study Processes and the Quality of Learning Outcomes. *Higher Education,* 8 (4), 381~394.

Biggs, J. (1987). *Student Approaches to Learning and Studying. Research Monograph.* Australian Council for Educational Research Ltd.

Biglan, A. (1973). The Characteristics of Subject Matter in Different Academic Areas. *Journal of Applied Psychology*, 57 (3), 195~203.

Birenbaum, M. & Dochy, F. (1996). *Alternatives in Assessment of Achievements, Learning Processes and Prior Knowledge.* Boston/Dordrecht/London: Kluwer Academic/Plenum Publishers.

Birenbaum, M. & Feldman, R. (1998). Relationships between Learning Patterns and Attitudes towards Two Assessment Formats. *Educational Research,* 40 (1), 90~98.

Birenbaum, M. (1994). Toward Adaptive Assessment—The Student's Angle. *Studies in Educational Evaluation*, 20 (2), 239~255.

Birenbaum, M. (1996). Assessment 2000: towards A Pluralistic Approach to Assessment. In M. Birenbaum & F. Dochy (Eds.), *Alternatives in Assessment of Achievements, Learning Processes and Prior Knowledge* (pp. 269~296). Bostom: Springer Netherlands.

Birenbaum, M. (1997). Assessment Preferences and Their Relationship to Learning Strategies and Orientations. *Higher Education*, 33 (1), 71~84.

Birenbaum, M. (2007). Assessment and Instruction Preferences and Their Relationship with Test Anxiety and Learning Strategies. *Higher Education,* 53 (6), 749~768.

Birnbaum, R. (2000). *Management Fads in Higher Education: Where They Come from, What*

They Do, Why They Fail. San Francisco: Jossey-Bass.

Black, P., Wiliam, D. (1998). Assessment and Classroom Learning. *Assessment in Education: principles, policy & practice,* 5 (1), 7~74.

Black, P. (1998). *Testing: Friend or Foe? The Theory and Practice of Assessment and Testing.* London, Falmer Press.

Bloom, B., Hastings, J., Madaus, G. (Eds.). (1971). *Handbook on Formative and Summative Evaluation of Student Learning.* New York: McGraw-Hill.

Bok, D. (2008). *Our Underachieving Colleges: A Candid Look at How Much Students Learn and Why They Should Be Learning More.* New Jersey: Princeton University Press.

Boud, D. & Falchikov, N. (1989). Quantitative Studies of Student Self-assessment in Higher Education: A Critical Analysis of Findings. *Higher Education*, 18 (5), 529~549.

Boud, D. (2000). Sustainable Assessment: Rethinking Assessment for the Learning Society. *Studies in Continuing Education*, 22(2), 151~167.

Bowen, H. (1997). *Investment in Learning: The Individual and Social Value of American Higher Education.* Baltimore: Johns Hopkins University Press.

Bowman, N. (2010). Can 1st-Year College Students Accurately Report Their Learning and Development? *American Educational Research Journal*, 47 (2), 466~496.

Bransford, J. (1979). *Human Cognition: Learning, Understanding and Remembering.* Wadsworth Belmont, CA.

Braxton, J. (1995). Disciplines with An Affinity for the Improvement of Undergraduate education. *New Directions for Teaching and Learning,* 1995 (64), 59~64.

Braxton, J., Olsen, D. & Simmons, A. (1998). Affinity Disciplines and the Use of Principles of Good Practice for Undergraduate Education. *Research in Higher Education,* 39 (3), 299~318.

Brigham, E. (1993). TQM: Lessons We Can Learn from Industry. *Change: The Magazine of Higher Learning,* 25 (3), 42~48.

Brindley, G. (1994). Competency-based Assessment in Second Language Programs: Some Issues and Questions. *Prospect,* 9(2), 41~55.

Brint, S., Cantwell, A. & Saxena, P. (2012). Disciplinary Categories, Majors and Undergraduate Academic Experiences: Rethinking Bok's "Underachieving Colleges" Thesis. *Research in Higher Education,* 53 (1), 1~25.

Brittingham, B. (2009). Accreditation in the United States: How Did We Get to Where We Are? *New Directions for Higher Education*, 2009 (145), 7~27.

Broadfoot, P. (1996). *Education, Assessment and Society: A Sociological Analysis.* Buckingham: Open University Press.

Broekkamp, H. & Van Hout-Wolters, B. (2007). Students' Adaptation of Study Strategies When Preparing for Classroom Tests. *Educational Psychology Review*, 19 (4), 401~428.

Brown, D., Lent, R., Larkin, K. (1989). Self-efficacy as a Moderator of Scholastic Aptitude-academic Performance Relationships. *Journal of Vocational Behavior*, 35(1), 64~75.

Brown, G. & Hirschfeld, G. (2008). Students' Conceptions of Assessment: Links to Outcomes. *Assessment in Education: Principles, Policy & Practice*, 15 (1), 3~17.

Brown, G. (1983).*Principles of Educational and Psychological Testing*. San Francisco: Wadsworth Pub Co.

Brown, S. & Knight, P. (1994). *Assessing Learners in Higher Education*. London: Routledge.

Bryan, C. & Clegg, K. (2006). *Innovative Assessment in Higher Education*. Psychology Press.

Calaprice, A. (2005). *The New Quotable Einstein*. Princeton: Princeton University Press.

Cannell, J. (1989). How Public Educators Cheat on Standardized Achievement Tests: The "Lake Wobegon" Report. http://eric.ed.gov/?id=ED314454.

Carpenter, S. (2012). Testing Enhances the Transfer of Learning. *Journal of Experimental Psychology: Learning, Memory, and Cognition,* 36 (1), 233~239.

Chatman, S. (2007). Institutional Versus Academic Discipline Measures of Student Experience: A Matter of Relative Validity. http://cshe.berkeley.edu.

Cherkaoui, M. (1977). Bernstein and Durkheim: Two Theories of Change in Educational Systems. *Harvard Educational Review*, 47, 556~564.

Chickering, A. & Gamson, Z. (1987). Seven Principles for Good Practice in Undergraduate Education. *AAHE Bulletin*, 39 (7), 3~7.

Christenson, S. & Anderson, A. (2002). Commentary: The Centrality of The Learning Context for Students' Academic Enabler Skills. *School Psychology Review*, 31 (3), 378~393.

Clogg, C., Petkova, E. & Haritou, A. (1995). Statistical Methods for Comparing Regression Coefficients between Models. *American Journal of Sociology*, 1261~1293.

Cohen, A. (1983). Comparing Regression Coefficients Across Subsamples a Study of the Statistical Test. *Sociological Methods & Research*, 12 (1), 77~94.

Conant, J. (1939). *Lessons from the Past: A History of Educational Testing in the United States*. Washington: Industrial & Engineering Chemistry.

Connell, J. (1990). Context, Self and Action: A Motivational Analysis of Self-system Processes Across the Life Span. In Dante C. & Marjoric B. (Eds.), *The Self in Transition: Infancy to Childhood* (pp. 61~97). Chicago: University of Chicago Press.

Coutinho, S. & Neuman, G. (2008). A Model of Metacognition, Achievement Goal Orientation, Learning Style and Self-efficacy. *Learning Environments Research,* 11 (2), 131~151.

Covic, T. & Jones, M. (2008). Is the Essay Resubmission Option A Formative or A Summative Assessment and Does It Matter as Long as the Grades Improve? *Assessment & Evaluation in Higher Education,* 33 (1), 75~85.

Cronjé, J. (2006). Paradigms Regained: Toward Integrating Objectivism and Constructivism in Instructional Design and the Learning Sciences. *Educational Technology Research and Development,* 54 (4), 387~416.

Crooks, T. (1988). The Impact of Classroom Evaluation Practices on Students. *Review of Educational Research*, 58 (4), 438~481.

Cunningham, D. (1991). Assessing Constructions and Constructing Assessments: A Dialogue. *Educational Technology*, 31(5), 13~17.

Cutler, H., Price, J. (1995). The Development of Skills through Peer Assessment. *Assessing Competence in Higher Education*,150~159.

Dochy, F., Gijbels, D. & Segers, M. (2006). Learning and the Emerging New Assessment Culture. *Instructional Psychology: Past, Present and Future Trends*, 191~206.

Dochy, F., Segers, M. & Sluijsmans, D. (1999). The Use of Self-, Peer and Co-assessment in

Higher Education: A Review. *Studies in Higher Education,* 24 (3), 331~350.

Douglass, J. A., et al. (2012). The Learning Outcomes Race: the Value of Self-reported Gains in Large Research Universities. *Higher Education,* 64 (3), 317~335.

Dusenbury, C., et al. (1993). *Sourcebook for Bibliographic Instruction.* Chicago: Association of College and Research.

Dwyer, C. (1998). Assessment and Classroom Learning: Theory and Practice. *Assessment in Education: Principles, Policy & Practice,* 5 (1), 131~137.

Ecclestone, K. & Pryor, J. (2003). "Learning Careers" or "Assessment Careers"? The Impact of Assessment Systems on Learning. *British Educational Research Journal,* 29 (4), 471~488.

Ecclestone, K. (2004). Learning in a Comfort Zone: Cultural and Social Capital inside an Outcome-Based Assessment Regime. *Assessment in Education: Principles, Policy & Practice,* 11 (1), 29~47.

Edgerton, R. (1986). An Assessment of Assessment. *Assessing the Outcomes of Higher Education* (pp. 93~110). Proceedings of the 1986 ETS Invitational Conference.

Einstein, G., Mullet, H. & Harrison, T. (2012). The Testing Effect: Illustrating a Fundamental Concept and Changing Study Strategies. *Teaching of Psychology*, 39 (3), 190~193.

Entwistle, N. (2000). Promoting Deep Learning through Teaching and Assessment: Conceptual Frameworks and Educational Contexts. Paper to be Presented at TLRP Conference, Leicester.

Erwin, T. (1991). *Assessing Student Learning and Development: A Guide to the Principles, Goals, and Methods of Determining College Outcomes.* San Francisco: Jossey-Bass.

Ewell, P. (1998). National Trends in Assessing Student Learning. *Journal of Engineering Education,* 87 (2), 107~113.

Ewell, P. (2001). *Accreditation and Student Learning Outcomes: A Proposed Point of Departure.* Washington: Council for Higher Education Accreditation.

Ewell, P. (2002). An Emerging Scholarship: A Brief History of Assessment Building a Scholarship of Assessment. In Banta, W. & Associates（Eds.）, *Building a Scholarship of Assessment*, San Francisco: Jossey-Bass.

Ewell, P. (2002). An Emerging Scholarship: A Brief History of Assessment. In Banta, T. &

Associates (Eds.), *Building a Scholarship of Assessment* (pp. 3~25). San Francisco: Jossey-Bass.

Falchikov, N. (2005, 2013). *Improving Assessment through Student Involvement: Practical Solutions for Aiding Learning in Higher and Further Education.* London: Routledge.

Fineman, S. (1981). Reflections on Peer Teaching and Peer Assessment: An Undergraduate Experience. *Assessment and Evaluation in Higher Education*, 6(1), 82~93.

Finn, J. (1989). Withdrawing from School. *Review of Educational Research*, 59 (2), 117~142.

Fredricks, J., Blumenfeld, P. & Paris, A. (2004). School Engagement: Potential of the Concept, State of the Evidence. *Review of Educational Research*, 74 (1), 59.

Frymier, B., Shulman, G., Houser, M. (1996). The Development of a Learner Empowerment Measure. *Communication Education*, 45(3), 181~199.

Furlong, M., Whipple, A., St Jean, G., Simental, J., Soliz, A. & Punthuna, S. (2003). Multiple Contexts of School Engagement: Moving Toward a Unifying Framework for Educational Research and Practice. *The California School Psychologist*, (8), 99~113.

Gardner, H. (1985). *Frames of Mind: The Theory of Multiple Intelligences*. New York: Basic books.

Geisler-Brenstein, E., Schmeck, R. & Hetherington, J. (1996). An Individual Difference Perspective on Student Diversity. *Higher Education*, 31 (1), 73~96.

Gibbs, G. & Simpson, C. (2004). Conditions under Which Assessment Supports Students' Learning. *Learning and Teaching in Higher Education*, 1 (1), 3~31.

Gibbs, G. (1999). Using Assessment Strategically to Change the Way Students Learn. In Brown, S. & Glasner, A. (Eds.), *Assessment matters in higher education: Choosing and Using Diverse Approaches* (pp. 41~53). Maidenhead: Open University Press.

Gibbs, G. (2006). Using Assessment Strategically to Change the Way Students Learn. In Bryan, C. & Clegg, K. (Eds.), *Innovative assessment in higher education*. Milton Park: Routledge.

Gibbs, G., Simpson, C. & Macdonald, R. (2003). Improving Student Learning Through Changing Assessment-A Conceptual and Practical Framework. EARLI Conference, Padova, 2003.

Gijbels, D. & Dochy, F. (2006). Students' Assessment Preferences and Approaches to Learning:

Can Formative Assessment Make a Difference? *Educational Studies*, 32 (4), 399~409.

Gijbels, D., Segers, M. & Struyf, E. (2008). Constructivist Learning Environments and the (im) Possibility to Change Students' Perceptions of Assessment Demands and Approaches to Learning. *Instructional Science*, 36 (5), 431~443.

Gillett, A. & Hammond, A. (2009). Mapping the Maze of Assessment: An Investigation into Practice. *Active Learning in Higher Education,* 10(2), 120~137.

Gipps, C. & Murphy, P. (1994). *A Fair Test? Assessment, Achievement and Equity*. Buckingham: Open University Press.

Gipps, C. (1994). *Beyond Testing: Towards a Theory of Educational Assessment*. London: Falmer Press.

Gipps, C. (1994). *Beyond Testing: Towards a Theory of Educational Assessment*. London: Routledge.

Gipps, C. (1999). Socio-cultural Aspects of Assessment. *Review of Research in Education,* 24, 355~392.

Goldfinch, J., Raeside, R. (1990). Development of a Peer Assessment Technique for Obtaining Individual Marks on a Group Project. *Assessment and Evaluation in Higher Education*,15(3), 210~231.

Gordon, J., Ludlum, J. & Hoey, J. (2008). Validating NSSE Against Student Outcomes: Are They Related? *Research in Higher Education*, 49 (1), 19~39.

Gray, P. (2002). Roots of Assessment: Tensions, Solutions, and Research Directions. In Banta, W. & Associates（Eds.）, *Building a Scholarship of Assessment*, San Francisco: Jossey-Bass.

Greene, B., Miller, R., Crowson, H., Duke, B. & Akey, K. (2004). Predicting High School Students' Cognitive Engagement and Achievement: Contributions of Classroom Perceptions and Motivation. *Contemporary Educational Psychology*, 29 (4), 462~482.

Guba, E. & Lincoln, Y. (1989). *Fourth Generation Evaluation.* Thousand Oaks: Sage Publications, Inc.

Hargreaves, E. (2005). Assessment for Learning? Thinking Outside the (Black) Box. *Cambridge Journal of Education*, 35 (2), 213~224.

Hartle, T. (1985). The Growing Interest in Measuring the Educational Achievement of College Students. In Adelman, C. (Ed.), *Assessment in American Higher Education: Issues and Contexts* (pp. 1~12). http://eric.ed.gov/?id=ED260676.

Hativa, N. (1997). Teaching in a Research University: Professors' Conceptions, Practices, and Disciplinary Differences. http://eric.ed.gov/?id=ED407919.

Hattie, J. & Timperley, H. (2007). The Power of Feedback. *Review of Educational Research*, 77 (1), 81~112.

Hochlehnert, A., et al. (2011). Does Medical Students' Preference of Test Format (Computer-based vs. Paper-based) Have an Influence on Performance?. *BMC Medical Education*, 11, 89~95.

Hodgson, A. (2000). *Policies, Politics and the Future of Lifelong Learning*. London: Kogan Page.

Hu, S. & Kuh, G. (2002). Being (dis) Engaged in Educationally Purposeful Activities: The Influences of Student and Institutional Characteristics. *Research in Higher Education*, 43 (5), 555~575.

Hu, S. (2005). *Beyond Grade Inflation Grading Problems in Higher Education.* San Francisco: Jossey-Bass.

Huba, M., Freed, J. (2000). Learner Centered Assessment on College Campuses: Shifting the Focus from Teaching to Learning. *Community College Journal of Research and Practice,* 24 (9), 759~766.

Hunt, J., Callan, P. & Jones, D. (2008). Measuring Up 2008: the National report acrd on higher education. National Center for Public Policy and Higher Education, 36. http://eric.ed.gov/?id=ED503494.

Hursh, D., Wall, A. F. (2011). Repoliticizing Higher Education Assessment within Neoliberal Globalization. *Policy Futures in Education*, 9(5), 560~572.

Hutchings, P. & Marchese, T. (1990). Watching Assessment: Questions, Stories, Prospects. *Change: The Magazine of Higher Learning*, 22(5), 12~38.

Huxham, M. (2007). Fast and Effective Feedback: Are Model Answers the Answer? *Assessment & Evaluation in Higher Education*, 32 (6), 601~611.

Ivanic, R., Clark, R. & Rimmershaw, R. (2000). What am I Supposed to Make of This? The Messages Conveyed to Students by Tutors' Written Comments.

Jacobi, M. (1987). *College Student Outcomes Assessment: A Talent Development Perspective.* ASHE-ERIC Higher Education Report No. 7. San Francisco: Jossey-Bass.

James, W. (1983). *Talks to Teachers on Psychology and to Students on Some of Life's Ideals.* Cambridge: Harvard University Press.

Jencks, C., Riesman, D. (1968). *The Academic Revolution.* New York: Routledge.

Joel, S. (1976). *The Sorting Machine: National Educational Policy Since 1945.* New York: David McKay.

Johnson, V. (2003). *Grade Inflation: A Crisis in College Education.* New York: Springer.

Jonassen, D. (1991). Objectivism Versus Constructivism: Do We Need a New Philosophical Paradigm? *Educational Technology Research and Development*, 39 (3), 5~14.

Kane, M., Bejar, I. (2014). Cognitive Frameworks for Assessment, Teaching, and Learning: A Validity Perspective. *Psicología Educativa*, 20(2), 117~123.

Keeling, R. (2004). *Learning Reconsidered: A Campus-wide Focus on the Student Experience.* National Association of Student Personnel Administrators, 1~43.

Keeves, J. & Planning, I. (1994). *National Examinations: Design, Procedures and Reporting.* UNESCO, International Institute for Educational Planning.

Kenny, J. (2008). Efficiency and Effectiveness in Higher Education: Who is Accountable for What?. *Australian Universities' Review*, 50(1), 11~19.

Kerdijk, W., Cohen-Schotanus, J., Mulder, B., et al. (2015). Cumulative Versus End-of-course Assessment: Effects on Self-study Time and Test Performance. *Medical Education,* 49 (7), 709~716.

Klem, A. & Connell, J. (2004). Relationships Matter: Linking Teacher Support to Student Engagement and Achievement. *Journal of School Health*, 74 (7), 262~273.

Klenowski, V., Askew, S. & Carnell, E. (2006). Portfolios for Learning, Assessment and Professional Development in Higher Education. *Assessment & Evaluation in Higher Education*, 31 (3), 267~286.

Kline, R. (2010). *Principles and Practice of Structural Equation Modeling.* New York: The Guilford Press.

Knight, P. (1995). *Assessment for Learning in Higher Education.* London: Routledge.

Knight, P. (2002). Summative Assessment in Higher Education: Practices in Disarray, *Studies in Higher Education*, 27 (3): 275~286.

Koretz, D. & Berends, M. (2001). *Changes in High School Grading Standards in Mathematics*, 1982~1992. Rand.

Krug, E. (1992). *Charles W. Eliot and Popular Education.* New York: Bureau of Publications, Teachers College, Columbia University.

Kuh, G. & Ewell, P. (2010). The State of Learning Outcomes Assessment in the United States. *Higher Education Management and Policy*, 22 (1), 1~20.

Kuh, G. & Ikenberry, S. (2009). More Than You Think, Less Than We Need. https://niloaweb.sitehost.iu.edu/wp-content/uploads/2019/02/2009NILOASurveyReport.pdf.

Kuh, G. (2001). Assessing What Really Matters to Student Learning inside the National Survey of Student Engagement. *Change: The Magazine of Higher Learning*, 33 (3), 10~17.

Kuh, G. (2001). The National Survey of Student Engagement: Conceptual Framework and Overview of Psychometric Properties. *Indiana University Center for Postsecondary Research*, 1~26.

Kuh, G., Cruce, T., Shoup, R., Kinzie, J. & Gonyea, R. (2008). Unmasking the Effects of Student Engagement on First-year College Grades and Persistence. *The Journal of Higher Education*, 540~563.

Kuncel, N., Credé, M. & Thomas, L. (2005). The Validity of Self-reported Grade Point Averages, Class Ranks, and Test Scores: A Meta-analysis and Review of the Literature. *Review of Educational Research*, 75 (1), 63.

Kushimoto, T. (2010). Outcomes Assessment and Its Role in Self-reviews of Undergraduate Education: in the Context of Japanese Higher Education Reforms Since the 1990s. *Higher Education*, 59 (5), 589~598.

Lazerson, M., Wagener, U. & Shumanis, N. (2000). What Makes a Revolution? Teaching and

Learning in Higher Education, 1980–2000. *Change: The Magazine of Higher Learning*, 32 (3), 12~19.

Leach, L., Neutze, G. & Zepke, N. (2001) Assessment and Empowerment: Some Critical Questions, *Assessment and Evaluation in Higher Education*, 26 (4): 293~305.

Lee, J. (2008). *School Socialization Style, Student Engagement, and Academic Performance*. The University of North Carolina at Chapel Hill.

Lee, V. & Burkam, D. (2003). Dropping out of High School: The Role of School Organization and Structure. *American Educational Research Journal*, 40 (2), 353~393.

Lenning, O. (1977). *A Structure for the Outcomes of Postsecondary Education.* Colorado: National Center for Higher Education Management Systems.

Lenning, O. (1977). *Previous Attempts To Structure Educational Outcomes and Outcome-Related Concepts: A Compilation and Review of the Literature.* Colorado: National Center for Higher Education Management Systems.

Lewis, H. (2006). *Excellence without a Soul: How a Great University Forgot Education.* New York: Public Affairs.

Lindblom-Ylänne, S. & Pihlajamäki, H. (2003). Can a Collaborative Network Environment Enhance Essay-Writing Processes? *British Journal of Educational Technology*, 34 (1), 17~30.

Loyens, S., Rikers, R. & Schmidt, H. (2008). Relationships Between Students' Conceptions of Constructivist Learning and Their Regulation and Processing Strategies. *Instructional Science*, 36 (5), 445~462.

Madaus, G. & Stufflebeam, D. (Eds.). (1989). *Educational evaluation: Classic works of Ralph W. Tyler*. Boston, MA: Kluwer Academic Publishers.

Madriaga, M., Hanson, K., Heaton, C., Kay, H., Newitt, S. & Walker, A. (2010). Confronting Similar Challenges? Disabled and non-disabled students' Learning and Assessment Experiences. *Studies in Higher Education*, 35 (6), 647~658.

Maki, P. (2004). *Assessing for Learning: Building a Sustainable Commitment Across the Institution*. Virginia: Stylus Publishing.

Marchese, T. (1987). Third Down, Ten Years to Go. *AAHE Buletin*, 40(4), 3~8.

Mayer, R. (1988). Learning Strategies: An Overview. *In C. E. Weinstein, E. Goetz & P. Alexander (Eds.), Learning and Study Strategies: Issues in Assessment, Instruction and Evaluation* (pp. 11~22). San Diego: Academic Press, Inc.

McDowell, L. (1995). The Impact of Innovative Assessment on Student Learning. *Innovations in Education and Training International*, 32(4), 302~313.

McDowell, L. (1995). The Impact of Innovative Assessment on Student Learning. *Programmed Learning*, 4, 302~313.

McLaughlin, P. & Simpson, N. (2004). Peer as Asessment in First Year university: How the Students Feel. *Studies in Educational Evaluation*, 30 (2), 135~149.

Mentkowski, M., Astin, A., Ewell, P., Moran, T., Cross, K. & Forum, A. (1991). *Catching Theory Up with Practice: Conceptual Frameworks for Assessment.* Virginia: Stylus Publishing.

Messick, S. (1984). Abilities and Knowledge in Educational Achievement Testing: The Assessment of Dynamic Cognitive Structures. *Social and Technical Issues in Testing: Implications for Test Construction and Usage* (pp. 156~172). Lawrence Erlbaum Assoc Inc.

Miller, M. (2006). The Legitimacy of Assessment. *The Chronicle of Higher Education*, 53 (5), 20~24.

Morgan, C.,et al. (2004) .*The Student Assessment Handbook*. New York: Routledge .

Morley, L. (2003). *Quality and Power in Higher Education*. Berkshire: SRHE and Open University Press.

Newman, R. & Schwager, M. (1995). Students' Help Seeking during Problem Solving: Effects of Grade, Goal, and Prior Achievement. *American Educational Research Journal*, 32 (2), 352~376.

Newton, P. (2007). Clarifying the Purposes of Educational Assessment. *Assessment in Education*, 14(2), 149~170.

Nicol, D. & Macfarlane-Dick, D. (2004). Rethinking Formative Assessment in HE: A Theoretical Model and Seven Principles of Good Feedback Practice. http://www.heacademy.ac.uk/assets/documents/assessment/web0015_rethinking_formative_assessment_in_he.pdf.

North Central Association of Colleges and Schools (2005). *Handbook of Accreditation*. Chicago:

North Central Association.

Novak, J. & Ridley, D. (1988). Assessing Student Learning in Light of How Students Learn. http://files.eric.ed.gov/fulltext/ED299923.pdf.

Nusche, D. (2008). Assessment of Learning Outcomes in Higher Education: A Comparative Review of Selected Practices. OECD Education Working Papers, No. 15, OECD Publishing.

Olaussen, B. & Braten, I. (1998). Identifying Latent Variables Measured by the Learning and Study Strategies Inventory (LASSI) in Norwegian College Students. *The Journal of Experimental Education*, 67 (1), 82~96.

Olejnik, S. & Nist, S. (1992). Identifying Latent Variables Measured by the Learning and Study Strategies Inventory (LASSI). *The Journal of Experimental Educational*, 151~159.

Orr, S. (2007).Assessment Moderation: Constructing the Marks and Constructing the Students. *Assessment & Evaluation in Higher Education*, 32(6), 645~656.

Palfreyman, D. (2010). Grading Student Achievement in Higher Education: Signals and Shortcomings. *Perspectives: Policy and Practice in Higher Education*, 14 (3), 97~100.

Palm, T. (2008). Authentic Assessment and Performance Assessment: A Conceptual Analysis of the Literature. *Practical Assessment, Research & Evaluation*, 13(4), 1~11.

Palmer, P. (1998). *The Courage to Teach*. San Francisco: Jossey-Bass.

Pascarella, E. & Terenzini, P. (1991, 2005). *How College Affects Students*. San Francisco: Jossey-Bass.

Pascarella, E. (1985). Students' Affective Development within the College Environment. *The Journal of Higher Education*, 640~663.

Pask, G. (1988). *Learning Strategies, Teaching Strategies, and Conceptual or Learning Style*. In Schmeck, R. (Ed.), *Learning Strategies and Learning Styles* (pp. 83~100). New York: Plenum.

Paternoster, R., Brame, R., Mazerolle, P. & Piquero, A. (1998). Using the Correct Statistical Test for the Equality of Regression Coefficients. *Criminology*, 36 (4), 859~866.

Peterson, M. & Einarson, M. (2001). What Are Colleges Doing about Student Assessment? Does It Make a Difference? *Journal of Higher Education*, 629~669.

Peterson, M., Einarson, M., Augustine, C. & Vaughan, D. (1999). Institutional Support for

Student Assessment. Methodology and Results of a National Survey. http://citeseerx.ist.psu.edu/showciting?cid=11443298.

Peterson, M., Einarson, M., Trice, A., Nichols, A., Perorazio, T. & Hendricks, L. (2002). *Improving Organizational and Administrative Support for Student Assessment: A Review of Research Literature.* Ann Arbor: University of Michigan.

Pike, G. & Kuh, G. (2005). A Typology of Student Engagement for American Colleges and Universities. *Research in Higher Education*, 46 (2), 185~209.

Pike, G. (1991). Using Structural Equation Models with Latent Variables to Study Student Growth and Development. *Research in Higher Education,* 32 (5), 499~524.

Pike, G. (2004). Measuring Quality: A Comparison of US News Rankings and NSSE Benchmarks. *Research in Higher Education,* 45 (2), 193~208.

Pike, G., Kuh, G. & Gonyea, R. (2003). The Relationship between Institutional Mission and Students' Involvement and Educational Outcomes. *Research in Higher Education*, 44 (2), 241~261.

Pike, G., Kuh, G., McCormick, A., Ethington, C. & Smart, J. (2011). If and When Money Matters: The Relationships among Educational Expenditures, Student Engagement and Students' Learning Outcomes. *Research in Higher Education*, 1~26.

Pike, G., Smart, J., Kuh, G. & Hayek, J. (2006). Educational Expenditures and Student Engagement: When Does Money Matter? *Research in Higher Education*, 47 (7), 847~872.

Pintrich, P., Smith, D., Garcia, T. & McKeachie, W. (1993). Reliability and Predictive Validity of the Motivated Strategies for Learning Questionnaire (MSLQ). *Educational and Psychological Measurement*, 53(3), 801~813.

Pintrich, P., Smith, D., García, T. & McKeachie, W. (1991). A Manual for the Use of the Motivated Strategies for Learning Questionnaire (MSLQ). Ann Arbor. Michigan. http://eric.ed.gov/?id=ED338122.

Pokorny, H. & Pickford, P. (2010). Complexity, Cues and Relationships: Student Perceptions of Feedback. *Active Learning in Higher Education,* 11 (1), 21~30.

Pollio, H. & Beck, H. (2000). When the Tail Wags the Dog: Perceptions of Learning and Grade

Orientation in, and by, Contemporary College Students and Faculty. *Journal of Higher Education*, 84~102.

Pollio, H. & Humphreys, W. (1988). Grading Students. *New Directions for Teaching and Learning*, 1988 (34), 85~97.

Prather, J. (1976). The Relationship of Major Field of Study with Undergraduate Course Grades: A Multivariate Analysis Controlling for Academic and Personal Characteristics and Longitudinal Trends. http://catalogue.nla.gov.au/Record/5311878.

Prevatt, F., Petscher, Y., Proctor, B., Hurst, A. & Adams, K. (2006). The Revised Learning and Study Strategies Inventory. *Educational and Psychological Measurement*, 66 (3), 448~458.

QAA. (2003). Learning from Subject Review 1993−2001: Sharing Good Practice. *Quality Assurance Agency for Higher Education*.

Rae, A. M. & Cochrane, D. (2008). Listening to Students: How to Make Written Assessment Feedback Useful. *Active Learning in Higher Education*, 9 (3), 217~230.

Raines-Eudy, R. (2000). Using Structural Equation Modeling to Test for Differential Reliability and Validity: An Empirical Demonstration. *Structural Equation Modeling: A Multidisciplinary Journal*, 7 (1), 124~141.

Ramaley, J., Leakes, A., Panel, G., Colleges, A. & Universities. (2002). Greater Expectations: A New Vision for Learning as A Nation Goes to College. http://eric.ed.gov/?id=ED468787.

Ramsden, P. (1988). *Context and Strategy: Situational Influences on Learning*. In Schmeck, R. (Ed.), Learning Strategies and Learning Styles (pp. 159~184). New York: Plenum Press.

Reason, R. (2009). An Examination of Persistence Research through the Lens of a Comprehensive Conceptual Framework. *Journal of College Student Development*, 50 (6), 659~682.

Reason, R., Terenzini, P. & Domingo, R. (2006). First Things First: Developing Academic Competence in the First Year of College. *Research in Higher Education*, 47 (2), 149~175.

Resnick, D. & Goulden, M. (1987). Assessment, Curriculum, and Expansion: A Historical Perspective. *New Directions for Higher Education*, 1987 (59), 77~88.

Reynolds, M., Trehan, K. (2000). Assessment: A Critical Perspective. *Studies in Higher*

Education,25(3), 267~278.

Rigdon, E. (1995). A Necessary and Sufficient Identification Rule for Structural Models Estimated in Practice. *Multivariate Behavioral Research*, 30 (3), 359~383.

Rodríguez-Gómez G., Ibarra-Sáiz M. (2015). Assessment as Learning and Empowerment: Towards Sustainable Learning in Higher Education. *Sustainable learning in higher education. Springer, Cham,* 2015, 2.

Rodríguez-Gómez,G., Ibarra-Sáiz,M.(2015).*Assessment as Learning and Empowerment: Towards Sustainable Learning in Higher Education*. Switzerland: Springer.

Roediger III, H. & Karpicke, J. (2006). The Power of Testing Memory: Basic Research and Implications for Educational Practice. *Perspectives on Psychological Science*, 1 (3), 181~210.

Rogoff, B. & Lave, J. (1984). *Everyday Cognition: Its Development in Social Context.* Boston: Harvard University Press.

Rogoff, B. (1990). *Apprenticeship in Thinking: Cognitive Development in Social Context.* Cambridge: Oxford University Press.

Rowntree, Derek. (1987). *Assessing Students: How shall We Know Them.* London: Kogan Page.

Rumberger, R. & Larson, K. (1998). Student Mobility and the Increased Risk of High School Dropout. *American Journal of Education*, 1~35.

Rust, C., Price, M. & O'Donovan, B. (2003). Improving Students' Learning by Developing Their Understanding of Assessment Criteria and Processes. *Assessment & Evaluation in Higher Education*, 28 (2), 147~164.

Ryan, A. (1988). Program Evaluation within the Paradigms: Mapping the Territory. *Science Communication*, 10 (1), 25~47.

Sadler, D. (1998). Formative Assessment: Revisiting the Territory. *Assessment in Education: Principles, Policy & Practice*, 5 (1), 77~84.

Scanlon, P. & Ford, M. (1998). Grading Student Performance in Real-World Settings. *New Directions for Teaching and Learning*, 1998 (74), 97~105.

Schoenfeld, A. (1988). When Good Teaching Leads to Bad Results: The Disasters of Well-taught mathematics Courses. *Educational Psychologist,* 23 (2), 145~166.

Scouller, K. (1998). The Influence of Assessment Method on Students' Learning Approaches: Multiple Choice Question Examination Versus Assignment Essay. *Higher Education,* 35 (4), 453~472.

Scriven, M. (1967). *The Methodology of Evaluation. Perspectives on Curriculum Evaluation, AERA Monograph Series - Curriculum Evaluation.* Chicago: Rand McNally & Co.

Searby, M., Ewers, T. (1997). An Evaluation of the Use of Peer Assessment in Higher Education: A Case Study in the School of Music, Kingston University. *Assessment & Evaluation in Higher Education*, 22(4), 371~383.

Serafini, F. (2000). Three Paradigms of Assessment: Measurement, Procedure, and Inquiry. *The Reading Teacher*, 54 (4), 384~393.

Shepard, L. (2000). The Role of Assessment in a Learning Culture. *Educational Researcher,* 29(7), 4~14.

Shute, V. (2008). Focus on Formative Feedback. *Review of Educational Research*, 78 (1), 153~189.

Sims, S. (1992). *Student Outcomes Assessment: A Historical Review and Guide to Program Development.* Santa Barbara: Praeger.

Skinner, E., Wellborn, J. & Connell, J. (1990). What It Takes to Do Well in School and Whether I've Got It: A Process Model of Perceived Control and Children's Engagement and Achievement in School. *Journal of Educational Psychology*, 82 (1), 22~32.

Slaughter, S. & Rhoades, G. (2009). *Academic Capitalism and the New Economy: Market, State and Higher Education*. Baltimore: Johns Hopkins University Press.

Smart, J. & Umbach, P. (2007). Faculty and Academic Environments: Using Holland's theory to Explore Differences in How Faculty Structure Undergraduate Courses. *Journal of College Student Development,* 48 (2), 183~195.

Snyder, B. (1973). *The Hidden Curriculum*. Boston: MIT Press.

Soulsby, E. (2009). Assessment Notes. http://assessment. uconn.edu/ docs/ resources/ Eric_Soulsby_Assessment_Notes.pdf.

Sparzo, F., Bennett, C. & Rohm, R. (1986). College Student Performance Under Repeated Testing and Cumulative Testing Conditions: Report on Five Studies. *The Journal of Educational Research,* 99~104.

Struyven, K., Dochy, F. & Janssens, S. (2003). Students' Perceptions about New Modes of Assessment in Higher Education: A Review. In Segers, M., Dochy, F., Cascallar, E. (Eds.), *Optimising New Modes of Assessment: In Search of Qualities and Standards* (pp.171~223). Springer.

Struyven, K., Dochy, F. & Janssens, S. (2005). Students' Perceptions about Evaluation and Assessment in Higher Education: A Review. *Assessment & Evaluation in Higher Education,* 30 (4), 325~341.

Stufflebeam, D. L., Webster, W. J. (1980). An Analysis of Alternative Approaches to Evaluation. *Educational Evaluation and Policy Analysis,*2(3), 5~20.

Sutherland, G. (1996). Assessment: Some Historical Perspectives. In Goldstein, H. & Lewis, T. (Eds.), *Assessment: Problems, Developments and Statistical Issues*. Chichester: Wiley.

Swann, J., Ecclestone, K. (1999). Improving Lecturers' Assessment Practice in Higher Education: A Problem-based Approach. *Educational Action Research,*7(1), 63~87.

Tabachnick, B., Fidel, L. & Osterlind, S. (2007). *Using Multivariate Statistics.* Boston: Allyn & Bacon.

Tagg, J. (2003). The Learning Paradigm College. http://www. ankerpub. com.

Tan, K. (2008). Qualitatively Different Ways of Experiencing Student Self-Assessment. *Higher Education Research & Development,* 27 (1), 15~29.

Tang, C. & Biggs, J. (1996). How Hong Kong Students Cope with Assessment. *The Chinese Learner: Cultural, Psychological and Contextual Influences,* 159~182.

Taras, M. (2005). Assessment–summative and Formative–some Theoretical Reflections. *British Journal of Educational Studies,* 53 (4), 466~478.

Taras, M. (2010). Student Self-assessment: Processes and Consequences. *Teaching in Higher Education,*15(2), 199~209.

Taylor, P., Fraser, B. & Fisher, D. (1997). Monitoring Constructivist Classroom Learning Environments. *International Journal of Educational Research,* 27 (4), 293~302.

Terenzini, P. (2010). Assessment with Open Eyes: Pitfalls in Studying Student Outcomes. *New Directions for Institutional Research,* 2010 (S1), 29~46.

Terman, L., Dickson, V., Sutherland, A., Franzen, R., Tupper, C. & Fernald, G. (1922). *Intelligence Tests and School Reorganization*. World Book Company.

Tinto, V. (1993). *Leaving College: Rethinking the Causes and Cures of Student Attrition*. Chicago: University of Chicago Press.

Tolofari, S. (2005). New Public Management and Education. *Policy Futures in Education*, 3(1), 75~89.

Topping, K. (1998). Peer Assessment between Students in Colleges and Universities. *Review of Educational Research*, 68 (3), 249~276.

Torrance, H. & Pryor, J. (1998). *Investigating Formative Assessment: Teaching, Learning and Assessment in the Classroom*. Buckingham: Open University Press.

Torrance, H. (2007). Assessment as Learning? How the Use of Explicit Learning Objectives, Assessment Criteria and Feedback in Post-Secondary Education and Training Can Come to Dominate Learning. *Assessment in Education*, 14 (3), 281~294.

Trowler, V. (2010). Student Engagement Literature Review. http://www.heacademy.ac.uk/assets/documents/studentengagement/StudentEngagementLiteratureReview.pdf.

van de Watering, G., Gijbels, D., Dochy, F. & van der Rijt, J. (2008). Students' Assessment Preferences, Perceptions of Assessment and Their Relationships to Study Results. *Higher Education*, 56 (6), 645~658.

Vu, T. & Dall'Alba, G. (2007). Students' Experience of Peer Assessment in A Professional Course. *Assessment & Evaluation in Higher Education*, 32(5), 541~556.

Wall, A., Hursh, D., Rodgers, J. (2014). Assessment for Whom: Repositioning Higher Education Assessment as an Ethical and Value-Focused Social Practice. *Research & Practice in Assessment,* 9, 5~17.

Walvoord, B. & Anderson, V. (2009). *Effective Grading: A Tool for Learning and Assessment in College*. San Francisco: Jossey-Bass.

Weaver, M. (2006). Do Students Value Feedback? Student Perceptions of Tutors' Written

Responses. *Assessment & Evaluation in Higher Education*, 31 (3), 379~394.

Wehlburg, C. (2010). *Promoting Integrated and Transformative Assessment: A Deeper Focus on Student Learning.* San Francisco: Jossey-Bass.

Weinstein, C. & Mayer, R. (1986). *The Teaching of Learning Strategies.* http://eric.ed.gov/?id=ED237180.

Weinstein, C. & Palmer, D. (2002). *Learning and Study Strategies Inventory (LASSI): User's Manual (2nd ed.).* Clearwater, FL: H & H Publishing.

Wiggins, G. (1999). *Assessing Student Performance: Exploring the Purpose and Limits of Testing.* San Francisco: Jossey-Bass.

Williams, J., Kane, D. (2009). Assessment and Feedback: Institutional Experiences of Student Feedback, 1996 to 2007. *Higher Education Quarterly*, 63(3), 264~286.

Windschitl, M. (2002). Framing Constructivism in Practice as the Negotiation of Dilemmas: An Analysis of the Conceptual, Pedagogical, Cultural, and Political Challenges Facing Teachers. *Review of Educational Research*, 72 (2), 131~175.

Wolf, D., Bixby, J., Glenn, J. & Gardner, H. (1991). To Use Their Minds Well: Investigating New Forms of Student Assessment. *Review of Research in Education*, 17, 31~74.

Wright, B. (2002). Accreditation and the Scholarship of Assessment. In Banta, T. & Associates (Eds.), *Building a Scholarship of Assessment* (pp. 240~258). San Francisco: Jossey-Bass.

Yazzie-Mintz, E. (2007). Voices of Students on Engagement: A Report on the 2006 High School Survey of Student Engagement. Center for Evaluation and Education Policy, Indiana University, 12. http://eric.ed.gov/?id=ED495758.

Yorke, M. (2007). *Grading Student Achievement in Higher Education: Signals and Shortcomings.* New York: Routledge.

Yorke, M. (2011). Summative Assessment: Dealing with the "Measurement Fallacy". *Studies in Higher Education*, 36 (3), 251~273.

Zhao, C. & Kuh, G. (2004). Adding Value: Learning Communities and Student Engagement. *Research in Higher Education*, 45 (2), 115~138.

附录一　变量的测量指标和具体题项

变量	题项	选项
评价情境		
课程学习评价方式的激励程度	A9. 本学年的课程考核方式在多大程度上能激发你更好地学习？ a. 考试；b. 期末论文／报告；c. 实验报告；d. 个人独立完成的课程作业；e. 小组合作完成的课程作业	1=很小；7=很大
考试内容	A9b. 本学年，考试的主要内容是：a. 划定的范围／重点需背诵记忆；b. 划定的范围／重点，但需理解和运用；c. 不划定范围／重点需背诵记忆；d. 不划定范围／重点，但需理解和运用	1=很经常；2=经常；3=有时；4=从未。其中在结构方程模型中对 a 和 c 进行反向计分
论文／报告写作	A7. 本学年，你所写作的课程论文／报告是否：a. 提出自己的观点或想法并进行论证；b. 和老师／同学反复讨论；c. 广泛搜集并查阅资料；d. 深入引证大量相关文献和数据	1=非常强调；2=强调；3=有点强调；4=不强调
成绩排名	A23c. 与你同班级／专业的同学相比，你上学期的成绩属于：排名前 5%；前 5%—20%；前 20%—50%；50%—80%；排名后 20%	1=排名前 5%；2=前 5%—20%；3=前 20%—50%；4=50%—80%；5=排名后 20%
教师反馈	A3. 本学年，以下活动发生的频率如何？c. 学习表现得到任课老师及时的反馈（口头／书面）	1=很经常；2=经常；3=有时；4=从未
学习态度		
学习动力	A10. 本学年，你的学习动力如何？	1=很小；7=很大
	A11. 本学年，你学习动力在以下来源的状况如何？a. 探索事物／知识的兴趣；b. 就业／升学；c. 父母和老师的期望；d. 学校氛围和同学的影响；e. 挑战／提升自我；f. 国家和社会的使命感	1=很强；2=强；3=弱；4=很弱

续表

变量	题项	选项
学习状态	A12.你是否同意以下关于你学习的描述？ a.我喜欢学习因为它使我不断成长；b.学习遇到困难时我总是会想尽办法克服；c.我专心致志学习时内心充满了快乐；d.很多时候我不知道我所学的东西对我而言到底有什么意义	1=非常同意；2=同意；3=有点同意；4=不同意
	A20.你对目前就读的专业有兴趣吗？	1=非常有兴趣；2=比较有兴趣；3=有一点兴趣；4=没兴趣/讨厌
	A22.你自己对未来学业的期望是（单选）	1=能顺利毕业；2=国内攻读硕士学位；3=国内攻读博士学位；4=出国攻读硕士/博士学位；5=没想过/走一步算一步
学习策略		
认知策略	A2.本学年，你修的课程是否强调以下方面？ a.记忆课堂或阅读中的事实、观点或方法；b.分析某个观点、经验或理论的基本要素，了解其构成；c.综合不同观点、信息或经验，形成新的或更复杂的解释；d.判断信息、论点或方法的价值（例如，考查他人如何收集、解释数据，并评价其结论的可靠性）；e.运用理论或概念解决实际问题，或将其运用于新的情境	1=非常强调；2=强调；3=有点强调；4=不强调
元认知策略	A1.本学年，你进行以下活动的频率如何？ e.反思并对自己的学习过程进行自我评价	1=很经常；2=经常；3=有时；4=从未
	A8.本学年，你进行以下活动的频率如何？ c.通过学习，改变了对某个问题/概念的理解；d.挑战自己对问题的已有看法；e.通过换位思考更好地理解他人观点；f.在课堂讨论或完成作业时能从不同的视角综合考虑问题；g.在完成论文或项目时需要整合不同来源的信息和观点	1=很经常；2=经常；3=有时；4=从未

续表

变量	题项	选项
学习投入		
课上行为投入	A1. 本学年，你进行以下活动的频率如何？a. 课堂上主动提问或参与讨论；b. 课堂上积极回答/思考老师没有既定答案的提问；c. 课堂上就某一研究主题做有预先准备的报告；d. 课堂上和同学合作完成老师布置的任务；g. 课堂上质疑老师的观点；h. 课堂上有侧重地做笔记；i. 课堂上集中精力听老师的讲解	1=很经常；2=经常；3=有时；4=从未
课下行为投入	A1. 本学年，你进行以下活动的频率如何？f. 上课前没有完成规定的阅读或作业；j. 做作业或讨论时，能融合不同课程所学的观点或概念；k. 课后和同学讨论作业/实验 A3. 本学年，你进行以下活动发生的频率如何？a. 去图书馆/自习室学习；d. 更加用功学习以达到课程的要求；f. 课外和任课老师讨论课堂或阅读中的问题；g. 课余和非本班的同学、朋友讨论学习中的观点和问题	1=很经常；2=经常；3=有时；4=从未
学业成果		
认知收获	A17. 大学的学习生活经历是否使你在以下方面的发展得到提高？a. 广泛涉猎各个知识领域；b. 深厚的专业知识与技能；g. 批判性思维；j. 自主学习	1=极大提高；2=较大提高；3=有点提高；4=没有提高
能力收获	A17. 大学的学习生活经历是否使你在以下方面的发展得到提高？c. 良好的口头表达能力；d. 良好的书面表达能力；h. 与他人有效合作；i. 解决现实中的复杂问题	1=极大提高；2=较大提高；3=有点提高；4=没有提高
自我认识	A17. 大学的学习生活经历是否使你在以下方面的发展得到提高？k. 认识自我；l. 个人人生观、价值观的确立；m. 明确自己未来的发展规划；n. 理解不同群体的文化和价值观	1=极大提高；2=较大提高；3=有点提高；4=没有提高

附录二 相关矩阵数据文件[①]

1. 各潜变量中不同观察变量之间的相关矩阵

ROWTYPE_	VARNAME_	学习动机	学习状态	认知策略	元认知策略	课上投入	课下投入	认知收获	能力收获	自我认识
CORR	学习动机	1	0.513	0.364	0.489	0.537	0.447	0.469	0.425	0.442
CORR	学习状态	0.513	1	0.331	0.448	0.463	0.415	0.466	0.37	0.402
CORR	认知策略	0.364	0.331	1	0.451	0.493	0.474	0.398	0.382	0.313

[①] 定量研究中使用了 20 个相关矩阵数据,其中 7 个相关矩阵数据基于全国加权数据,2 个相关矩阵数据是基于全国加权数据的总体处理生成的,其他相关矩阵数据是处理生成了 3 种院校类型、4 个学科和 4 个年级的加权数据生成的。附录中只包括了通过全国加权数据加总处理生成的 2 个相关矩阵数据。2 个相关系数据均达 .05 的统计显著性。因为数据的保密性,其中 ROWTYPE_ 和 VARNAME_ 是 SPSS 在生成相关矩阵时自动生成的,分别表示行数据类型和变量名称;CORR 表示所在行变量间的相关系数;MEAN 表示各变量的均值;SD 表示各变量的标准差;N 是变量个数。另外,根据文献,所有相关矩阵文件中的相关系数都保留了 3 位小数,以提高计算的精确度(邱皓政、林碧芳,2009)。但是由于附录二表 2 的篇幅受限,其相关系数只保留了 2 位小数,但是在计算作者使用的是保留了 3 位小数的相关系数矩阵。另外,在相关矩阵中发现有几个变量之间的相关系数超过了 .50,因此,需要对这些变量之间的多元共线性进行检验。但检验结果显示这些变量的方差膨胀因子(VIF)均小于 10(通常情况下,如果方差膨胀因子大于 10,就认为存在多元共线性问题),即变量之间不存在多元共线性问题。另外,附录二表 1 和附录二表 2 的相关矩阵是基于全国数据。

续表

ROWTYPE_	VARNAME_	学习动机	学习状态	认知策略	元认知策略	课上投入	课下投入	认知收获	能力收获	自我认识
CORR	元认知策略	0.489	0.448	0.451	1	0.584	0.519	0.493	0.44	0.462
CORR	课下投入	0.537	0.463	0.493	0.584	1	0.641	0.473	0.427	0.382
CORR	课上投入	0.447	0.415	0.474	0.519	0.641	1	0.403	0.396	0.326
CORR	认知收获	0.469	0.466	0.398	0.493	0.473	0.403	1	0.687	0.645
CORR	能力收获	0.425	0.37	0.382	0.44	0.427	0.396	0.687	1	0.601
CORR	自我认识	0.442	0.402	0.313	0.462	0.382	0.326	0.645	0.601	1
MEAN		422.227	367.38	273.348	321.008	347.938	337.172	232.735	219.49	248.221
SD		104.645	96.241	92.123	101.391	109.488	103.671	73.922	78.863	84.2
N		44926	44926	44926	44926	44926	44926	44926	44926	44926

2. 结构方程模型中不同观察变量之间的相关矩阵

ROWTYPE_	VARNAME_	激励程度	考试内容	论文写作	教师反馈	成绩排名	学习动机	学习状态	认知策略	元认知策略	课下投入	课上投入	认知收获	能力收获	自我认识
CORR	激励程度	1.00	0.17	0.24	0.11	0.12	0.35	0.26	0.22	0.23	0.27	0.24	0.24	0.22	0.20
CORR	考试内容	0.17	1.00	0.06	−0.01	0.01	0.11	0.10	0.10	0.09	0.07	0.07	0.08	0.06	0.08

续表

ROWTYPE_	VARNAME_	激励程度	考试内容	论文写作	教师反馈	成绩排名	学习动机	学习状态	认知策略	元认知策略	课下投入	课上投入	认知收获	能力收获	自我认识
CORR	论文写作	0.24	0.06	1.00	0.37	0.14	0.36	0.31	0.44	0.54	0.50	0.48	0.39	0.40	0.31
CORR	教师反馈	0.11	−0.01	0.37	1.00	0.19	0.27	0.26	0.36	0.35	0.49	0.46	0.27	0.31	0.20
CORR	成绩排名	0.12	0.01	0.14	0.19	1.00	0.23	0.28	0.11	0.17	0.28	0.28	0.16	0.13	0.11
CORR	学习动机	0.35	0.11	0.36	0.27	0.23	1.00	0.51	0.36	0.49	0.54	0.45	0.47	0.43	0.44
CORR	学习状态	0.26	0.10	0.31	0.26	0.28	0.51	1.00	0.33	0.45	0.46	0.42	0.47	0.37	0.40
CORR	认知策略	0.22	0.10	0.44	0.36	0.11	0.36	0.33	1.00	0.45	0.49	0.47	0.40	0.38	0.31
CORR	元认知策略	0.23	0.09	0.54	0.35	0.17	0.49	0.45	0.45	1.00	0.58	0.52	0.49	0.44	0.46
CORR	课下投入	0.27	0.07	0.50	0.49	0.28	0.54	0.46	0.49	0.58	1.00	0.64	0.47	0.43	0.38
CORR	课上投入	0.24	0.07	0.48	0.46	0.28	0.45	0.42	0.47	0.52	0.64	1.00	0.40	0.40	0.33
CORR	认知收获	0.24	0.08	0.39	0.27	0.16	0.47	0.47	0.40	0.49	0.47	0.40	1.00	0.69	0.65
CORR	能力收获	0.22	0.06	0.40	0.31	0.13	0.43	0.37	0.38	0.44	0.43	0.40	0.69	1.00	0.60
CORR	自我认识	0.20	0.08	0.31	0.20	0.11	0.44	0.40	0.31	0.46	0.38	0.33	0.65	0.60	1.00
MEAN		273.63	216.98	188.27	35.92	55.54	422.23	367.38	273.35	321.01	347.94	337.17	232.74	219.49	248.22
STDDEV		98.64	49.83	82.84	25.94	27.57	104.65	96.24	92.12	101.39	109.49	103.67	73.92	78.86	84.20
N		44926	44926	44926	44926	44926	44926	44926	44926	44926	44926	44926	44926	44926	44926

附录三 学生感知和理解的不同课程学习评价情境的描述统计结果

1. 三类院校中学生感知和理解不同课程学习评价情境的描述统计结果

评价情境	985 N	985 均值	985 标准差	211 N	211 均值	211 标准差	地方本科 N	地方本科 均值	地方本科 标准差
考试的激励程度	2127	63.07	33.00	3641	62.21	32.96	38840	60.38	33.22
论文的激励程度	2122	47.21	28.40	3629	46.37	28.21	38694	45.63	27.99
实验报告的激励程度	2111	45.74	27.62	3612	47.30	27.92	38576	46.80	27.44
个人独立完成作业的激励程度	2124	62.21	27.02	3633	62.61	27.00	38745	61.89	27.04
小组合作完成作业的激励程度	2125	58.69	27.12	3638	59.18	27.10	38776	58.35	27.39
划范围且背诵记忆的考试内容	2123	47.92	28.50	3631	51.80	27.86	38730	53.22	27.61
划范围需理解运用的考试内容	2123	60.06	24.33	3633	59.98	23.22	38736	60.49	23.14
不划范围且背诵记忆的考试内容	2116	35.41	26.75	3618	38.08	25.64	38578	38.22	25.80
不划范围需理解运用的考试内容	2119	49.80	28.47	3624	48.63	27.48	38662	47.21	27.14

254　为学而评：本科教育中的课程学习评价

续表

评价情境	985 N	985 均值	985 标准差	211 N	211 均值	211 标准差	地方本科 N	地方本科 均值	地方本科 标准差
论文/报告写作中提出观点并论证	2127	46.62	26.19	3637	45.92	25.89	38848	46.65	26.05
论文/报告写作中和老师/同学讨论	2126	34.23	25.98	3635	35.09	25.72	38817	36.72	26.08
论文/报告写作中搜集并查阅资料	2124	60.80	26.16	3636	58.43	26.38	38805	57.98	26.63
论文/报告写作中引证文献和数据	2125	48.17	28.09	3636	46.73	27.99	38836	47.04	27.93
学业表现得到教师及时反馈	2150	33.35	26.84	3646	34.36	26.07	38993	36.21	25.90

2. 不同学科学生感知和理解的不同课程学习评价情境的描述统计结果

评价情境	文科 N	文科 均值	文科 标准差	社科 N	社科 均值	社科 标准差	理科 N	理科 均值	理科 标准差	工科 N	工科 均值	工科 标准差
考试的激励程度	9229	57.88	33.61	9476	61.07	32.64	7090	63.04	33.25	17265	61.67	33.06
论文的激励程度	9199	47.20	28.10	9459	48.49	27.12	7048	46.04	28.95	17197	43.34	27.98
实验报告的激励程度	9133	42.50	27.99	9399	46.22	27.00	7041	50.20	27.58	17184	47.90	27.14
个人独立完成作业的激励程度	9196	64.43	26.77	9449	62.21	26.44	7056	62.65	26.84	17257	60.82	27.40
小组合作完成作业的激励程度	9199	59.86	27.46	9469	59.70	26.38	7069	58.40	26.88	17260	57.34	27.92

续表

评价情境	文科 N	文科 均值	文科 标准差	社科 N	社科 均值	社科 标准差	理科 N	理科 均值	理科 标准差	工科 N	工科 均值	工科 标准差
划范围且背诵记忆的考试内容	9206	56.68	28.24	9452	55.03	27.77	7068	52.57	27.58	17209	49.12	26.95
划范围需理解运用的考试内容	9184	59.38	23.78	9455	60.61	22.74	7074	60.76	23.02	17224	60.87	23.02
不划范围且背诵记忆的考试内容	9175	41.63	26.70	9422	39.18	25.46	7034	36.70	25.61	17140	35.27	25.00
不划范围需理解运用的考试内容	9193	48.08	27.23	9439	47.18	26.33	7046	46.29	27.23	17182	47.37	27.61
论文/报告写作中提出观点并论证	9236	49.69	26.19	9473	47.87	25.30	7082	44.83	26.18	17255	44.23	25.90
论文/报告写作中和老师/同学讨论	9226	37.76	26.08	9470	36.49	25.20	7073	35.50	26.56	17245	35.26	25.95
论文/报告写作中搜集并查阅资料	9226	60.37	26.44	9469	61.47	25.78	7073	56.61	27.20	17239	55.85	26.65
论文/报告写作中引证文献和数据	9226	49.58	27.62	9476	50.08	27.30	7083	45.45	28.53	17250	44.49	27.90
学业表现得到教师及时反馈	9238	41.14	25.69	9493	35.52	25.03	7109	32.85	25.41	17302	33.59	25.83

3. 不同年级学生感知和理解的不同课程学习评价情境的描述统计结果

评价情境	大一 N	大一 均值	大一 标准差	大二 N	大二 均值	大二 标准差	大三 N	大三 均值	大三 标准差	大四 N	大四 均值	大四 标准差
考试的激励程度	13364	64.84	32.87	12610	61.77	33.19	12619	58.36	33.27	6011	53.82	32.31
论文的激励程度	13311	41.79	27.36	12563	43.93	27.59	12584	46.89	27.19	5982	56.12	29.41
实验报告的激励程度	13285	46.45	27.67	12520	46.31	27.60	12559	47.04	27.40	5929	48.06	27.04
个人独立完成作业的激励程度	13350	62.80	26.96	12562	62.23	26.95	12609	61.89	27.17	5974	59.63	27.00
小组合作完成作业的激励程度	13361	58.00	27.50	12578	58.59	27.50	12627	59.24	27.39	5968	57.42	26.59
划范围目背诵记忆的考试内容	13323	51.35	27.52	12565	53.02	27.75	12600	53.72	27.89	5991	53.97	27.38
划范围需理解运用的考试内容	13350	62.30	23.06	12554	60.44	23.08	12596	59.88	23.12	5986	57.40	23.58
不划范围目背诵记忆的考试内容	13295	35.72	25.65	12513	38.68	25.95	12533	38.69	25.87	5965	40.78	25.59
不划范围需理解运用的考试内容	13310	47.95	27.69	12536	47.80	27.19	12576	46.96	27.07	5977	46.66	26.69
论文/报告写作中提出观点并论证	13349	45.48	26.48	12603	45.90	25.93	12632	46.06	25.87	6023	51.60	25.11
论文/报告写作中和老师/同学讨论	13332	31.97	25.13	12594	34.08	25.45	12629	38.09	25.85	6017	48.04	25.96
论文/报告写作中搜集并查阅资料	13338	57.19	26.77	12594	57.15	26.76	12616	58.55	26.65	6012	61.54	25.47
论文/报告写作中引证文献和数据	13347	43.74	27.96	12603	45.30	27.43	12624	48.32	27.87	6016	55.48	27.22
学业表现得到教师及时反馈	13413	33.97	25.35	12642	34.29	25.57	12667	36.46	26.35	6061	42.55	26.27

附录四　多群组结构方程模型中的配对参数比较结果

1. 三类院校多群组结构方程模型中的配对参数比较结果

变量	211 VS. 985	地方本科 VS. 985	地方本科 VS. 211
学习行为投入→课上投入	−1.324	−1.258	0.448
学业成果→能力收获	−0.942	0.317	2.095
学业成果→认知收获	−1.052	−0.363	1.292
学习态度→学习动机	2.05	3.094	0.694
学习策略→元认知策略	0.487	−0.065	−0.829
考试内容→学习态度	1.049	1.879	0.7
考试内容→学习策略	−0.269	−0.067	0.326
论文/报告写作→学习态度	0.132	2.126	2.118
论文/报告写作→学习策略	0.574	2.144	2.001
教师反馈→学习态度	−2.402	2.084	2.987
教师反馈→学习策略	1.271	1.974	1.972
学习态度→学习策略	−1.01	−0.757	0.625
学习策略→学习行为投入	2.228	2.331	−0.625
学习行为投入→学业成果	−0.129	0.835	1.358
教师反馈→学习行为投入	−1.985	−1.995	−0.461
课程学习评价方式的激励→学习态度	0.428	−0.508	−1.389

续表

变量	211 VS. 985	地方本科 VS. 985	地方本科 VS. 211
成绩排名→学习态度	-2.081	-2.95	-0.476
成绩排名→学习行为投入	-2.378	-2.251	-1.966
课程学习评价方式的激励→学习策略	0.281	0.569	0.314
课程学习评价方式的激励→学习行为投入	-0.794	-0.835	0.189
考试内容→学习行为投入	-0.458	-1.081	-0.551
论文/报告写作→学习行为投入	-1.951	-2.223	0.306
学习态度→学业成果	0.42	-0.264	-1.032
成绩排名→学习策略	0.191	0.151	-0.106
教师反馈→学业成果	0.868	-0.306	-1.651
论文/报告写作→学业成果	-2.304	-2.321	-1.968

2. 四类学科多群组结构方程模型中的配对参数比较结果

变量	社 VS. 文	工 VS. 文	理 VS. 文	工 VS. 社	理 VS. 社	理 VS. 工
学习态度→学习动机	-2.38	0.09	0.47	2.86	2.67	0.44
学习策略→元认知策略	3.12	1.57	2.98	-2.03	-0.02	1.91
学习行为投入→课上投入	-3.4	-0.75	-2.46	3.15	0.77	-2.07
学业成果→认知收获	-2.15	-0.84	-2.75	1.6	-0.7	-2.28
学业成果→能力收获	-3.11	-2.32	-2.5	1.2	0.41	-0.65
考试内容→学习态度	-1.13	2.05	2.36	2.26	2.43	0.45
论文/报告写作→学习态度	0.06	-1.43	-3.81	-1.47	-3.82	-2.96
教师反馈→学习态度	-2.15	-2.27	-2.18	0.05	0.87	0.93
课程学习评价方式的激励→学习态度	2.53	5.22	2.62	2.37	0.32	-1.76

续表

变量	社 VS. 文	工 VS. 文	理 VS. 文	工 VS. 社	理 VS. 社	理 VS. 工
成绩排名→学习态度	-1.56	2.21	2.55	1.96	2.11	-1.58
考试内容→学习策略	-1.47	-1.13	-1.07	0.54	0.34	-0.13
论文/报告写作→学习策略	-3.07	-2.92	-2.37	0.61	2.64	2.14
教师反馈→学习策略	-2.82	-3.26	-3.51	0.71	0.47	-0.13
课程学习评价方式的激励→学习策略	-0.43	-1.39	-1.92	-0.94	-1.55	-0.83
成绩排名→学习策略	-0.07	0.6	1.41	0.72	1.54	1.04
学习态度→学习策略	1.29	3.15	1.83	1.65	0.6	-0.86
教师反馈→学习行为投入	2.34	1.94	0.88	-0.74	-1.35	-0.84
成绩排名→学习行为投入	3.6	3.8	2.5	-0.3	-0.88	-0.71
课程学习评价方式的激励→学习行为投入	-0.45	1.97	2.18	2.15	2.26	0.54
考试内容→学习行为投入	1.96	0.1	1.47	-2.16	-0.39	1.58
论文/报告写作→学习行为投入	1.28	0.72	-0.65	-0.78	-1.96	-1.49
学习策略→学习行为投入	-0.25	-1.1	1.04	-0.82	1.28	2.25
教师反馈→学业成果	2.18	1.46	2.02	-1.05	0.02	0.97
论文/报告写作→学业成果	-1.37	2.11	0.4	-2.41	-2.73	-1.44
学习态度→学业成果	4.92	3.72	3.31	-1.98	-0.94	0.66
学习行为投入→学业成果	-4.63	-4.88	-3.28	0.67	0.77	0.29

3. 四个年级多群组结构方程模型中的配对参数比较结果

变量	大二 vs. 大一	大三 vs. 大一	大四 vs. 大一	大三 vs. 大二	大四 vs. 大二	大四 vs. 大三
学习行为投入→课上投入	0.112	0.581	1.08	1.423	1.17	1.156
学业成果→能力收获	-1.5	0.809	-0.24	1.257	0.029	-0.931
学业成果→认知收获	-1.09	-0.032	-0.6	0.094	-0.029	-0.115
学习态度→学习动机	-1.18	-1.63	-0.08	0.031	-1.428	1.006
学习策略→元认知策略	0.459	-1.14	-0.84	-1.548	-1.356	0.628
考试内容→学习态度	4.956	5.455	3.686	0.636	-0.16	-0.663
考试内容→学习策略	-1.95	-1.61	-2.4	0.237	-1.01	-1.153
论文/报告写作→学习态度	2.291	2.216	3.826	2.427	2.169	3.916
论文/报告写作→学习策略	0.206	1.331	-5.87	1.107	-5.97	-6.81
教师反馈→学习态度	2.02	2.229	0.047	0.189	-1.58	-2.467
教师反馈→学习策略	-1.13	2.847	7.096	3.915	7.902	4.806
学习态度→学习策略	-0.19	-0.14	2.871	0.052	3.026	2.994
学习策略→学习行为投入	-1.21	-3.48	-3.29	-2.169	-2.19	-0.357
学习行为投入→学业成果	-3.89	-2.28	-5	1.776	-1.77	-3.289
教师反馈→学习行为投入	2.361	-0.04	1.58	-2.367	-2.31	1.596
课程学习评价方式的激励→学习态度	-3.65	-6.99	-5.76	-3.308	-2.65	0.157
成绩排名→学习态度	1.966	3.068	2.235	1.408	0.903	-0.243
成绩排名→学习行为投入	2.64	3.819	2.471	1.156	0.428	-0.473
课程学习评价方式的激励→学习策略	-0.32	0.264	0.468	0.602	0.739	0.26
课程学习评价方式的激励→学习行为投入	-0.23	0.396	-0.17	0.642	0.029	-0.503
考试内容→学习行为投入	-0.04	-1.26	-1.58	-1.199	-1.53	-0.597

续表

变量	大二 VS. 大一	大三 VS. 大一	大四 VS. 大一	大三 VS. 大二	大四 VS. 大二	大四 VS. 大三
论文/报告写作→学习行为投入	0.189	1.489	1.594	1.253	1.395	0.327
学习态度→学业成果	3.184	0.896	4.487	−2.4	2.058	3.91
成绩排名→学习策略	−0.39	−0.82	−2.32	−0.44	−2.67	−1.981
教师反馈→学业成果	−0.03	−0.65	1.602	−0.581	1.579	2.027
论文/报告写作→学业成果	0.677	−0.83	0.245	−1.48	−0.31	0.914

注：在多群组同时分析中可以通过配对参数差异值的临界比值（Critical ratios for differences）来检验群组相对应参数之间的差异是否达到显著。若两个相对应且属性相同的参数间的临界比值小于1.96，表示这两个参数是相等的，没有显著差异。上述所有表格的判断标准均为：小于1.96，表示这两个参数是相等的，没有显著差异；大于1.96，表示这两个参数是在.05水平上有显著差异。标准参见吴明隆（2009）。

附录五 不同群组多元回归模型中同一评价情境系数比较结果

1. 同一评价情境对学习态度的回归系数在三类院校中的比较结果

	预测变量	985 VS. 211	985 VS. 地方本科	211 VS. 地方本科
课程学习评价方式的激励程度	考试	−0.477	0.668	1.601
	论文	1.705	0.621	−1.868
	实验报告	−0.470	−0.093	0.610
	个人独立完成作业	−0.682	−0.930	−0.108
	小组合作完成作业	−0.627	0.252	1.280
考试内容	划范围且背诵记忆	−0.485	−0.967	−0.481
	划范围需理解运用	−0.901	−1.945	−0.991
	不划范围且背诵记忆	0.437	0.926	0.480
	不划范围需理解运用	−0.645	−0.849	−0.064
论文/报告写作	提出观点并论证	−0.022	0.008	0.044
	和老师/同学讨论	−0.987	−0.126	1.388
	搜集并查阅资料	0.581	0.812	0.122
	引证文献和数据	−0.338	0.754	1.488
成绩排名		1.977	2.364	−0.747
教师反馈		2.333	−2.592	−2.256

2. 同一评价情境对学习策略的回归系数在三类院校中的比较结果

预测变量		985 VS. 211	985 VS. 地方本科	211 VS. 地方本科
课程学习评价方式的激励程度	考试	−0.172	−1.059	−1.102
	论文	0.945	1.152	−0.004
	实验报告	−0.323	−0.574	−0.228
	个人独立完成作业	−0.484	0.491	1.377
	小组合作完成作业	0.037	−0.215	−0.329
考试内容	划范围且背诵记忆	−1.018	−1.600	−0.470
	划范围需理解运用	−1.540	−1.989	−0.088
	不划范围且背诵记忆	0.851	1.669	0.786
	不划范围需理解运用	0.678	0.498	−0.424
论文/报告写作	提出观点并论证	2.167	0.429	−0.503
	和老师/同学讨论	−0.696	−2.153	−0.398
	搜集并查阅资料	−0.289	1.988	1.617
	引证文献和数据	0.163	0.157	−0.054
成绩排名		2.943	2.720	−0.560
教师反馈		−0.392	−2.143	−0.843

3. 同一评价情境对学习行为投入的回归系数在三类院校中的比较结果

预测变量		985 VS. 211	985 VS. 地方本科	211 VS. 地方本科
课程学习评价方式的激励程度	考试	−0.531	−0.066	0.752
	论文	1.253	1.840	0.393
	实验报告	−0.307	−1.719	−1.706
	个人独立完成作业	0.555	0.221	−0.583
	小组合作完成作业	−0.714	0.343	1.539

续表

预测变量		985 VS. 211	985 VS. 地方本科	211 VS. 地方本科
考试内容	划范围且背诵记忆	−0.275	−1.116	−1.015
	划范围需理解运用	−0.588	−1.079	−0.424
	不划范围且背诵记忆	0.535	1.730	1.346
	不划范围需理解运用	−0.008	0.179	0.237
论文/报告写作	提出观点并论证	0.350	0.042	−0.493
	和老师/同学讨论	−2.849	−1.974	0.116
	搜集并查阅资料	0.522	1.217	0.741
	引证文献和数据	−0.020	0.822	1.089
成绩排名		2.288	2.559	−0.011
教师反馈		−1.153	−1.973	−0.401

4. 同一评价情境对学业成果的回归系数在三类院校中的比较结果

预测变量		985 VS. 211	985 VS. 地方本科	211 VS. 地方本科
课程学习评价方式的激励程度	考试	−0.679	−0.888	−0.078
	论文	0.591	0.505	−0.279
	实验报告	0.064	−0.415	−0.631
	个人独立完成作业	−0.407	−0.094	0.516
	小组合作完成作业	−1.080	−0.039	1.634
考试内容	划范围且背诵记忆	0.080	0.007	−0.119
	划范围需理解运用	−0.904	−1.571	−0.550
	不划范围且背诵记忆	−0.236	−0.160	0.164
	不划范围需理解运用	−0.383	−0.383	0.111

续表

预测变量		985 VS. 211	985 VS. 地方本科	211 VS. 地方本科
论文/报告写作	提出观点并论证	2.526	2.320	−0.416
	和老师/同学讨论	−2.742	−0.398	2.659
	搜集并查阅资料	0.066	0.469	0.501
	引证文献和数据	−0.026	0.659	0.894
成绩排名		2.445	−0.232	−2.014
教师反馈		−0.317	−0.448	−0.076

5. 同一评价情境对学习态度的回归系数在四类学科中的比较结果

预测变量		文 VS. 社	文 VS. 理	文 VS. 工	社 VS. 理	社 VS. 工	理 VS. 工
课程学习评价方式的激励程度	考试	−1.151	−1.599	−0.395	−0.557	0.924	1.438
	论文	−1.504	−2.237	−2.752	−0.812	−1.041	−0.050
	实验报告	0.324	−0.088	−1.291	−0.387	−1.681	−1.063
	个人独立完成作业	1.323	1.972	1.987	2.068	2.848	−0.827
	小组合作完成作业	−0.548	−2.373	−1.989	−2.133	−2.481	−0.578
考试内容	划范围且背诵记忆	1.892	0.859	1.652	−0.871	−0.462	0.545
	划范围需理解运用	−0.927	−0.802	−1.570	0.052	−0.539	−0.541
	不划范围且背诵记忆	−1.308	−0.048	−1.873	1.137	−0.425	−1.609
	不划范围需理解运用	0.806	−2.759	−2.466	−2.533	−2.443	0.448

续表

	预测变量	文 VS. 社	文 VS. 理	文 VS. 工	社 VS. 理	社 VS. 工	理 VS. 工
论文/报告写作	提出观点并论证	-0.028	1.285	2.478	1.344	2.616	0.784
	和老师/同学讨论	2.449	-0.123	-0.128	-2.476	-2.813	0.021
	搜集并查阅资料	-0.455	0.461	-0.169	0.903	0.361	-0.684
	引证文献和数据	-1.036	1.729	-1.282	2.749	-0.129	-3.135
成绩排名		1.064	0.047	-2.253	-0.945	-2.546	-2.203
教师反馈		0.712	0.085	1.103	-0.565	0.304	0.891

6. 同一评价情境对学习策略的回归系数在四类学科中的比较结果

	预测变量	文 VS. 社	文 VS. 理	文 VS. 工	社 VS. 理	社 VS. 工	理 VS. 工
课程学习评价方式的激励程度	考试	-1.452	-0.160	-1.588	1.202	0.054	-1.287
	论文	-1.549	-0.268	-3.172	1.244	-1.365	-2.760
	实验报告	1.100	0.238	1.987	-0.782	0.725	1.536
	个人独立完成作业	-0.307	2.821	2.820	2.127	2.225	0.772
	小组合作完成作业	0.565	-2.533	-2.548	-2.076	-3.226	-0.626
考试内容	划范围且背诵记忆	-0.232	0.310	-0.234	0.530	0.025	-0.558
	划范围需理解运用	0.832	-0.095	1.832	-0.883	0.890	1.815
	不划范围且背诵记忆	0.383	2.033	1.137	1.675	0.703	-1.206
	不划范围需理解运用	0.984	-2.074	-2.747	-2.007	-1.992	0.536

续表

预测变量		文 VS. 社	文 VS. 理	文 VS. 工	社 VS. 理	社 VS. 工	理 VS. 工
论文/报告写作	提出观点并论证	−0.144	2.475	2.757	2.623	1.994	−0.054
	和老师/同学讨论	2.666	0.338	1.015	−2.223	−2.878	0.557
	搜集并查阅资料	−2.125	−2.237	−2.300	−0.253	0.119	0.393
	引证文献和数据	0.605	2.813	0.481	2.297	−0.206	−2.728
成绩排名		0.328	−2.603	−2.890	−2.924	−2.288	0.055
教师反馈		2.322	1.979	1.986	−0.240	0.354	0.586

7. 同一评价情境对学习行为投入的回归系数在四类学科中的比较结果

预测变量		文 VS. 社	文 VS. 理	文 VS. 工	社 VS. 理	社 VS. 工	理 VS. 工
课程学习评价方式的激励程度	考试	0.534	1.450	1.678	0.975	1.109	−0.077
	论文	−0.958	0.621	−1.734	1.566	−0.646	−2.401
	实验报告	0.737	−3.288	−2.183	−3.994	−3.049	1.684
	个人独立完成作业	−0.979	−1.681	2.393	−0.805	−1.358	−0.320
	小组合作完成作业	0.153	1.651	−2.743	1.543	0.588	−1.197
考试内容	划范围且背诵记忆	−1.529	−0.533	−0.554	0.878	1.176	0.086
	划范围需理解运用	−0.598	−0.165	−0.093	0.398	0.601	0.101
	不划范围且背诵记忆	−1.522	0.439	0.435	1.831	2.159	−0.094
	不划范围需理解运用	2.273	−0.177	0.948	−2.328	−2.716	1.085

续表

预测变量		文 VS. 社	文 VS. 理	文 VS. 工	社 VS. 理	社 VS. 工	理 VS. 工
论文/报告写作	提出观点并论证	0.508	1.234	2.528	0.797	2.040	0.908
	和老师/同学讨论	1.271	1.476	−0.090	0.310	−1.558	−1.744
	搜集并查阅资料	1.990	2.296	2.141	0.396	0.028	−0.415
	引证文献和数据	2.232	−0.428	−1.940	2.642	2.577	−1.298
成绩排名		−2.761	−3.204	−5.087	−0.689	−2.067	−1.983
教师反馈		0.989	0.060	0.510	−0.849	−0.617	0.393

8. 同一评价情境对学业成果的回归系数在四类学科中的比较结果

预测变量		文 VS. 社	文 VS. 理	文 VS. 工	社 VS. 理	社 VS. 工	理 VS. 工
课程学习评价方式的激励程度	考试	−1.420	−2.181	−2.688	−0.882	−1.107	−0.019
	论文	−2.194	−2.766	−2.941	−0.657	−0.401	0.374
	实验报告	−0.080	−0.796	−0.872	−0.725	−0.785	0.101
	个人独立完成作业	−0.652	2.102	2.807	2.754	2.617	−0.513
	小组合作完成作业	1.594	2.117	−2.142	0.651	−2.323	−2.442
考试内容	划范围且背诵记忆	0.045	−0.335	−0.240	−0.385	−0.300	0.155
	划范围需理解运用	−0.541	−0.926	0.622	−0.431	1.269	1.634
	不划范围且背诵记忆	−0.691	0.347	−1.738	0.978	−0.975	−1.930
	不划范围需理解运用	0.246	−1.987	−2.504	−2.084	−2.808	0.503

续表

预测变量		文 VS. 社	文 VS. 理	文 VS. 工	社 VS. 理	社 VS. 工	理 VS. 工
论文/报告写作	提出观点并论证	−1.094	2.269	2.402	2.976	2.722	−0.904
	和老师/同学讨论	2.527	−0.168	−0.778	−2.599	−2.558	−0.526
	搜集并查阅资料	−0.856	−2.021	−2.363	−2.237	−2.441	−1.027
	引证文献和数据	2.385	2.296	2.305	0.140	−0.395	−0.500
成绩排名		0.789	0.310	0.897	−0.422	0.005	0.474
教师反馈		0.145	−0.140	2.598	−0.275	2.453	2.591

9. 同一评价情境对学习态度的回归系数在四个年级中的比较结果

预测变量		大一 VS. 大二	大一 VS. 大三	大一 VS. 大四	大二 VS. 大三	大二 VS. 大四	大三 VS. 大四
课程学习评价方式的激励	考试	3.411	1.014	0.602	−2.267	−1.964	−0.186
	论文	−1.430	0.989	−1.024	2.335	0.165	−1.816
	实验报告	2.865	2.189	3.161	−0.553	0.937	1.350
	个人独立完成作业	0.361	3.366	3.474	2.995	3.193	0.872
	小组合作完成作业	0.835	2.242	−1.082	1.427	−1.675	−2.694
考试内容	划范围且背诵记忆	1.152	0.138	−2.394	−1.005	−3.308	−2.495
	划范围需理解运用	−3.728	−1.984	2.346	1.964	2.516	−0.752
	不划范围且背诵记忆	−2.033	−1.649	−0.107	0.316	1.442	1.170
	不划范围需理解运用	−4.081	−4.087	−3.084	−0.151	0.175	0.226

续表

预测变量		大一 vs. 大二	大一 vs. 大三	大一 vs. 大四	大二 vs. 大三	大二 vs. 大四	大三 vs. 大四
论文/报告写作	提出观点并论证	−0.160	−2.872	−2.020	−2.704	−2.890	−0.339
	和老师/同学讨论	0.592	2.872	3.169	2.294	2.721	0.927
	搜集并查阅资料	−0.548	−2.021	−2.133	−2.495	−2.729	−0.341
	引证文献和数据	0.382	−2.327	−3.324	−2.690	−3.590	−2.991
成绩排名		−2.122	−3.848	−2.778	−1.796	−1.183	0.219
教师反馈		−1.664	−1.386	−1.354	0.235	−0.016	−0.207

10. 同一评价情境对学习策略的回归系数在四个年级中的比较结果

预测变量		大一 vs. 大二	大一 vs. 大三	大一 vs. 大四	大二 vs. 大三	大二 vs. 大四	大三 vs. 大四
课程学习评价方式的激励	考试	0.828	0.610	−2.083	−0.209	−2.716	−2.538
	论文	−0.054	0.716	2.118	0.767	2.159	1.478
	实验报告	0.032	−0.004	−0.055	−0.035	−0.080	−0.051
	个人独立完成作业	1.307	4.577	4.441	3.278	3.465	0.982
	小组合作完成作业	2.043	0.797	−2.383	−1.214	−3.862	−2.943
考试内容	划范围且背诵记忆	−1.390	−1.569	−1.639	−0.179	−0.571	−0.435
	划范围需理解运用	−1.218	−0.935	−2.122	0.272	2.182	2.386
	不划范围且背诵记忆	0.948	0.053	1.529	−0.900	0.813	1.494
	不划范围需理解运用	−0.217	−1.251	0.764	−1.036	0.931	1.723

续表

预测变量		大一 VS. 大二	大一 VS. 大三	大一 VS. 大四	大二 VS. 大三	大二 VS. 大四	大三 VS. 大四
论文/报告写作	提出观点并论证	−1.269	−0.789	−1.407	0.460	−0.454	−0.800
	和老师/同学讨论	−2.024	2.046	4.215	4.081	5.770	2.655
	搜集并查阅资料	−0.325	−0.090	0.223	0.232	0.467	0.290
	引证文献和数据	−0.142	−1.201	−0.124	−1.054	−0.015	0.796
成绩排名		−0.813	−2.081	−1.818	−1.274	−1.200	−0.218
教师反馈		0.177	−2.842	−6.416	−3.017	−6.558	−4.107

11. 同一评价情境对学习行为投入的回归系数在四个年级中的比较结果

预测变量		大一 VS. 大二	大一 VS. 大三	大一 VS. 大四	大二 VS. 大三	大二 VS. 大四	大三 VS. 大四
课程学习评价方式的激励程度	考试	3.417	2.995	−2.219	−0.343	−4.734	−4.417
	论文	−1.652	−0.957	1.085	0.632	2.420	1.839
	实验报告	1.483	0.518	0.412	−0.914	−0.719	0.003
	个人独立完成作业	1.470	2.473	3.986	2.028	2.897	2.097
	小组合作完成作业	0.947	1.984	−0.276	1.044	−0.942	−1.687
考试内容	划范围且背诵记忆	0.240	−1.091	−0.786	−1.341	−0.973	0.045
	划范围需理解运用	−1.344	−0.793	−3.141	0.519	−2.114	−2.486
	不划范围且背诵记忆	0.776	1.718	−4.708	0.965	−4.141	−3.364
	不划范围需理解运用	−2.192	−1.576	0.517	0.561	2.147	1.693
论文/报告写作	提出观点并论证	−0.342	−2.353	−3.323	−1.966	−3.028	−1.528
	和老师/同学讨论	2.239	3.155	7.932	0.940	6.241	5.488
	搜集并查阅资料	1.337	2.674	2.069	2.627	2.094	0.556
	引证文献和数据	−1.648	−0.300	−0.459	1.296	0.767	−0.225

续表

预测变量	大一 VS. 大二	大一 VS. 大三	大一 VS. 大四	大二 VS. 大三	大二 VS. 大四	大三 VS. 大四
成绩排名	-3.445	-5.115	-4.426	-1.735	-1.865	-0.531
教师反馈	-2.492	-3.160	-7.364	1.288	-5.346	-6.338

12. 同一评价情境对学业成果的回归系数在四个年级中的比较结果

	预测变量	大一 VS. 大二	大一 VS. 大三	大一 VS. 大四	大二 VS. 大三	大二 VS. 大四	大三 VS. 大四
课程学习评价方式的激励	考试	2.134	2.483	0.253	0.378	-1.379	-1.657
	论文	-2.259	-0.761	-1.702	1.454	0.192	-1.036
	实验报告	2.450	2.404	1.478	-0.002	-0.441	-0.434
	个人独立完成作业	1.273	2.535	4.053	2.284	3.115	2.874
	小组合作完成作业	-1.229	-0.177	-2.144	1.039	-2.250	-2.001
考试内容	划范围且背诵记忆	1.308	-0.137	-0.588	-1.490	-1.629	-0.492
	划范围需理解运用	-1.237	-1.851	-0.102	-0.635	0.863	1.349
	不划范围且背诵记忆	-2.189	-2.558	-2.839	-0.406	-1.183	-0.866
	不划范围需理解运用	-3.724	-4.596	-3.568	-0.923	-0.715	0.000
论文/报告写作	提出观点并论证	-1.078	0.185	-0.392	1.241	0.411	-0.526
	和老师/同学讨论	1.994	4.639	3.620	2.685	2.116	0.075
	搜集并查阅资料	0.979	-2.323	-2.588	-2.321	-3.346	-1.586
	引证文献和数据	-0.896	0.723	-0.376	1.614	0.311	-0.930
成绩排名		-0.919	-0.285	-0.224	0.619	0.471	-0.005
教师反馈		0.959	-0.455	0.170	-1.423	-0.610	0.542

注：上述所有表格的判断标准均为：小于1.96，表示这两个参数是相等的，没有显著差异；大于1.96，表示这两个参数是在.05水平上有显著差异。比较方法和标准详见 Clogg, Petkova, & Haritou, 1995; Cohen, 1983; Paternoster, Brame, Mazerolle, & Piquero, 1998。

后 记

从2021年4月24日学校发布120周年校庆系列学术丛书出版意向摸底，到提交初稿、专家审稿、编辑校稿、反复修稿，再到即将付梓，这一流程似一根丝线把过去12年我有意无意捡拾到的颗颗珍珠一一串联了起来。特此感谢既培育我成才又让我在工作中成长的母校——山西大学给予的资助。这一资助赋予了本书独特的意义。

遇见并师从于侯怀银教授和史静寰教授是我一生的幸事。衷心感谢我的硕士导师侯怀银教授的循循善导和勉励关怀。衷心感谢我的博士导师史静寰教授的谆谆教导和言传身教。"桃李不言，下自成蹊"。恩师们宽厚谦逊的人格修养和精深广博的学术造诣无形中对我的人生产生了深远的影响，让我终生受益。无论怎样言说，都无以表达恩师们对我的接纳、教导、培养、帮助和照顾之情，唯有时刻努力践行恩师们的言传身教。

衷心感谢清华大学教育研究院的李曼丽老师、叶赋桂老师、王晓阳老师、张羽老师，"中国大学生学习与发展追踪研究"项目组的罗燕老师、赵琳老师、涂冬波老师及项目组的同学们和博士论文外审专家、博士论文答辩专家在本书稿的前期阶段——博士论文完成过程中给予我的指导和帮助。

衷心感谢清华大学和国家留学基金委员会给予我在美国密歇根大学-安娜堡分校教育学院高等及中学后研究中心访学的机会。在那里，合作导师Patricia King教授对我的论文设计和研究进行了深入指导。另外，同在密大访学的北师大的王晨老师、乔锦忠老师、贺丹老师，中科院心理所的李甦老师，上交大的袁坚老师和诸多留美学子等给予了我无尽的关心和帮助。在此一并致以真诚的谢意。衷心感谢山西大学和山西省留学基金委员会给予我在加拿大纽芬兰纪念大学教育学院访学的机会。在那里，合作导师John Hoben

副教授让我观察、参与了他的课程教学与相关研究,使得我对北美高等教育领域中的教学评价研究有了切身的感受。另外,教育学院李雪梅老师,Anderson、Maddigan 和 Young 等老师也给予了我无尽的关心和帮助。在此一并致以真诚的谢意。

衷心感谢山西大学高等教育研究所的郎永杰老师、吴文清老师和教育科学学院的刘庆昌老师、陈平水老师、郭芬云老师、郭三娟老师、徐冰鸥老师等在工作中给予我的支持和帮助。

衷心感谢商务印书馆编辑史慧敏老师为书稿的完善付出的辛勤劳动。

特别感谢我的家人——我的父母、爱人和儿子。没有他们默默的支持和鼓励,我或许走不出博士阶段"耻不如人"和生育二胎"产后抑郁"的病态心理。我将怀揣这些感激和感动乐观地去迎接未来的一切。

最后,本书的成稿采撷了许多专家学者的研究成果,在此一并致谢。在写作和校对过程中已尽量标明出处,如有错漏,敬请谅解。囿于才疏学浅,本书不足之处还请大方之家不吝赐教。